国家社科基金重点项目"爱斯基摩史前史与考古学研究"（项目编号：18AKG001）阶段性成果

北冰洋译丛
Translation Series of the Arctic

主编 曲枫

Northern Archaeology and Cosmology
A Relational View

北极考古与宇宙观

[芬兰] 维萨－佩卡·赫瓦（Vesa-Pekka Herva）
安蒂·拉赫玛（Antti Lahelma） 著

曲枫 刘岩 刘玮 译

Routledge
Taylor & Francis Group

上海古籍出版社

北冰洋译丛编委会

　　位于白海的索洛韦茨基修道院。这座修道院修建于 15 世纪，之后很快成为俄国天主教的北部中心。该修道院位于北极的偏远之处，非常适合人们从事精神活动。

资料来源：维萨－佩卡·赫瓦（Vesa-Pekka Herva）

芬兰北部基里克 (Kierikk) 石器时代中心的大型新石器时代地穴房屋复原。

资料来源：安蒂·拉赫玛（Antti Lahelma）

挪威北部阿尔塔岩刻的一个场景，表现了两个手握驼鹿头牧杖的人、两个击鼓的人和一只不知从哪里出现的而且"没有完全出来"的驼鹿，他们好像是在集会。

资料来源：安蒂·拉赫玛（Antti Lahelma）

　　奥涅加湖东岸的加西·诺斯（Gazhi Nos）岩画。圆润而断裂的基岩让人不禁联想到巨型的蛋壳碎片。巨大的奥涅加湖本身也给人一种广袤无垠的"世界之海"的印象。

资料来源：安蒂·拉赫玛（Antti Lahelma）

　　位于瑞典南部基维克（Kivik）的布雷达罗尔（Bredarör）堆石建筑是斯堪的纳维亚现存最大的青铜时代的石建筑。这座建筑以带有精美雕刻艺术的石棺墓（cist grave）为主要特征。然而，与迈锡尼文明相似的弯曲墓道与墓门则并非建于当地的史前时期，而是 20 世纪 30 年代人们为了方便造访墓室修建的。

资料来源：安蒂·拉赫玛（Antti Lahelma）

　　瑞典塔努姆（Tanum）的阿斯伯格贝格（Aspeberget）岩刻刻画了太阳以及两个长发的"太阳崇拜者"形象，岩刻中还出现了狍子和戟等其他形象。

資料来源：安蒂·拉赫玛（Antti Lahelma）

　　位于北极圈以北约 200 公里处的瑞典拉普兰的梵萨瓦拉（Vinsavaara）神符之石（正面）。这块石头不同侧面形态奇特的凹槽被解释为古老的文字（古符文），但实际上是自然营力形成的。奥劳斯·鲁德贝克认为，这块石头是古代人观测日月运行地点的标志物。

资料来源：维萨－佩卡·赫瓦（Vesa-Pekka Herva）

　　2011 年在赫尔辛基郊区皮特雅玛基（Pitäjänmäki）举行的传统仲夏节庆祝活动，人们在节日中燃起篝火。

　　资料来源：安蒂·拉赫玛（Antti Lahelma）

总　序

正如美国斯坦福大学极地法学家乔纳森·D. 格林伯格（Jonathan D. Greenberg）所言，北极不仅是地球上的一个地方，更是我们大脑意识中的一个地方，或者说是一个想象①。很久以来，提起北极，人们脑海中也许马上会浮现出巨大的冰盖以及在冰盖上寻找猎物的北极熊，还有坐着狗拉雪橇旅行的因纽特人。然而，当气候变暖、冰川消融、海平面上升、北极熊等极地动物濒危的信息不断出现在当下各类媒体中并进一步充斥我们大脑的时候，我们意识到，北极已不再遥远。

全球气温的持续上升正引起北极环境和社会的急剧变化。更重要的是，这一变化波及了整个星球，没有任何地区和人群能够置身事外，它正通过环境、文化、经济和政治日益密切的全球网络在一波接一波地扩散着②。

2018 年 1 月，中国国务院新闻办公室向国际社会公布了《中国

① Greenberg, J. D.（2009）."The Arctic in World Environmental History", *Vanderbilt Journal of Tansnational Law*, Vol. 42：1307－1392.

② UNESCO（2009）. *Climate Change and Arctic Sustainable Development: Scientific, Social, Cultural and Educational Challenges*, Paris：UNESCO Publishing.

的北极政策》白皮书。白皮书指出中国是北极事务的重要利益攸关方。在经济全球化背景下，北极在战略、科研、环保、资源、航道等方面的价值不断提升，北极问题已超出了区域的范畴，涉及国际社会的整体利益和全球人类的共同命运。

中国北极社会科学研究并不缺乏人才，然而学科结构却处于严重的失衡状态。我国有一批水平很高的研究北极政治和政策的国际关系学学者，却少有研究北极人类学、考古学、历史学和地理学的专家。我国有世界一流水准的北极环境科学家，却鲜有以人文社科为范式研究北极环境的学者。人类在北极地区已有数万年的生存史，北极因而成为北极民族的世居之地。在上万年的历史中，他们积累了超然的生存智慧来适应自然，并创造了独特的北极民族文化，形成了与寒冷环境相适应的北极民族生态。如果忽略了对北极社会、文化、历史以及民族生态学的研究，我国的北极研究就显得不完整，甚至会陷入误区，得出错误的判断和结论。

北极是一个在地理环境、社会文化、历史发展以及地缘政治上都十分特殊的区域，既地处世界的边缘，又与整个星球的命运息息相关。北极研究事关人类的可持续发展，也事关人类生态文明的构建。因此，对北极的研究要求我们应从整体上入手，建立跨学科研究模式。

2018 年 3 月，聊城大学成立北冰洋研究中心（以下称"中心"），将北极人文社科作为研究对象。更重要的是，中心以跨学科研究为特点，正努力构建一个跨学科研究团队。中心的研究人员为来自不同国家的学者，包括环境考古学家、语言人类学家、地理与旅游学家以及国际关系学家等。各位学者不仅有自身的研究专长，还与同事展开互动与合作，形成了团队互补和跨学科模式。

中心建立伊始，就定位于国际性视角，很快与国际知名北极研究机构形成积极的互动与合作。2018 年，聊城大学与阿拉斯加大学签订了两校合作培养人类学博士生的协议。2019 年新年伊始，中心与著名的人文环境北极观察网络（Humanities for Environment Circumpolar Observatory）迅速建立联系，并作为中国唯一的学术机构加入该研究网络。与这一国际学术组织的合作得到了联合国教科文组织（UNESCO）的支持。笔者因此应联合国教科文组织邀请参加了 2019 年 6 月于巴黎总部举行的全球环境与社会可持续发展会议。

2019 年 3 月，中心举办了"中国近北极民族研究论坛"。会议建议将中国北方民族的研究纳入北极研究的国际大视角之中，并且将人文环境与生态人类学研究作为今后中国近北极民族研究的重点。

令人欣喜的是，一批优秀的人类学家、考古学家、历史学家加盟中心的研究团队，成为中心的兼职教授。另外，来自聊城大学外国语学院的多位教研人员也加盟中心从事翻译工作，他们对北极研究抱有极大的热情。

中心的研究力量使我们有信心编辑出版一套"北冰洋译丛"。这一丛书的内容涉及社会、历史、文化、语言、艺术、宗教、政治、经济等北极人文和社会科学领域，并鼓励跨学科研究。

令人感动的是，我们的出版计划得到了社会科学文献出版社与上海古籍出版社的全力支持。无论在选题、规划、编辑、校对等工作上，还是在联系版权、与作者（译者）沟通等事务上，出版社编辑人员体现出难得的职业精神和高水准的业务水平。他们的支持给了我们研究、写作和翻译的动力。在此，我们对参与本丛书出版工作的各位编辑表示诚挚的谢意。

聊城大学校方对本丛书出版提供了经费支持，在此一并表示谢意。

最后，感谢付出辛勤劳动的丛书编委会成员、各位作者和译者。中国北极人文社科学术史将铭记他们的开拓性贡献和筚路蓝缕之功。

曲　枫

2019 年 5 月 24 日

译序： 考古学的另类叙事

考古学不像人类学那样可以直接在田野中观察研究对象的行为。它面对的是以碎片化呈现的物质遗存，因而，需要以考古学科独有的方式对资料做出描述与阐释。当考古学描述与阐释落到纸面上以语言方式呈现的时候，便形成了一种考古学独有的叙事方式，即考古学叙事。

现代考古学自 19 世纪中叶确立以来，一直在追求一种对人类过去的客观、全面的理解。对客观理解的追求促使了各种理论模式的诞生。于是，我们看到了 20 世纪初出现的以认定"文化"（culture）和"集团"（group）为目标的文化历史学派，也看到了诞生于 20 世纪60 年代的以系统分析为特征的、具有强烈功能主义色彩的进程主义考古学，以及 20 世纪八九十年代出现的以历史和文化阐释为特征的、深受后现代主义影响的后进程主义考古学。

进程主义考古学在诞生之初就直接提出了这样的问题：考古学的性质究竟是描述还是解释？也就是说，考古学的任务究竟是要单纯地重建过去和复原古人的生活场景还是要解释古代社会的文化变迁过程？马修·约翰森（Matthew Johnson）认为，文化历史学派的研究方法是描述式的，擅长描述文化发展的时期与区域。因而，文化历史学派的考古学叙事就像是用事件串连起来的"编年史"①。在进程主义者看来，考古学显然并非以复原文化历史为终极目的，而是借鉴科学哲学，提出假想，构建模型，从文化进程的角度来推演社会系统的变迁。后进程主义同样强调阐释的重要性，然而，它拒绝进程主义孜孜以求的"通则"，鼓励多元化的阐释方式；受布尔迪厄（Pierre Bourdieu，1930－2002）实践理论的启发，强调个体能动性以及人类实践所形成的"惯习"对社会结构的形塑。

方法与理论模式的不同自然导致了考古学叙事方式的变迁。我们可以看到柴尔德（Vere Gordon Childe，1892－1957）在《欧洲文明的曙光》中如何以区域划分方式对地中海、波罗的海、阿尔卑斯山、多瑙河流域等各地区考古资料进行描述、组织、分析和阐释②。后来，我们还会看到宾福德（Lewis Binford，1931－2011）在《追寻人类的过去》中如何将阐释的焦点放在考古学材料的形成上，如何基于他的"中程理论"和民族考古学方法来阐释人类行为对环境的适应性关系，狩猎群体的流动性与遗址形态的关系，以及农业定居社会形成的动因③。从柴尔德的叙事中，我们看到了文化概念与考古材料之间的关系以及器物类型与物质文化之间的时空关系，族属与物质文化呈现出某种对应关系。从宾福德的叙事中，我们则看到了一些科学概念的出现，比如埋藏学、文化系统、土地利用、遗址废弃过程、人口增长

① Johnson, M.（1999）. *Archaeological Theory: An Introduction*, Oxford：Blackwell Publishers, p. 15.
② 参阅〔英〕戈登·柴尔德著，陈淳、陈洪波译：《欧洲文明的曙光》，长春：吉林出版集团，2017年。
③ 参阅〔美〕路易斯·宾福德著，陈胜前译：《追寻人类的过去》，上海：上海三联书店，2013年。

等。如果将柴尔德的书写称为"历史式叙事"，或许我们可以将宾福德的进程主义书写称为"科学叙事"。

对考古学理论建构影响最大的学科非人类学莫属。文化历史学派正是以人类学进化论和文化传播论为基础而得以构建。瑞典考古学家蒙特柳斯（Oscar Montelius, 1843－1921）的类型学方法代表了人类学进化论模式在考古学中的应用。而宾福德在其宣言式论文《作为人类学的考古学》中更是直接将考古学与人类学的理论目标合二为一，强调考古学的人类学性质。20世纪70年代与80年代正是人类学的功能主义与结构主义在考古学理论中大放异彩的时代。

20世纪最后一个10年与21世纪的第一个10年，人类学本体论转向思潮兴起。以拉图尔（Bruno Latour, 1947－2022）、德斯科拉（Philippe Descola）、维韦洛斯·德·卡斯特罗（Viveiros de Castro）、英戈尔德（Tim Ingold）等人为代表的本体论人类学家试图解构启蒙主义时代确立的文化与自然的二分法则，挑战长久以来在人文社科领域占据主导地位的人类中心主义观念。依据非西方原住民的本体论宇宙观，本体论人类学认为社会性不仅仅是人类的自身属性，还是非人动物、植物、事物、景观的共有属性。也就是说，非人生命与人类共享同一文化与社会。因而，人类与非人生命一样构成了一种平等、互惠的网络式关系。受启于本体论人类学理论，关系考古学（relational archaeology）兴起。考古学家不再像以往那样将动物、植物以及事物视为人类消费的物资来源，而是将它们视为同一社会中具有生命、情感与意志的行为者，与人类共同创造文化和历史。一项有趣的研究来自英国考古学家康奈尔（Chantal Conneller）。通过对一件出土于中石器时代地层的鹿角饰物的情境分析，她提出，这件鹿角饰物并非简单的面具，而是一种超越了人与动物之间界限的灵性物。戴上鹿角面具代表着人向动物属性的转换，从而可以具有鹿的品质与特征，体现了人与动物主体间关系的双向流动性①。挪威考古学家阿姆斯特朗·欧玛（Kristin Armstrong Oma）通过对挪威南部青铜时代农场长屋（longhouse）遗址的考察，认为人类与牧养动物之间的关系是互信的、互惠的和亲昵的，并进一步提出人类与动物之间的"社会契约"（social contract）概念②。

赫瓦教授与拉赫玛教授有关芬诺斯坎底亚地区（包括芬兰、瑞典、挪威及俄罗斯卡累利阿共和国与科拉半岛）的考古学专著《北极考古与宇宙观》正是在本体论转向的背景下完成的。它不仅完全采用了关系考古学理论视角，更重要的是，它采用了全新的全景式整体论叙事方式。首先，它并不遵循传统考古学的分类模式，从文化现象出发，按考古发现的聚落、房屋、墓葬、器物、精神文化遗物或遗迹、遗址环境等依次描述并阐释。这一传统的叙事方式显然是传统自然与文化或者物质与精神等二元对立观念的体现。受北极传统民族萨满主义宇宙观的启发，作者以北极萨满信仰的三层世界宇宙观为模板，将全书分为陆地、海洋和天空三大部分，每一部分按自然现象以及与之有关的文化景观来分类并依次叙述。陆地部分的叙事框架由石头、土地（以及土地上的房屋）、森林三节组成。海洋部分分为海洋景观、航道（以及航道上的船只）、河口三节。天空部分则由鸟和太阳两种与先民宇宙观密切相关的现象构成。其次，专著展现了令人吃惊的时间深度，时间跨度超越 7 000 年，起自新石器时代早期，直至现代。更为重要的是，该作打破了传统编年史的线性时间秩序，采用一种非

---

① Conneller, C. (2004). "Becoming Deer: Corporeal Transformation at Star Carr", *Archaeological Dialogues* 11 (1): 37-56.

② Armstrong Oma, K. (2010). "Between Trust and Domination: Social Contracts Between Humans and Animals", *World Archaeology* 42 (2): 175-187.

线性时间视角，即对时间的"错置"来建构其叙事框架，因而使历史、文化、神话、社会、人与非人生命的日常生活以一种非历史主义方式形成了重叠式组合。实际上，北极传统的泛灵论信仰与萨满仪式实践早已清晰表明，不同世界与时间范围既可能重合，也可能错置，时间并非意味着过去与现代无法同时存在。

地处北极地区的芬诺斯坎底亚在地理上处于欧洲的边缘，但它并非独立于世界体系之外，只是鲜为人知而已。赫瓦与拉赫玛在他们的专著中，将这一鲜为人知的地区放置于更为广阔的欧亚大陆及北极的背景之中，使我们能够看到这一边缘地区实质上一直与世界中心保持着内在的联系。

当自然科学家首次提出"人类世"（anthropocene）概念的时候，我们的第一反应是，它是一个自然科学概念，因为它涉及大气、海洋、地层与生态系统的变化。然而，当我们紧接着认识到这些变化是因为人类活动所导致的结果，同时，这些地质与生态的变化又将以不可逆的方式冲击人类的社会、文化以及日常生活时，我们会很快警醒地认识到，它在本质上更是一个人文概念。人类社会与自然环境早在史前时代就已发生了重叠与纠缠，自然、环境、生态在人类社会的框架中早已成为文化与社会中的组成部分。从这一角度来说，自然即人文。挪威人类学家阿恩·内斯（Arne Naess，1912－2009）提出的"深度生态"概念即强调自然的人文价值。该作正是在自然即文化这样的深度生态理念中展开叙事。在书中，我们会看到，自古以来的采矿业本质上意味着人类与地下神力的交流；陶器制作意味着人与环境之间的一种互动式关系；在很多岩画作品中，正如康奈尔所论证的那样，人与鹿的身体之间是可以相互转化的；堆石建筑创造了一个融合不同时空与意义的环境；河口往往成为地域的中心，同时也是不同世界临界的空间；人类与鸟类之间的关系并非是猎人与猎物那样简单，而是有着更深层次的本体论内涵。

该作的整体论特征还表现在它的跨学科研究模式上。它立足于考古学资料，结合芬兰神话学和民俗学传统，同时也吸纳历史学和民族志学的研究成果，最终形成了特有的整体叙事风格。

1986 年，克利福德（James Clifford）和马库斯（George E. Marcus）主编的人类学划时代名作《写文化》出版①。该作对传统的科学民族志进行了深入的反思，其焦点即表述问题。传统民族志以客观性与科学性为目标，追求叙事真实。然而，在"写文化"人类学家看来，追求叙事真实的民族志写作仍然是想象性的结果。因而，人类学的"写文化"没有必要排斥想象力与虚构。虽然"写文化"思潮对整个人类学界形成了巨大冲击，但在考古学领域却鲜有人提到"考古学如何写文化"这样的问题。毫无疑问的是，传统考古学也面临着与科学民族志同样的问题，即考古学的客观描述与科学范式是否可以通向历史真实？考古学的"写文化"是否需要想象力与虚构？《北极考古与宇宙观》显然向我们传达了对这一问题的思考，它所采取的不同以往的书写范式体现了重构考古学文化表述的必要性。

我与拉赫玛教授都对仪式、象征符号、萨满考古学、灵性本体论有着深厚的兴趣，因而数年之前就一直关注他的研究。2023 年 4 月，我曾专门应其邀请在赫尔辛基大学考古系做了一堂有关神经心理学模式与萨满考古学理论的讲座。晚上在小酒馆里，我与拉赫玛以及他的同事延续了白天在课堂中的讨论，还曾专门就上文提到的康奈尔与阿姆斯特朗·欧玛的研究交换意见。2024 年 4 月，我在南京师范大学

---

① 参阅〔美〕詹姆斯·克利福德、乔治·E. 马库斯编，高丙中、吴晓黎、李霞等译：《写文化：民族志的诗学与政治学》，北京：商务印书馆，2006 年。

随园校区举办了一次小规模的有关认知考古学的学术会议，拉赫玛与赫瓦均在邀请名单之列，两人也欣然接受了邀请。遗憾的是，由于各种因素的限制，两人最终未能成行。

《北极考古与宇宙观》的英文版于2020年出版。刚读完几页，我就被它独特的研究视角以及叙事风格所吸引。当我向拉赫玛提出将此书译为中文并在中国出版的想法时，马上得到他的同意和支持。他很快联系了合作者赫瓦教授，后者也对我们的翻译计划表示全力支持。

历时四年，中译本终于即将付梓。本书译文初稿主要由刘岩博士完成，第八、九、十章的最初译稿由刘玮完成。文本的统稿与审校工作由本人负责。在审校过程中，本人多次就个别单词、语句的含义与原作者讨论。赫瓦与拉赫玛也总是不厌其烦地解答我提出的问题。因此，我们把谢意首先给予两位原作者是一件再合适不过的事情。

同时，也将感谢送给上海古籍出版社的吴长青副社长、宋佳编辑，他们在编辑工作中体现的职业精神和高水准的业务水平使本书的质量得到了保证。

由于该书涉及多个学科领域，错误之处在所难免，诚恳欢迎读者批评指正。译文中若有任何不准确之处，责任由本人承担。

曲枫

2024年5月3日于聊城大学北冰洋研究中心

目 录

第一部分　陆　　地

vi

第二部分　海　　洋

致　谢

　　同大部分著作一样，本书也有自己的写作历史。本书的两位作者最初是在各自的博士论文中，以不同的视角独立探索书中所讨论的主题内容。然而，我们的研究有很多共同之处，后来也在各种场合中交流合作。对本书来说，最重要的是，我们都是一项名为"东北欧物质材料的利用和新石器时代化（公元前 6000 年至公元前 1000 年）"的研究项目的核心成员。该项目获得芬兰科学院（Academy of Finland）资助（编号：269066），由芬兰奥卢大学（the University of Oulu）的亚内·伊凯海莫（Janne Ikäheimo）主持，于 2013－2017 年进行研究，也正是亚内促使我们两位作者撰写本书，以阐明我们对这一研究项目的贡献。本书的主体内容是在 2017 年春季完成的。当时，由于芬兰科学院的资助，我们便可进行学术休假，这让我们能够暂时远离授课和行政事务获得充足的休息时间，而且我们也能用这样一个契机同我们亲近的同事们进行讨论和交流，尤其是亚内·伊凯海莫、特穆·莫科宁（Teemu Mökkönen）和克科·诺德奎斯特（Kerkko Nordqvist）。

　　实际上，本书的观点在较早的时候就开始酝酿。当时，位于赫尔辛基市的芬兰国家博物馆（National Museum of Finland）馆长艾莉娜·安蒂拉（Elina Anttila）邀请我们为即将在2015年末开始的有关芬兰史前史的常设展撰写策展文书。我们被这个机会深深吸引了，因为从传统意义上讲，这项展览对教授芬兰考古学学生有关史前器物的知识至关重要，同时，也是向公众介绍芬兰史前史的主要渠道之一。然而，自芬兰国家博物馆1916年开馆以来的近一个世纪间，这项展览仅更新过一次，之后就再无变化。在原来的展览中，展品是严格按照年代序列展陈的。而我们在策展时则选择了按主题布展的方法，将展陈器物按照宇宙观、流动性、物质性等主题陈列。

兴奋之余，我们创作的策展文书可能要比博物馆所期望的更长、更详细。然而，这份文书为2017年春季开放的新展览提供了指导。随后，策展文书的浓缩版本被编辑成书出版（Herva and Lahelma 2017）。除了艾莉娜·安蒂拉之外，我们尤其还要感谢安娜·韦斯曼（Anna Wessman）、韦萨·佩尔托拉（Wesa Perttola）、玛利亚·阿霍拉（Marja Ahola）和蒂莫·萨尔米宁（Timo Salminen）对策展文书给出的中肯建议。虽然策展文书同本书差别很大，但它是本书的灵感之源。两部文献都是按照相似的观点编排，最终围绕着欧洲北极地区的物质性、宇宙观与环境之间的动态关系展开。

本书将我们两位作者自2000年以来所做的独立研究、共同研究以及同芬兰乃至国外多位学者的合作研究进行了综合。书中囊括的主题十分广泛，从岩画艺术到二战遗产，从新石器时代化的动力机制到文艺复兴-巴洛克艺术以及对世界的理解。同我们之前所做的研究一样，本书的时间跨度超过了7 000年，在地域上主要集中在欧洲的东北部，即便我们总是尝试着将这一鲜为人知的地区放在更广阔的欧洲、欧亚以及北极的大背景下进行呈现。同样，我们之前的大部分研究都是在探索关联式思维以及北极地区的环境认知与宇宙观问题，这也是本书讨论的核心内容。

　　我们还要特别感谢各自所在的研究机构——奥卢大学和赫尔辛基大学。感谢两所大学在本书写作过程中为我们提供的灵活的工作环境和慷慨的帮助，能够让我们进行学术休假，在我们所处的两座城市之间不断穿行，并偶尔回归到宁静的北极世界中从事本书的写作。

第一章　北国风云

　　《北国风云》这部获奖美剧由乔舒亚·布兰德（Joshua Brand）和约翰·福尔西（John Falsey）执导，曾在 1990 年至 1995 年连续播出了六季。这部美剧向观众讲述了一名来自美国纽约的医生乔尔·弗莱希曼（Joel Fleischman）（罗伯·莫洛［Rob Morrow］饰演）的故事。弗莱希曼医生颇不情愿地在阿拉斯加州的西西里（Cicely）小镇日复一日地工作着，那里还住着形形色色的人物。在众多有趣的人物中，玛吉·奥康奈尔（Maggie O'Connell）（珍妮·特纳［Janine Turner］饰演）是一位像阿梅利亚·埃尔哈特（Amelia Earhart）一样善于在极地环境飞行的飞行员；莫里斯·米尼菲尔德（Maurice Minnifield）（巴里·科尔宾［Barry Corbin］饰演）之前是一位宇航员，后来成为一位百万富翁；平和安静的玛丽莲·乌尔温德（Marilyn Whirlwind）（伊莱恩·迈尔斯［Elaine Miles］饰演）是弗莱希曼医生的接待员；还有埃德·奇格莱克（Ed Chigliak）（达伦·E. 伯罗斯［Darren E. Burrows］饰演）这位半个本地人的年轻人，立志成为一位电影导演，后来发现了自己成为一名萨满的使命（图 1.1）。

　　在观看这部 110 集美剧的过程中，观众会接触到北极社会中日常琐碎与奇特非凡的方方面面，这些社会场景都建立在北极社会生活与世界观的真实特征或者人们对其主观感知的基础之上。这部美剧将真实、想象与幻想相结合，为观众奉献了一部有关北极的视觉盛宴。剧中所呈现出的北极，在很多方面同北极本土人和北极以外的人（不论怎样定义这些群体）对世界的理解与经历相吻合。除了故事情节和剧本呈现，布景设计和制作也为观众营造了一种魔幻的现实感。正如迪夫里恩特（Diffrient）所说，"剧里面离经叛道的人物，超现实的故事线，心理活动的细致刻画，哲学的沉思，生动优美的布景以及高额的制作投入，都能让人们在观看这部颇受追捧的现实情景喜剧时感受到一种惊艳绝伦的体验"。

在到达西西里时，剧中的主角弗莱希曼医生是一个性格狂暴且带有怀疑精神的理性主义者。这位骨子里彻头彻尾的纽约人，发现自己根本无法理解北极的自然、社会和精神世界。他对这个边陲小镇的亲

图 1.1　1990－1995 年在 CBS 播出的美剧《北国风云》中的主要人物。自左至右分别是：玛丽莲·乌尔温德（伊莱恩·迈尔斯饰）、霍林·文库尔（Holling Vincoeur）（约翰·卡伦 [John Cullum] 饰）、谢莉·坦博（Shelly Tambo）（辛西娅·基尔 [Cynthia Geary] 饰）、埃德·奇格莱克（达伦·E. 伯罗斯饰）、玛吉·奥康奈尔（珍妮·特纳饰）、克里斯·史蒂文斯（Chris Stevens）（约翰·考伯特 [John Corbett] 饰）、乔尔·弗莱希曼（罗伯·莫洛饰）、莫里斯·米尼菲尔德（巴里·科尔宾饰）。

资料来源：阿拉米照片库（Alamy Stock Photos）。

密社区是完全陌生的，而且对阿拉斯加的环境、当地人同环境的关系以及北极社会的生活与思考方式都非常不适应。阿拉斯加总是带给他很多奇闻逸事，这些都同他对世界以及世界运转方式的观念与预想格格不入。《北国风云》以情景喜剧的形式描绘了一个既平淡无奇又奇异无比的世界，将北极世界平淡生活的日常琐事同它异乎寻常且超自然的一面相结合，在这里，维修厕所同太阳风暴交织在人们的梦境中。

3

　　尽管《北国风云》是虚构的，但它所表达的很多主题正是这本书将会涉及的。本书引用很多考古学、历史学、民族志和民间传说的观点去探索北极社会的宇宙观以及人们的生存方式。这部美剧涉及了北极的民族、文化和社会，它们一方面以北极本土的视角呈现，另一方面还可从北极以外的人的外部视角来观察。同《北国风云》一样，本书也是从这两个视角来研究北极和"北极性"（Northness①），及其在不同时期是如何交织在一起的。《北国风云》的独特主题直接取材于北极的自然与文化，例如熊与人之间在形态上的相互转化，但同时，也同北极世界中更加抽象、更加超验的观念，例如世界上不同事物之间神秘或"魔幻般"的关联性相呼应。这些也是关联式宇宙观的独特特征，它们构成了本书所要探索的北极世界的核心内容。

北极与世界

　　本书所要分析的是欧洲最北部地区新石器时代至当代的萨满教－灵性论式宇宙观（shamanistic-animistic cosmology）以及人与环境的内在关系。它背后的"关联式思维"构成了北极的宇宙观与生活方式。

---

① 即北极的自然与宇宙观——译者。

这种关联式思维最近在考古学与人类学中备受关注。本书所涵盖的地理范围包括了欧洲的东北部，尤其是芬诺斯坎底亚（Fennoscandia），论述的主题是在更加广阔的极地背景下论述北极人如何以关联方式感知世界、同世界建立联系，以及欧洲文化中北极的"地方性"。尽管想象中的北极和真实的北极——它的陆地、天空和人——自古典时代以来就深深吸引着欧洲人，但在欧洲考古学文献和更一般的话语层面上，人们对北极都所知甚少，甚至忽略了它的存在。与此同时，由于气候变化及其引发的资源开发、自然环境保护以及本土原住民的权利问题，北极已经成为一个全球性的热点问题。然而，当下人们对北极及其物质资源与象征符号的兴趣，却是建立在人们长期以来对它的想象和接触的基础之上。对北极世界的研究能够为我们理解整个旧大陆的史前史与历史进程，如新石器时代化与现代化，以及当代考古学理论的探讨作出重大贡献。

芬诺斯坎底亚一词被用来表述芬兰及卡累利阿（Karelia）共和国的芬兰语区、科拉半岛（Kola Peninsula）以及包括挪威和瑞典在内的斯堪的纳维亚半岛这片区域。芬诺斯坎底亚一词来自地质学，指的是由花岗岩和片麻岩组成的芬诺斯坎底亚地盾（Fennoscandian Shield），但其使用的语境越来越宽泛。它可以用来指这样一个区域，这一地区除了有着相同的地质与地理环境外，在气候、生态以及从某种程度来说在文化上，都同更靠近欧洲大陆的丹麦或者波罗的海南岸的其他国家有着明显的差异，这些国家以石灰岩岩床为主。由于传统的渔猎采集（一般还会兼营小规模的农业生产）生活方式在这个地区最偏远的地方一直持续到了现代，所以这一区域是从长时段视角探索关联式本体论与认识论的绝佳场所。这使得我们运用"民族志信息植入方法"（ethnographically informed approaches），去追溯这一地区千百年来文化与宇宙观的延续与变化成为可能；换言之，我们可以将当代民族志记录的某些信仰与实践信息有保留地映射到远古史前时代（如Lahelma 2007）。

　　虽然北极文化已经为我们讨论关联式本体论与认识论提供了人类学上的例证，但这些例证缺少时间深度，无法将考古学、历史学、民族志和民间传说相结合，而不同学科材料之间的对话正是本书所采用方法的核心。同时，我们所探寻的神话中与现实中的北极世界以很多非同寻常甚至匪夷所思的方式交织在一起。尽管欧洲人对北极的想象同北极本土人的视角截然不同，但欧洲北部边缘地带通常被人们看作是充满了神奇和魔力的魔幻世界。然而，这两种视角能够帮助我们去理解北极的自然景观与思维图景。

5

　　人们对北极世界的过去和现在所知甚少，在人们眼中，北极世界通常是地处边陲且充满异域色彩。举例来说，有关欧洲史前史（如Scarre 2005）和历史的大范围研究和大规模的宏大叙事总是习惯将欧亚大陆最北部的边缘地区忽略掉。然而，虽然北极一直让人们很陌生——而且从很多方面来讲，现在依然如此——但它自古典时代起就一直让欧洲人魂牵梦萦。的确，由于气候变化以及北极给全球运输与采掘行业带来的希望，北极地区最近再次成为热点话题，成为人们在地缘政治、经济、环境以及社会文化方面进行利益角逐的场所。中国的北极策略以及美国、加拿大和俄罗斯等全球主要国家积极参与北极理事会（成立于1996年的政府间论坛，八个成员国和代表了北极本土原住民的六个组织机构）都表明，北极的未来会引发全球关注。

　　然而，这一急剧增长的利益诉求只是人们长期关注北极地区的缩影。长期以来，人们都将北极看作是一片丰饶的、乌托邦式的土地，但同时也是一片充满黑暗、反乌托邦式的土地。的确，自欧洲有历史以来（如 Davidson 2005；Naum 2016），北极在外地人眼中就是一个充满歧义、矛盾和冲突的地方。一方面，北极充满异域风情且极具诱惑力；但另一方面，人们总是对其视若无睹。虽然欧洲最北部地区地处边陲，然而一直以来，它都是欧洲以及欧亚世界的一部分，并以各种形式同欧洲和欧亚世界产生联系。千百年来，芬诺斯坎底亚北部地区一直都是四方交界地带，这一独特性也让它成为一个非常吸引人的区域，与此同时，也提供了一个新视角，让我们从边缘的角度去思考北极以外地区的发展。

关联性、灵性与现实世界的丰富性

虽然《北国风云》仅仅是一部美剧，但它却同由"真实的"关联性所构建的北极世界以及人们熟知的北极世界高度契合。自新世纪以来，受到人类学及其他领域的研究与理论思考的启发，关联性作为一种理论立场和框架已经在考古学界越来越受到关注。

6 　　关联的思想有很多具体的形式与话语表述，例如"视角主义"（perspectivism）（如 Viveiros de Castro 1998）、"行动者网络理论"（Actor Network Theory）（如 Latour 2005）、"对等性考古"（symmetrical archaeology）（如 Olsen 2010），并同诸如"物质能动性"（material agency）（如 Knappett and Malafouris 2008）、"非人之人"（non-human persons）的思想产生联系。这些关联思想的不同框架虽然各有侧重，而且在某种程度上，这些思想也有着不同的术语表述，但它们有着相似的来源与目标。关联的方法试图去打破诸如主体与客体的二元对立，让人们认识到像人工制品以及人类之外的动物在世界上也具有能动性，他们并非只是被动的物体。除了具有能动性（一种让事情得以发生的能力）

之外，非人物体可以或多或少地成为像人一样的生命体。从关联视角看，物的存在形式以及所能从事的活动是同其所处的背景相关联的；由此，（我们可以说）一棵树在某一背景下可以是像人一样具有感知能力的生命体，而在另一个背景下却仅仅是一个毫无生命力的"物体"（object）。

关联式思维试图破除构成现代西方思想特征的人类中心主义和本质主义。这也是为何关联式思维与存在形式，即相互作用与相互联系，很难被人理解。关联式思维在很大程度上反对现代西方思想中的基本预设及其对世界的理解，甚至同它们截然相反。由于关联式思维以很多有关世界的不同观点为基础，这些思想涉及关联主义者如何理解世界，因此关联式思维的很多方面看上去或许是不可思议、违背理性的。然而，我们可以将关联式思维所呈现的非凡奇特的世界更好地理解为一种截然不同的知识体系以及同世界产生联系的方式。关联式思维是建立在情境化与具身性知识①的基础上，这同西方科学式思维以非抽象的命题式"法则"为基础理解世界形成鲜明的对比。

弗莱希曼医生在阿拉斯加遇到了各种各样离奇且陌生的事情。西西里小镇居住着白人和当地土著，"没受过良好教育的乡下人以及知识分子，逃避现实的人和企业家"（Hanna 1996：640）。弗莱希曼必须同美洲原住民以及当地的白人进行交往，他们对社会、生命以及现实的理解都和自己截然不同。弗莱希曼认为自己的理性主义思维高人一等，所以他贬低本土世界观，认为这种世界观带有神秘与灵异的色彩，令人难以理解，而且也同客观世界并不相符。然而，这更多反映的是弗莱希曼的机械论世界观，而非他本人所处现实世界的本质特

---

① 即能够通过身体与日常实践所传递的知识——译者。

征。当埃德同那位 258 岁的印第安神灵"等待之神"（One Who Waits）邂逅（《北国风云》第 2 季第 2 集 *The Big Kiss*），弗莱希曼医生对他的精神健康很是担忧，因为在弗莱德曼医生眼中，埃德一直接触的是一个想象出来的人，而玛丽莲则恰恰能够看到"白人所看不到"的事物。玛吉对弗莱希曼冥顽不化、拒不接受同自己狭隘的世界观相违背的事物深感懊恼，她引用哈姆莱特中的语句说道，"在这天地之间还有许多事情是你的观念解释不了的"（《北国风云》第 3 季第 11 集 *Dateline Cicely*）。在《北国风云》中，人们所遇到并同自身产生联系和作用的神秘力量与非人事物有着非凡的特征，这些神秘的力量包括了将某些人类个体同特定的物品联系在一起的能力，而这些物品则有着操控和改变其所有者的力量。

北极世界的灵性与巫术

在《北国风云》所虚构的世界之中，灵性起到了非常大的作用（Mihelich and Gatzke 2007），这种灵性同传统北极文化的灵性内核以及北极以外的人对北极世界的感知相呼应。正如索洛韦茨基（Solovetsky）修道院（图 1.2），这个被联合国教科文组织列为世界文化遗产的遗址所表明，位于俄罗斯西北角的白海（white sea）于 16 世纪成为俄国东正教的精神中心并非巧合。

北极一直以来就是一个适于从事灵性活动、自我实现、隐居和遁世的地方。正如二战期间一直在芬兰拉普兰采访的意大利战地记者库尔齐奥·马拉巴特（Curzio Malaparte）所写到的，"战争离我们很遥远。我们正身处一个遥远的国度，它远离战争，远离尘嚣，是一个永恒的空间"（引自 Lähteenmäki 2006：84）。"灵性"是一个很棘手的

图 1.2 位于白海的索洛韦茨基修道院。这座修道院修建于 15 世纪，之后很快成为俄国天主教的北部中心。该修道院位于北极的偏远之处，非常适合人们从事精神活动。

资料来源：维萨-佩卡·赫瓦（Vesa-Pekka Herva）。

词汇与概念，因为它同远离此岸世界以及与宗教或者信仰有关的思维方式相关。然而，从关联性的视角看，灵性主要是关于关联性的：我们用灵性指对现实世界的理解和意识，这要比用纯自然科学的视角所得到的认识更加丰富。关联视角能够让人们认识到世间万事万物存在着千丝万缕的深层联系与纠缠。反过来，这种奇幻的、巫术的思维能够被人概念化，用以反映彼此相关联的现实世界。与建立在分析解构基础上的西方思想（通过将世界分解成诸多构成元素及其属性）来理解世界不同，巫术思维认为世间万物都是相互联系的——人同世界是一个整体，彼此是相互作用的（Greenwood 2009）。

巫术可以理解为通过操控人的知觉和意识来认识事物之间深层关联性的手段（Glucklich 1997：12；Greenwood 2009），萨满巫术就是很好的例证。巫术可以让人们以一个全新视角"看到"现实世界以及人在世界中的位置，这会带来一些人们所意识不到的问题与焦虑，同时会让人们认识到自己同周遭世界产生关联和建立联系的方式（Greenwood 2009：111‑113）。巫术思维并不局限在前现代社会或者非西方的文化中，这种思维在当代西方社会中也十分流行——因此同样会影响人们感知世界以及同世界产生联系的方式——即便巫术思维没有必要通过人们有意识的活动或者确凿无疑的形式表现出来（如 Aupers 2009；Greenwood 2009：45‑56；Fernandez and Lastovicka 2011：280）。举例来说，事物属性的巫术转化思想即便在当下也是很普遍的（Greenwood 2009：45‑46），而且在程序员、计算机和软件之间的复杂关系中也存在着"灵性"的维度，能够让人产生一种如痴如醉的体验（Aupers 2009）。

关联性同开放性这一关联式本体论的另一重要特点密切相关。现代西方人的思维认为，"真实"世界由界限清晰、特征明确的有界实体组成。在这一视角下，人同岩石是截然不同的，而关联的视角则认为这种分类是现代性的虚假产物，并认为世间万事万物的边界都是可以穿透的，而且事物之间彼此"开放"，并不存在明确的界线以及内部"本质"。因此，主体与客体、内部与外部之间并不存在明晰的区分。同样，认知和思维并不仅仅发生在大脑内部，还发生在世界之中，发生在由大脑、身体与环境层层嵌套的系统中（如 Ingold 2000，2011；Clark 2010），这同样意味着人工制品与一般意义的物质世界以诸多方式共同塑造了人们的身份认同、思维方式与行为。

在《北国风云》中，埃德在一条鱼身上发现了一个圆环，上面雕刻着以"FF"开头的文字。埃德认为，这枚圆环曾经属于意大利电影导演费德里科·费里尼（Federico Fellini）（《北国风云》第4季第4集 On Your Own）。埃德戴上了这枚圆环，逐渐开始透过"费里尼的眼光"来观察世界，他最终发现自己内心深处惧怕改变，害怕自己变成别人。虽然人工制品或许无法在真实的世界中让人发生改变，但它们确实能够影响人，即便人们并没有认识到这一点。在关联的视角中，人工制品是人以及人的生理-认知机能的有效组成部分或延伸。人们凭直觉会认为人与人工制品之间的这种关联性或许反映了构成当代大众文化特征的魔剑与魔戒的力量，托尔金（Tolkien）的"指环王"就是最好的例证。正如考古资料、历史记载以及神话传说所反映的那样，从史前到当代，具有超能力的人工制品一直是北极文化中反复出现的主题。

认识世界

9

在弗莱希曼医生（不情愿地）被当地特林吉特（Tlingit）部落接纳为成员的过程中，他必须在埃德这位受过萨满训练的人的陪同下，进行一次视野探索（vision quest）。当埃德把在森林里待了数个小时称作一夜后，弗莱希曼医生抱怨自己还不具备埃德的视野。"嗯，或许你具备了"，埃德说道，"只是你还不知道"（《北国风云》第 3 季第 12 集 *Our Tribe*）。视野可能看上去同正当的知识（proper knowledge）毫无关系，然而我们可以认为（且已经这样认为），视野能够为我们看待世间万物的状态提供视角，因此它在某些文化背景中构成了一种知识。在理解相关的知识时，人们主要采用的是关联主义的视角，但同样存在其他的认识与知识体系。正是在这一背景下，人们可以将视野理解为看待世界的一种独特（"神奇"）视角，这一视角重在"观察"与理解世间万物的深层关联，以及人们在这种关联网络中的位置与地位（Greenwood 2009）。

不同的知识和认识体系也与一种关联理论的分支产生共鸣，这一分支即"视角主义"（Viveiros de Castro 1998），视角主义认为不同的生命体从自身的视角来认识世界。海象同驼鹿或者人以不同的视角体察、感受和认识世界，因为他们的感觉器官、大脑以及运动方式等都相差甚远——他们有着截然不同的栖居方式。在《北国风云》中，埃德的叔叔安库（Anku）对正在为如何修理厕所而绞尽脑汁的弗莱希曼医生提出建议，"你如果想要抓到鱼，就要像鱼一样思考"（《北国风云》第 1 季第 2 集 *Brains，Know-How and Native Intelligence*）。这准确体现了视角主义在北极狩猎文化背景中的含义。在北极的狩猎文化中，猎人为了引诱以及捕杀猎物，狩猎时要尽可能地将自己变成要捕获的那种动物（Willerslev 2007）。在一个灵性缺乏的情境中，弗莱希曼医生偶然看到一具保存很好的猛犸象尸体，这只猛犸象随后将要被一个年纪很大的西西里捕猎者（曾经担任华尔街股票经纪人）肢解，这让弗莱希曼医生大声说出了一个视角主义者的观察，"人生真让人捉摸不透。对一个人来说，他所经历的是足以改变人生的重大发现，而对另一个人来说这不过是块肉而已"（《北国风云》第 5 季第 24 集 *Lovers and Madmen*）。

"变成动物"所包含的认识环境、同环境发生联系的方式，与理性科学所奉若神明的分析、抽象与客体化的方法截然不同。正如伯德-戴维（Bird-David 1999）所说，以现代西方认识论来了解一棵树的做法是将它切开并放在显微镜下观察，而采用关联式思维去认识树的做法是设身处地同树进行互动，专注于发现树同人在特定环境下进行互动的特定形式。这种认识方式同弗莱希曼医生的理性主义立场格格不入，对弗莱希曼医生来说简直就是故弄玄虚地胡说八道。启蒙运动并没有消除"非现代"形式的思维，大量神秘的传统中都存在着理性的因素，不论这些理性因素的具体思想与词语表达如何（如 Goodrick-Clarke 2008）。正如英戈尔德（Ingold 1999）所说，虽然关联式思维已经失去了合理性，但并没有从现代西方世界中消失。这一情况同文艺复兴以及巴洛克时期还不一样，当时，人们是用关联式的词语来构想世界，进而认为关联式思维是非常合理的（如 Herva and Nordin 2013，2015）。现代性塑造了一种理解世界的独断形式并且十分奏效，然而，这一形式仅仅从一个特定的视角描述了现实世界的一个方面，它并没有如实反映出现实世界"究竟如何"。实际上，科学知识也是由文化所构建的，并且高度依赖情境（如 Ingold and Kurttila 2000）。

关联性与北极世界

《北国风云》中的一些场景会带给人们一种惊奇感，如幽远僻静的高尔夫球场（《北国风云》第 6 季第 10 集 Realpolitik），或者电影发烧友且有志成为电影制作人的埃德原来和电影导演史蒂芬·斯皮尔伯格（Steven Spielberg）、马丁·斯科塞斯（Martin Scorsese）以及伍迪·艾伦（Woody Allen）是笔友（《北国风云》第 3 季第 4 集 Animals R Us）。《北国风云》的世界是一个什么都可能发生的世界，在这里，事物没有必要一直都保持原样，它们有时会以人们意想不到的方式（相互）关联。这一点正是北极文化中的人们感知世界的方式，即人们以灵性论-萨满式宗教的方式同世界建立联系，同时这也是以关联为一般方式所构建的世界的一个重要特点。

北极充满着神奇与魔幻，是人们从"内部视角"和"外部视角"认识北极世界的一个重要特征。用外部视角理解奇幻的北极，反映了北极土地与民族所散发出的异国情调、浪漫主义以及殖民色彩，但北极地区依然保留着自己的传统，包括丰富的自然精灵、幽灵和非人之人、令人神往的魔幻之地以及充满了神奇与非凡的独特性（例如Sarmela 1994；Harjumaa 2008；Myllyniemi 2013 中大量的芬兰例证）。在理性主义框架体系中，上述观念会被看作单纯的信仰与迷信（同世界的真实没有任何关系的观念），相比之下，我们则认为这是人们以关联思维认识世界以及通过这种方式对现实世界进行终极构建的反映。虽然这种视角并不局限在北极世界或者北极民族中，但非人事物能够展现出人的生命——或者说，人与非人之间的相互关系与对话关系——在北极世界是极为重要的，在这里，构成世界的各种"自然"与"文化"成分之间的共存与关联性是（或者曾经是）事物的正常状态。

文化与环境相互塑造彼此，而且《北国风云》常常会涉及人与北极非凡奇特的环境之间密切且深层的关系。到了春季，科霍（Coho）季风（《北国风云》第 4 季第 16 集 *I ll Wind*）以及"打破坚冰"会给城镇居民带来奇怪的事情（《北国风云》第 2 季第 5 集 *Spring Break*）。在数百万年地层中的水具有改变饮用者性别角色的神奇属性，这些水正是莫里斯·米尼菲尔德（Maurice Minnifield）开始灌注的（《北国风云》第 6 季第 13 集），而北极光则融合了人们的梦境（《北国风云》第 5 季第 12 集 *Mr. Sandman*）。虽然环境对人的这些虚幻影响是神奇的，但这些影响却展现了人与环境的纠缠与联系，或者说人与其他有机体同世界之间并无阻碍。正如哲学家安迪·克拉克（Andy Clark）充满生趣的"克拉克定律"（2004）所说，"万事万物都是相互渗透的"。世界可以渗透给人，人也可以渗透给世界，这动摇并消除了独立的主客体之间的虚假界限。众所周知，环境为各种文化形式的表现提供条件，但关联式思维认为，人和环境从根本上就是一体的，二者在各个层面都存在着千丝万缕的联系。阿尔弗雷德·盖尔（Alfred Gell 1995）有关巴布亚新几内亚人对环境的感知研究表明，在茂密雨林环境中的生活是如何影响人们理解世界的。

在弗莱希曼医生融入特林吉特（Tlingit）部落的过程中，人们希望弗莱希曼医生可以放弃个人财产，而他认为这会让自己失去原有的性格，也会让自己意识到身份的可变性以及自身的界限。"通过仪式"（Rites of passage）对人会产生这样的影响，这些仪式能够有效地识别或促进让人从一种身份或者存在方式到另一种的转换。从关联视角来看，世界上没有任何事情是稳定不变的，"保持不变"是需要付出努力的，这是因为"保持不变"就意味着让保持变化的常态终止（Alberti 2012）。或者正如弗莱希曼医生所说，"我……一点也不想融入当地。我在保持身份上经历了一段痛苦的时期"（《北国风云》第3季第12集 *Our Tribe*；引自 Wilcox 1993：6）。

在不稳定的关联式本体论世界，所有事物都是不断运动、变化并处在生成过程中的，这是北极灵性论-萨满式宗教宇宙观的核心。这对人类知识具有重要作用，因为这让我们了解到认识这个动态的世界本质上是一种高度依赖情境的活动。它要求我们一直密切关注自身所处的背景，并同自己在世界中所处的位置进行互动，这往往需要人们懂得随机应变并去适应互动交往中的特定背景。事物的这种关联性构建属性并不存在于事物本身，而是存在于事物的"关系"之中，而且人们对这个充满关联的世界的认识是在人与物的交流对话中产生的。关联性认知——或者认识关联的世界——是认识事物之间的联系与关系。这种认知方式表现为以文艺复兴-巴洛克的关联视角获得知识，正如下面这段文字所说：

为了能够认识孔雀……人们不仅必须知道孔雀的样子，还要了解其名字在每一种语言中的含义；了解孔雀具有何种格言式的联想；了解孔雀在异教徒和基督教徒中的象征意义；了解孔雀同哪些其他动物性情相近或者关系密切；还要了解它同星辰、植物、矿物、数字、硬币等事物之间可能存在的联系。

（Westerhoff 2001：641）

正如在芬兰博滕区（Ostrobothnia）奥卢（Oulu）镇（瑞典语"Uleåborg"）一位名为赫尔曼·丹尼尔·邦奇（Hermann Daniel Bonge，1706－1774）的学者所写的一篇论文那样，关联视角也体现在北极芬诺斯堪底亚的背景中。邦奇于 1730 年在瑞典乌普萨拉大学（University of Uppsala）提交了一篇有关三文鱼的论文。在文中，他描述了鲑鱼当时的习性和抓鱼的方式，之后他花费大量篇幅来关注"鲑鱼"（salmon）一词的不同词源（拉丁语"samo"，瑞典语"lax"，芬兰语"lohi"）。在他看来，"salmon"的所有词源都包含了一个共同的词根"sal"或者"salt"，因此指的是一种咸水鱼，而"sal"这一词根被认为是来源于希伯来语"salat"，同样也说明了同咸有关。邦奇认为，"鲑鱼"（trout）一词（瑞典语"trutta"，芬兰语"taimen"）同样起源于希伯来语中的"tarit"一词，指的是一种鱼类。在邦奇看来，鲑鱼一词一定源于古希伯来语，因为诺亚（Noah）的儿子贾飞特（Japhet）和马戈（Magog）是在大洪水之后最先到达北极并给海洋中的所有鱼类命名的人。总的来说，巴洛克时期以及之后的人们解释北极与地中海世界在感知层面的联系时，词源学起到了主要作用。

在这里，赫尔曼·邦奇主要引用了 17 世纪的博学大师老奥劳斯·鲁德贝克（Olaus Rudbeck the Elder，1603－1702）的著作。鲁德贝克在普萨拉大学有一大批的追随者，而且他的名字将在下文中反复出现。鲁德贝克认为，适宜的气候、干净的水源及最丰富的资源是贾飞特和马戈北上并最终在瑞典和芬兰定居的主要原因。因此，我们有理由相信，他们在这两个地区居住地的某些遗存以实体的纪念性建筑或以地名以及民间传说的形式保存下来，就显得合情合理了。他的儿子小奥劳斯·鲁德贝克（Olaus Rudbeck the Younger，1660－1740）同样是普萨拉大学的教授，而且其学术生涯的大部分时间都用来研究萨米（Sámi）语和希伯来语是否存在关系（实际上二者并无关联），并继续在北极瑞典山脉寻找诺亚方舟（见第三章）。

梦境、梦幻和灵性世界直接或者间接地展示了人类生活，这为我们提供了世间万物如何相互关联的真知灼见。在《北国风云》中，印第安人的灵性向导"等待之人"（One Who Waits）试图同风、水等事物进行交谈，以帮助埃德找到他的生物学父母（《北国风云》第 2 季第 2 集 *The Big Kiss*）。同样，玛丽莲告诉正在造访西西里的玛吉的母亲，说她在灵性层面是一只鹰，而且情况也确实如此，因为她掉下悬崖后竟然毫发无损（《北国风云》第 5 季第 6 集 *Birds of a Feather*）。同样，在其他情境中也出现了"超自然的"飞行者。在巡回马戏表演中的非人似乎真的可以飞，但更重要的是，埃德在自己身处高地时醒了过来（《北国风云》第 3 季第 9 集 *Get Real*）。据此可以推测，他一定是在睡梦中飞了起来，心灵理疗师伦纳德（Leonard）将这解释为埃德已经变成了萨满，而且他的萨满之旅——涉及了同非人的交流——成为这部剧后面反复出现的主题。

虽然这些例子是虚构的，但它们再次反映出，在实际生活中，北极地区的人们以关联方式认识世界并与之建立联系。梦境和梦幻——以及一般意义上的意识改变状态——是北极地区灵性论-萨满式宗教存在论中不可或缺的一部分。它们同"精神的"飞天入地相关，这反过来也为现实的存在以及人们在现实世界中的位置提供了另一个视角，即它们能够让人们以不同的方式"观察"和认识世界，而且我们可以将其理解为一般意义上巫术实践的主要功能（参 Greenwood 2009）。正如格鲁克里希（Glucklich 1997：12）所说，"'巫术'以一种独特的意识为基础：这种意识通过简单而精致的感知来认识世界万物的相互关联"。巫术的力量在由关联性构建的、事物间存在相互关系的世界中发挥作用，而了解将世间万物联系在一起的互动与亲疏关系网络，需要的并不是理性知识。由此举例来说，在《北国风云》中，玛吉似乎同死亡之间有着一种特殊的关系，因为她所有的前男友差不多都离奇身亡。而且在其中一集剧情中，玛吉和弗莱希曼医生还有一次奇怪的交往，她含情脉脉地接近弗莱希曼医生，让他感到身体疼痛，并且差点丧命（《北国风云》第 4 季第 25 集）。不论科学家如何理解——或者不理解——这些奇异非凡的力量以及事物之间的重要联系，这些力量与联系已经或者仍会是（北极）日常生活世界中的一部分，因此，它们对理解人同环境关系的作用方式特别重要。

时间、时间性与时间的长久持续性

过期妊娠的孕妇雪莉（Shelly）曾是"西北航道的空姐"，也是霍林·文科（Holling Vincoeur）——西西里一家名为"砖头"（The Brick）酒吧业主的搭档。她在自助式洗衣房内遇到了一个陌生人，名为米兰达（Miranda）的花季少女（《北国风云》第 4 季第 15 集 *Hello, I Love You*）。雪莉对这个女孩很有兴趣，于是同她交谈起来，开始询问她的生活。在之后的几天，雪莉总会在同一个地方遇到她，只是每次相遇时，这个女孩都会长一岁，这让雪莉开始相信这个女孩实际上就是自己未来的女儿。因为米兰达已经成年，雪莉意识到生活正在善待这位女孩，最终雪莉生下了一个女婴，取名米兰达。

时间是一个杂乱的处所和神秘莫测的事物。考古学曾一度确凿无疑地秉承线性的时间观——时间之箭一直射向前方，这意味着过去和现在无法同时存在，但大众就是这样认识时间的。尽管自 20 世纪早期以来，物理学的发展已经表明这种线性的时间观是有问题的。然而，自 20 世纪 90 年代以来，时间与时间性已经在考古学中成为一个理论热点，并接受着考古学家的批判性审视（如 Gosden 1994；Lucas 2005；Olivier 2011）。鬼魂出没的思想有效地表明了不同的世界与时间范围可以重合，这让地理学家们受到启发，同样也认为几何式的线性时间观是有问题的。最近，更具理论导向的文化遗产研究也采用了相似的视角（例如 Harrison 2013）。

正如艺术史家内格尔（Nagel）和伍德（Wood）所讨论的那样，文艺复兴时期对时间的"错置"理解为如何以关联视角理解时间提供了例证。虽然对后中世纪的欧洲人来说，对时间线性以及历史主义的理解并不陌生，但同时也存在着对古今关系的其他理解方式，这让历史、时段、文化、神话、人与地点以非线性的以及非历史主义的奇特（从现代主义的视角看）方式重叠、纠缠在一起（Wood 2008；Nagel and Wood 2010）。因此，举例来说，16 - 17 世纪的瑞典人认为自己是移民时期（公元 400 - 600 年）的哥特人，同时也声称自己在文化上同早于哥特人很多世纪的古罗马文明存在着联系（Neville 2009）。

北极社会中的非线性时间观与乌托邦观念同样在《北国风云》中有所体现。例如，有一个冻僵了的法国士兵拿了一本日记，记载着拿破仑从没有来过滑铁卢，这让弗莱希曼医生陷入了崩溃的边缘，因为

14

那些他一度深信不疑的信念——或者被自己奉为圭臬的历史知识——变得不再确凿无疑（《北国风云》第 3 季第 6 集 *The Body in Question*）。在这部美剧即将谢幕之时，弗莱希曼医生了解到了神话中的"北极宝石之城"应该位于一座小岛上。他同玛吉一起寻找。在经历了如荷马笔下的奥德赛一般的历险后，他们终于找到了宝石之城（《北国风云》第 6 季第 15 集 *The Quest*）。这种古典的希腊罗马世界同北极世界的融合同样是本书也是现实世界中会反复呈现的主题。

人工制品在将不同的时间与世界融合在一起上发挥了重要的作用，因为人造物品会"穿越时间，在它们相遇前就将不同的时间点集结在了一起"（Nagel and Wood 2005：408）。而且正如文艺复兴神话历史剧所起到的作用一样，过去和现在的世界还会通过人们的物质实践汇聚在一起。这些历史剧将看上去不相关的民族和地方，如远古时期的哥特人和美洲印第安人，或者将真实的、神话的以及想象的过去联系起来（Godwin 2002：181-202；Nordin 2013：198）。我们可以将这些历史剧理解为一种将神话的过去复活或者将不同时代连接在一起的方式。这为极其抽象的关联式时间与空间提供了具体的例证，让我们看到文艺复兴时期的关联式现实世界中重叠的或者"渗透"的时间层面中如何存在着神秘性和巫术因素。鬼魂萦绕的体验可以看作是过去如何时不时地渗透到当下的当代例证。不论这种体验的"原因"是什么，它们都表明了过去与现在是如何共存的。

人工制品所具有的"穿越时间"的力量，可以用盖尔（Gell 1998）笔下的人工制品会同其拥有者捆绑在一起的这一属性进行理解。人工制品因此成为人以及人的性格与能动性（或者让事情在世界上得以发生的能力）的延伸。这一思想也被其他学者以更形而上学及认识论的语言予以表达（如 Clark 1998，2010；Ingold 2000，2011）。人工制品可以比人更长久地留存于世。通过它从人类那里"夺取而来"的属性，人工制品代表着过去在当下的鲜活存在。因此，人工制品具有打破过去与现在界限的能力，犹如"鬼魂打破了人们臆想的西方时间性与空间性的稳定性与完整性"（Cameron 2008：383）。诚然，鬼魂是构成非线性的时间与时间性的"奇幻"维度的典型例证，而且也表明了过去能够以何种形式更加积极地存在于当下。由此来看，人们认为存在于早期现代斯堪的纳维亚社会的古日耳曼的北欧古文字同古代世界有着神奇的联系（Karlsson 2009：71–72），而且早期当代的古物收藏者们一般都怀有神秘的、令人难以理解的雄心壮志（Curran 2007；Curran et al. 2009；Stolzenberg 2013；Herva and Nordin 2015）。

定义北极

一般来讲，芬诺斯坎底亚的考古著作大部分都是用芬兰语（如 Haggrén et al. 2015）和瑞典语（Edgren 1992）发表的，因此外界很少知道他们都研究什么主题。迄今为止，现有的材料表明，在撰写本书时，有关芬兰史前史的唯一一本英文教科书已经出版五十多年了。虽然本书也希望将北极地区的一些考古研究呈献给英语世界的读者，但本书并没有按照系统的或年代的方式写作，即便各个章节确实按照一个大致的年代序列呈现。我们选取了北极地区，尤其是芬诺斯坎底亚北部地区诸多不同时代的主题和现象。我们辨识出在北极长期持续存在的文化的和宇宙观的要素——某些要素是从新石器时代一直持续到现代——但我们并不关注具体的文化表达。相反，我们主要感兴趣的是北极人关联式生存方式中更为一般层面的结构与机制。在这种深层次下的长期持续性并不意味着文化不发生变化或者出现文化停滞。

我们推测认为，诸如某一具体的宇宙观因素不仅是以抽象文化知识的形式从一代人传递给另一代人，而且还反映了人与环境关系的整合与互惠机制中更加基本的问题，这些问题需要人们以关联的方式进行理解。我们所讨论的诸多案例就是出自这样一个更宏大的目的。

时至今日，极地及北极诸文化中都有着悠久且古老的渊源。虽然现代性从没有去除"非现代的"或者"非理性的"思维与存在方式，但是它们在展示现代世界的重要作用却经常被忽略、忽视以及边缘化，这让人们以一种偏狭的视角去看待现代化。然而，人们依然借助现代主义的观念和分类去描述前现代世界。从本质上看，本书在尝试理解北极人的灵性论和萨满教存在论形式是如何在数千年的人与世界的互动关系中产生与再造的。但是，为了让读者便于理解后文的论述，有必要在下文中对北极地区后冰川时代的历史作简要回顾，因为北极地区各种不同史前与历史时期的特征与年代同中欧或者南欧地区差别显著。但在此之前，我们需要阐明本书中的北极有何含义。

正如前文所述，我们主要关注的是地理学意义上的东北欧，更具体地说是芬诺斯坎底亚，但是有关欧洲这一小块地区的地理学术语相当混乱。我们可以准确无误地将芬诺斯坎底亚界定为一个地理区域，但这一词语的使用仅限于很少的一些专业领域，如地质学、气象学，而在考古学领域，这一词语的界定并不是特别严格。当外行人说到欧洲的北极地区时，他们更常用的词语是斯堪的纳维亚，而且在英语中，斯堪的纳维亚通常包括瑞典、丹麦、挪威、芬兰和冰岛五个国家。然而，由于芬兰语并不属于德语，而是彻头彻尾地属于同德语毫不相干的芬兰-乌戈尔（Finno-Ugric）语族，因此，斯堪的纳维亚一词所指代的范围通常并不包括芬兰。但是，芬兰的历史与文化同斯堪的纳维亚地区有着悠久的联系，与此同时，从单纯的地理学视角看来，冰岛和丹麦也不属于斯堪的纳维亚，因为从地理上看，斯堪的纳维亚指的是由挪威、瑞典和芬兰西北部组成的北欧半岛。

为了避免这种混乱的情形，人们通常用"北欧的"（Nordic）（瑞典语、丹麦语、挪威语为"nordisk"）一词来囊括这五个国家，这些国家在二战后通过加强多边政治与文化合作以及在1952年成立北欧理事会的方式寻求大国的庇护。但同其斯堪的纳维亚语的对应词不同，"Nordic"这个英语词汇同样存在着歧义或者历史的分歧：这一词汇有时指的是一般意义上的北欧，但同时它还同诸如"北欧种族"这样纳粹意识形态概念有关。总之，这些想要囊括东北欧范围的地理学术语似乎更是以意识形态、政治或者文化的话语为基础，而不是建立在可观察到的事实之上。

当本书提到北极（the North）时，我们一般指的是芬诺斯坎底亚，而且更侧重以北方针叶林和苔原环境为特征的中部和北部。侧重芬诺斯坎底亚东部的部分原因当然是这一北极地区是我们两位作者都熟悉的区域，与此同时，正如前文所表明的那样，鉴于语言障碍，芬诺斯坎底亚的这一地区可能是对英语世界的人来说最陌生的地方，因此也值得我们"揭开其神秘的面纱"。在本书中，我们或许也会时不时地用"北方"（North）一词指代整个北极地区，但在这种情况下，这一词的含义是明显能够从上下文语境中获知的。丹麦和斯堪尼亚（Scania）（瑞典最南部的省，在1658年前隶属于丹麦）考古与民族志文献数量很少，因为从很多方面来说，这一区域同更北部的地区有着明显的差异。这一地区以石灰岩岩床、温带气候以及落叶林植被为特征。这一地区的气候与植被随时间而改变，部分归因于其自然因素，若同芬诺斯坎底亚地盾（Fennoscandian Shield）比较，则有着相当不同的（史前）历史轨迹。但很明显的是，这些地区的地理边界

是人工划分的，而且是可变的。不仅如此，北方与南方（以及其他地
方）的联系也确实是我们所要讨论的一个重要主题，因此我们定义的
"北极"不可避免带有一定程度的模糊性。

芬诺斯坎底亚历史概述

同中欧与南欧相比，芬诺斯坎底亚与众不同的一个重要特征是，
这一地区在末次冰期（或"威赫塞尔"冰期）时被厚厚的冰川所覆
盖。该地区在旧石器时代晚期不适合人类居住，而且冰层也会移除所
有年代更早的人类活动遗迹。因此，芬诺斯坎底亚地区最早的人类居
住遗迹"只能"追溯到距今 11 000 年以前的中石器时代早期，这些
遗迹同高度流动的渔猎人群有关。北方森林地区的土壤呈酸性，而且
有机物一般只能在极端条件下（如饱水环境或者霜冻环境）保存，所
以，中石器时代遗址一般仅留下了少量的人类活动遗存，主要以石器
和被灼烧的骨器为主，而且中石器时代的遗迹中基本没有发现定居村
落遗址和墓葬。像位于卡累利阿境内的奥莱尼·奥斯特洛夫（Olenyi
Ostrov）这样的大型墓葬遗址以及岩画是在中石器时代末期才出现的，
这些遗址的出现表明了社会以及人们同环境之间的关系发生了变化。
东北欧地区的陶器产生于公元前 6 千纪下半叶，以早期篦纹陶（Early
Comb Ware）为特征，而在公元前 4000 年左右出现的所谓典型篦纹
陶（Typical Comb Ware）标志着芬诺斯坎底亚大部分地区所发生的诸
多社会变化，包括日益增加的定居生活方式以及社会复杂化迹象——
即同新石器时代社会相关的诸多文化特征（见第三章）。在斯堪的纳
维亚南部地区，新石器时代生活方式的出现同诸如中欧地区漏斗杯陶
文化（Funnel Beaker Culture）的发展相关。同斯堪的纳维亚南部地区

不同，芬诺斯坎底亚北部的新石器时代文化似乎受到远东地区的影响
（Jordan and Zvelebil 2009；Nordqvist 2018）。

南部与北部、东部与西部的划分的确是北极史前史与历史时期以及后人对它们阐释中一个反复出现的主题。上文已经注意到了这样的划分是人为的而且是可变的，但至少自新石器时代以来，西南芬诺斯坎底亚同芬诺斯坎底亚其他地区的区别已经显现，而到了青铜时代（公元前 1800 年至公元前 500 年，校正年代），这种差别变得相当明显。芬兰西南部同北极青铜时代存在密切联系，相比之下，芬诺斯坎底亚的北部和东部地区则依然保持着同东方的联系，而且在文化表现上"更弱"——人们对其文化的了解和研究都更薄弱。

芬诺斯坎底亚的铁器时代大约开始于公元前 500 年，当时铁制用具和本土冶铁业同时出现。铁器时代的最早阶段是所谓前罗马铁器时代（Pre-Roman Iron Age）（公元前 500 年至公元元年），这一时期的主要特征是村落的衰落以及人口规模极低。到了罗马阶段（Roman Period）（公元元年至公元 400 年），虽然墓葬（尤其是有随葬品的墓葬）的大量出现与该阶段以及芬兰铁器时代其他阶段的社会图景并不协调，但至少在这一阶段，定居农业村落开始逐渐恢复。在"大迁徙阶段"（Migration Period）（公元 400 年至 600 年），我们可以看到来自日耳曼和波罗的海文化圈的器物大量涌入，这使芬诺斯坎底亚世界得以"复兴"，并在罗马帝国衰落后同欧洲世界建立新的联系。虽然在古典时代，希腊罗马世界同欧洲的北极世界之间存在着联系——正如它们在青铜时代也存在联系一样——但自公元 1 千纪后半叶起，北极开始以一种新的方式出现在更广泛的欧洲世界，这与维京人的活动（自 8 世纪末期开始）、国家的初步形成以及大约从第二个千年之交开始的北极社会基督教化有关。虽然这些过程在不同时期以不同方式影

响芬诺斯坎底亚的广大地区，但还是应该根据这些大规模的社会进程，来理解诸如贸易等标志着芬诺斯坎底亚北部地区人类活动增加的迹象（见第七章）。

芬诺斯坎底亚进入历史时期相对较晚。实际上文献资料在整个中世纪都很少，而且当时北极社会的文献资料几乎没有，但一直以来，人们将芬诺斯坎底亚西南部的史前时期与历史时期的界线设定在1050年，而将芬诺斯坎底亚东部与北部地区两个历史阶段的界线设定在1300年。在芬诺斯坎底亚南部，随着城市中心以及同内陆的紧密联系的出现，中世纪文化开始形成，这同芬诺斯坎底亚北部地区的文化形成截然不同。丹麦、挪威和瑞典在中世纪建立了斯堪的纳维亚王国，但芬诺斯坎底亚北部只是部分地、松散地被王室所控制。与此同时，在芬诺斯坎底亚的东部，诺夫哥罗德共和国（之后是俄国）也试图将自己的势力范围北移，这使得当代芬兰的疆域成了"西方"（或斯堪的纳维亚）与"东方"（或俄罗斯）的交会处与冲突带，这种状态一直持续到6世纪晚期。

在整个6-7世纪，瑞典沿着现代的瑞典与芬兰拉普兰地区建立了强大的政权，这一地区也被称作萨普米（Sápmi），是当地萨米人的家园。虽然瑞典王国在当代早期贫困落后且人口稀少，但盛行扩张主义与军国主义的瑞典王国试图重振雄风，而且到了17世纪成为一个欧洲大国。瑞典曾短期在芬诺斯坎底亚和波罗的海地区称霸，并同其长期敌对的丹麦一起进行殖民扩张。瑞典和丹麦在海外建立殖民地，在现北美特拉华（Delaware）建立新瑞典，而芬诺斯坎底亚北部也通过殖民主义意识形态与殖民活动同瑞典王国的腹地建立了联系（见第二章）。

到了8世纪初，随着瑞典与俄国之间爆发了北方大战（Great Northern War, 1700－1721），瑞典帝国崩溃了，此时，圣彼得堡于1703年建

立，这也标志着俄国再次进入波罗的海地区。同时，欧洲人痴迷于大
陆最北端的广大地区，对生活在当地的萨米人很感兴趣，而且伴随着
受科学兴趣与强烈好奇心驱使的旅行者们探寻北极未知世界的异域风
情，这种痴迷在 18 世纪达到高峰。这种启蒙时代人们对北极的兴趣
在各个方面都体现了 16 世纪欧洲人对北极探险的延续，这也部分受
到了古典文学中对北极奇观记载的影响。在那些有关北极的文学作品
中，奇幻与真实紧密交织在一起。

　　当地工业化以及民族国家的形成发生于 19 世纪到 20 世纪早期，
包括挪威在 1905 年脱离瑞典而独立以及 1917 年独立的芬兰共和国建
立。这一过程同样见证了芬诺斯坎底亚最北部地区国家边界以及其他
区域与地理单元的边界逐渐确立，这对传统的北极生活方式带来了深
远影响。数千年来，遥远的北极一直都是一个"开放的边陲"——在
这里，不同民族与文化背景的族群流动迁居，邂逅彼此。同限制人们
流动的现代国家边界不同，这种边陲地带是一个充满活力、世代繁衍
的地方，这让北极这样的"偏远地区"成为一个不同族群间发展贸
易、相互通婚的交会地带，并充满了各种机遇与创造力。因此，禁止
自由流动同北极地区现代化与殖民化带来的负面影响，给北极地区造
成了严重的社会问题，并且让整个 20 世纪在祖籍地居住的萨米人处
境更加边缘化。

　　然而，现代化带来的根本性变化同样也激发了人们对前现代社会
进行研究的情怀。可以理解的是，现代化对传统生活方式形成了威
胁，虽然人们认为传统的生活方式注定会消亡，但这种生活方式在其
永远消失前值得人们记录下来。即便各个民族与国家也需要有关自身
过去与起源的叙事，工业化与城市化（及其带来的大规模人口迁移）
给人们的内心带来了一种居无定所的漂泊感。所有这些相关联的过程

19

都激发了人们从考古学、民族志以及民族学的角度研究古代社会及其传统的兴趣，而在所有的这些研究领域中，来自斯堪的纳维亚国家的学者们一直进行着富有开创性和突破性的研究工作。因此，现代化推动人们去保护考古遗址与历史遗迹，并促使早期的学者们搜集、记录北极地区丰富的神话与民间传说，例如冰岛的萨迦（saga①）以及芬兰的民族史诗《卡勒瓦拉》（*Kalevala*，1835 年首次出版）。

在我们的研究中，《卡勒瓦拉》以及相关的北极民间传说非常有助于我们理解北极的文化与历史。然而，我们需要注意的是，《卡勒瓦拉》（可以大体上将其翻译为"英雄之地"）这本书是芬兰历史学家艾里阿斯·隆洛特（Elias Lönnrot）的一部文学作品，他在收集诗歌方面做了大量工作，并认为这些诗歌同荷马史诗中的《伊利亚特》与《奥德赛》一样，是古代芬兰史诗的片段。他并不满足于将这些诗歌如实发表，而是对其进行高度编撰和加工处理，在其中加入了一个连贯的故事情节使之成为一部民间诗歌，而事实上，这部民间诗歌内容并不连贯，而且前后矛盾，常常让人无法理解。因此，我们在考古学和历史学研究中，不能将隆洛特的《卡勒瓦拉》用作类比材料和阐释依据——在研究中必须用原版的诗歌（英译本已由库西［Kuusi］等人于 1977 年出版），即便如此，我们在使用时也要非常谨慎（Lahelma 2008，2010 对此进行了探讨）。

不同于由中世纪冰岛学者于冰岛皈依基督教后的几个世纪记录的挪威神话，《卡勒瓦拉》诗歌大部分是在 19 世纪收集的，而且这些诗歌当时还是本质上尚未开化的卡累利阿社会中不断变化和演变的口述传统的一部分。因此，这些诗歌并没有同铁器时代（更不用说石器时

---

① 冰岛萨迦指有关冰岛名人和家族的事迹以及英雄传说等长篇故事——译者。

代）的社会状况产生直接联系，即便它们发出了远古时代的回声，但依然"属于"19世纪的卡累利阿乡村社会。这些诗歌是在特定的礼仪背景下产生的，这一点对人们阐释诗歌至关重要，但却常常被早期的民间传说收集者们所忽略。其中所反映的神话主题具有明显的历史层次性，这使得解读这些诗歌成了一项无比复杂的侦探工作（Siikala 1992，2013）。即便如此，这些诗歌有时也会为我们了解无比遥远的过去打开一扇窗，为我们提供一个独特的机会去阐释考古现象，否则这些考古现象就会彻底淹没在历史的长河之中。

本书的结构

本书分作三部分，分别以陆地、海洋和天空为主题，这大体上以传统北极萨满教将世界分为三层结构的世界观为模板。根据北极萨满教对世界的理解，陆地同"现世"关系最为密切，海洋同地下世界有关，而天空则同天上世界有关。虽然这三个世界（或世界的三个层次）之间的关系不能还原为"几何学意义"上的叠压关系，而是彼此之间有着复杂的相互关系，但这个三元模型为我们识别同基本的宇宙观念有关的不同主题提供了一个结构。千百年来，这些宇宙观已经在北极社会中得到广泛认可，但与此同时，这些宇宙观让本书中的一些篇章之间产生了某种重叠。这也反映了北极宇宙观在本质上并不是遵循着一种严格的或者连贯的教条，而是经常含糊不清或者充满矛盾。

本书第一部分追溯了从史前时期到最近以来，包括地下世界在内同陆地有关的灵性与物质之间的纠缠关系。我们主要关注陆地环境的三种基本构成，即岩石、土壤和森林，以及北极文化是如何同它们建立联系的。这三个基本结构将大量的物质、经验及宇宙观的信息聚集在一起。本书会从长时段的"深度时间"（deep-time）视角对这些事物进行思考，这一视角为均衡的陆地抬升这样的后冰期过程提供了基本背景，而这些后冰期过程塑造了北极地区冰河时代末期以来的环境。诚然，我们认为冰期和后冰期过程已经将欧洲最北部地区的居民世世代代联系在了一起，而且也部分塑造了数千年以来人们对北极世界的认知与理解方式。

21　　　本书的第二部分（"海洋"）讲述的是波罗的海这个同地中海地区相似的独特海洋世界：一个连接了北欧不同区域和文化的内海。不仅如此，大量的淡水水体如大湖与大河，也是北极景观的一个主要特征，而且也方便了人们在欧亚大陆进行大范围的流动与文化交流，这种流动与交流不局限于史前与历史时期。最后，北大西洋和北冰洋构成了芬诺斯坎底亚的世界，而且沼泽和湿地是北欧除了林地和苔原之外典型的景观类型。海洋，尤其是海洋和陆地交汇的区域，是北欧世界在宇宙观上的永恒之所，这片区域发现了大量岩画艺术、巨石墓和巨石迷宫（stone labyrinth）等考古遗存。在本书的这一部分中，我们从长时段的视角追溯了海洋在北极的经验世界、符号世界与宇宙观世界中的作用。

　　　本书的第三部分（"天空"）论述了欧洲最北部文化中的天空及天上世界。天空在前现代的生活世界中，要比现代城市环境中同人们的关系更为密切。在现代城市环境中，人造光可以取代太阳光，而且"光污染"也让星光变得暗淡。历史上的北极，包括从候鸟到月相在内的各种天空事物和元素都被赋予了象征符号的意义。北极特有的两个现象极光和午夜太阳（以及冬季长达数月的黑夜），强化了天空在北极生活方式中的重要性，也影响了古典时代以来北极人的思想观念，以及对北极的感知与表达。北极天空的某些元素自史前时代以来就被当地人赋予了意义，如北极星（北极星附近的北极天空看上去在转动）以及与之相关的大熊星座。在传统的芬兰宇宙观中，人们认为熊起源于天空，而且熊一直被看作是人的祖先与亲人。将考古学、历史学、民族志以及民间传说材料相结合，能够让我们大致了解不同时期人们同北极天空的关系。

第一部分
陆 地

第二章　石头的世界

向北极进发

近年来，北极地区包括矿产和鱼类在内的资源越来越受到人们的关注，而且是环境与生态变化以及北极圈地区的原住民与地缘政治问题争论的重要内容。全球气候变暖对北极地区的影响尤为突出，一方面能够让人们去开采过去无法触及的矿物资源，并开辟了诸如东北航道在内的北极新航线，但与此同时，也给原本脆弱的北极生态系统乃至当地人的生活带来威胁。然而，虽然丰富的矿产资源是当下世界各国对北极地区最重要的关注点之一，但人们对"新北极"的兴趣以及对北极带给人们的经济利益的想象，只是成百上千年以来，人们一直对（真实的或者想象中的）丰富多彩的北极世界心驰神往的一个缩影。这种心驰神往在迈锡尼文明和古典时代的琥珀贸易以及中世纪的海象象牙贸易中已经开始，甚至人们在中世纪就已"向北极进发"。当时，斯堪的纳维亚王国与诺夫哥罗德共和国试图在芬诺斯坎迪亚北部边境地区建立自己的势力范围，以控制当地的资源，其中，以当地的动物皮毛和鱼类资源尤为吸引人。

然而，16 世纪晚期至 17 世纪早期的地理大发现时代，让人们对北极地区的兴趣达到了崭新的高度。当时，像荷兰人威廉·巴伦茨（Willem Barentsz）这样的探险家们绘制了北极地区的地图，像瑞典和俄国这样的新兴国家也开始系统探测并开发自己北部边境的资源。现代早期，人们对欧洲北极地区的兴趣程度不断加深、范围不断扩大，涉及经济、文化和科学领域。除了北欧国家和俄国之外，英国、荷兰和法国也被北极所吸引，并开始在那里寻求机会。在 17 世纪，矿产资源是人们特别关注的事情。自那时起，有关当地丰富矿产资源的梦想和现实对北极的环境与人都造成了重大影响。

另一方面，石头、岩石和矿物世界还在史前至现代北极文化的地貌景观与思维图景上起到了重要作用，地下石头世界的灵性与神话维度对理解早期现代社会以及现代采矿业至关重要（参 Boivin 2004a）。虽然作为地貌景观要素的岩石，其形成或者岩石其他特征可能已经对中石器时代早期的社会群体具有重要意义，而且在某种程度上，人们采掘石头用来制作人工制品；但到了公元前 6 千纪晚期中石器时代至新石器时代的过渡阶段，有证据表明，人们同岩石之间形成了一种截然不同的互动关系（Herva et al. 2014）。此时，人们着迷于岩石的色彩、光泽、打磨光滑的表面并在岩石上面雕刻。杰尔德（Gjerde 2010）所谓的北欧"岩画艺术大爆发"就是这种互动关系的重要体现。

虽然芬诺斯坎底亚北部地区存在着少量的中石器时代早中期的岩画，但在公元前 5500 年至公元前 5000 年，这一地区的情况发生了明显的变化。遗址的数量突然之间显著增多，像挪威阿尔塔、瑞典的纳姆福森（Nämforsen）以及俄罗斯西北部的维格河这样的"大型遗址"开始出现，而且岩画所描绘主题的风格与选择也经历了重大改变。前一阶段的岩画主要表现的是动物，在大小和表现方式上都是典型的自然主义风格，然而此时，各种场景及活动中的人成为核心的主题，而且还出现了诸如船只这样的新形象。所有的这些元素可能都预示着岩画的意义与目的发生了变化，而且人与非人事物也以新的方式建立联系，但也有证据表明，岩石本身的形状与特征受到关注。举例来说，根据海斯科格（Helskog 2004）的观点，在阿尔塔遗址，岩石凹凸不平的表面、裂隙以及小水坑都对岩刻有影响（图 2.1）。

图 2.1　挪威北部阿尔塔遗址凹凸起伏的岩石上的岩刻。岩刻（被现代人涂红以增加辨识度）同岩石表面的微地貌特征紧密融合。

资料来源：安蒂·拉赫玛（Antti Lahelma）。

27

同样，在维格河遗址，岩石的形状也用来表现小山和河谷，这加快了滑雪猎人们的捕猎速度（Janik et al. 2007）。杰尔德（Gjerde

2010）深化了这一观点，认为岩石表面的微地貌特征是当时的"地貌图"，同周围的宏观地貌特征相吻合。纳姆福森和奥涅加湖遗址，在类似河流的黑色线形熔岩构造中刻入了船只，而且重要的是，这两个遗址都紧邻河流，意味着这些"河流"可能指现实世界中的河流。

岩石深处的世界

一些遗址也表明，当时人们对岩石表面以下的世界也十分着迷。在挪威西部的维根（Vingen）遗址，很多岩刻都是在由巨石生成的小岩洞里雕刻而成的（Mandt and Lødøen 2012），而且在奥涅加湖遗址的岩石裂隙中发现有很多天鹅的形象，这些天鹅的形象一直顺着基岩裂隙的"通道"延伸至地下（Lahelma 2010）。奥涅加岩刻遗址中，最著名的形象是被当地人称作"恶魔"的巨大类人形象，这一形象被人有意刻在一个巨大的岩石裂缝附近，因此被裂缝一分为二。在芬兰的一些岩画遗址（如萨尔米卡利奥［Salminkallio］和西里沃里［Siliävuori］遗址），能够明显看到一些被红色染料涂抹的巨大缝隙和孔洞（Lahelma 2012b），而且在另一些遗址中，岩画是在洞穴或者半洞穴的内部创作的。挪威西北部特伦德拉格（Trøndelag）遗址的洞穴壁画就表明了当时人们对地下世界很有兴趣（Norsted 2013）。虽然岩画的年代还不确定（根据共出的器物，人们将其年代定为铁器时代早期），但正如绍格尼斯（Sognnes 1982）指出，这些岩画在风格上同芬兰的岩画相似，因此大致是同时期的。

当然，岩画同岩石表面的相互作用以及人们对地下世界的心驰神往，在旧石器时代的岩画中就已经得到体现（Clottes and Lewis-

Williams 1998；Lewis-Williams 2000），而且对岩画的萨满教阐释强调岩石开启了不同维度世界的大门，或者是不同维度世界的界限。这种观念甚至还出现在《卡勒瓦拉》史诗之中，这一史诗对描述岩画的创作至关重要（Lahelma 2010）。在史诗中记载，智者维纳莫宁（Väinämöinen）"在石头上画了幅画，在岩石上画了条线"，结果"石头裂成两半"，他在石头中看到了许多蛇，而蛇则是地下世界的常住居民。当然，新石器时代岩画同历史学与民族志记录中传统的北极宇宙观之间有着巨大的时间间隔，但在芬兰当地传说中，人们将进入岩石裂隙看作是萨满进入致幻状态（Lahelma 2007）。西伯利亚的民间传说与岩画中也表达了萨满进入岩石之中同山神（被看作是祖先）相会的相似观念，这一观念有时也同下述观念一同出现，即萨满为了获得自己的第一只鼓，需要前往大山深处（Rozwadowski 2017）。

在北极民族志中，尤其是回声的证据证实了非人的生命居住在岩石深处。民族志中，对萨米人圣地的回声记录表明，人们认为回声是某些山崖中居住着神灵的证据，也是人们将某些地方看作是圣地的原因（Lahelma 2010）。瑞尼奥（Rainio 2018）等人通过 3D 记录声音在环境中的传播与反射，对声音特征在定义"特殊"地方（如岩画遗址以及萨米人的圣地）的重要意义进行探索。他们的研究发现，画满岩画的悬崖能够产生清晰的回声，而回声直接来源于岩画，而且还产生了令人困惑的"听力幻觉"，这营造出了一种"怪异"的声音环境。这一事实表明，声音确实是某些悬崖"很特殊"的原因之一。

在岩石中探险的观念不仅仅是萨满教中的精神理念，还同物质实践有关，尤其同采掘石料关系密切。采石场和石料采掘是人们从物质、经验、灵性和形而上学层面，透过岩石表面进入岩石深处，同岩石深处的世界建立联系的有效方式。虽然石料采掘是获取石制工具原料的一种方式，但同样也是人们前往地球内部的经验与灵性之旅，是人们对地表之下的世界进行了解的一种手段。因此，即便是小规模探入地下的活动都会在精神以及形而上学层面产生影响，因为人们会同地下的生命体与神力进行交流。有资料表明，在北欧的一些史前遗址中，一些空无一物甚至是很快回填的小坑都可以看作是人们同地下世界进行交流的表现（Davies and Robb 2004：147）。这或许也是岩画有时会同石料采掘联系在一起的原因（如 Mulk and Bayliss-Smith 2006；Goldhahn 2010）。因为打破岩石表面是一项危险的活动，所以人们有必要通过仪式活动同岩石以及地下世界的生灵们进行交流。在芬诺斯坎底亚，据一些史料和民间传说记载，人们认为，地下世界居住着地精和巨魔，他们是某种程度和人相似的非人生命体。他们生活在岩石之中，却不被岩石所束缚；他们也是社会性生命，人们偶尔也确实会同这些生命体进行交流互动（Sarmela 1994：414）。

　　到了中石器时代晚期，石料采掘活动的强度增大，有时已经达到相当大的比重，正如斯塔卡勒内塞特（Stakallneset）辉绿岩采石场（图 2.2）以及挪威西部赫斯佩里霍尔姆（Hesperiholm）岛的绿岩采石场一样，每个采石场都有 400 立方米的石料可采掘（Nyland 2017）。到了新石器时代中期，这些采石场一直在持续使用，而且尼兰德（Nyland 2017）认为，石料采掘已经成为一种有意义的活动甚至作为一种社会政治策略，用来体现持续性、维护社会传统以及强化群体的认同。举例来说，绿石在某些地方要比在赫斯佩里霍尔姆这个位于外海的小岛更容易获得，但最终，人们选择从这座小岛采掘，这一点十分重要。在某种意义上，同赫斯佩里霍尔姆岛采石场有关的神话传说及历史被赋予到制成的器物中，而且随着器物在群体中的流通，所有成员因此可能亨有共同的身份认同。

图 2.2 位于挪威中部的斯塔卡勒内塞特中石器时代大型辉绿岩采石场。

资料来源：安蒂·拉赫玛。

同样，人们把斯塔卡勒内塞特辉绿岩采石场看作是一个特殊的、可能具有神圣意义的地方。考虑到这一点，考古学家对挪威西部维根这一巨大岩刻遗址的棚屋居住面进行了发掘，发现了一件辉绿岩制成的琢石工具（pecking tool）（Lødøen 2012）。地质薄片分析证实，这件工具的原料基本可以确定是来自斯塔卡勒内塞特采石场。与此同时，考古学家在对维根遗址的发掘中，没有发现辉绿岩制成的石片或者石斧，而这两种工具在该区域同时期的其他遗址中很常见。对此，洛克德恩（Lødøen 2012）认为，维根遗址辉绿岩的使用是高度规范化的，而且是在具有神圣意义的背景中发生的，尤其是同岩刻的制作有关。

水晶洞与其他地下奇景

在早期现代的历史文献以及有关采矿的现代民间传说记录中，地下世界是一个满是奇观的地方：

> 在闪烁的烛光以及矿工头顶的灯光照射下，地下岩洞中各种尺寸、形状和颜色的岩石映入眼帘。这些岩石出现在各种奇特的故事中，在故事中，人们会听到幽灵、白色骡子与其他动物以及魔鬼等居住在特定矿洞中的生灵的声音。几乎每一个矿洞，不论大小，都有自己的幽灵故事。
>
> （Hand 1942：131）

这并不仅仅是人们的想象，人们进出矿坑时会看到各种色彩斑斓的特殊岩石与矿石，这也为证明地下世界是一个神奇所在提供了事实依据。实际上，史前芬诺斯坎底亚人对地下世界只是"一知半解"，而且同欧洲其他地方的石灰岩洞穴、大型采石场或者矿场相比，史前芬诺斯坎底亚人对地下世界的探索规模十分有限。然而，即便这种对岩石的小规模探索也会带给人很多不一样的身体体验，这些体验都与岩石的内部特征有关。到了历史时期，更深的矿坑会产生诡异的声音、颜色、光亮，甚至是幻觉、幻象和形变，这会加重人们在感官上对地下世界的陌生感。

芬诺斯坎底亚东部的所谓水晶洞是一处十分有趣的、富有启发意义的奇观，人们可以在岩石内部看到它的奇特之处（图 2.3）。这些

图 2.3　"恶魔的巢穴"，位于芬兰南部西顿哈朱（Hitonharju）的一个已被开采的水晶洞入口。本书作者之一维萨-佩卡·赫瓦正在进入洞室，洞室直径约 2 米，人们可以通过一个半米宽的洞口进入。

资料来源：特穆·莫科宁（Teemu Mökkönen）。

最近才吸引考古学家注意的洞穴（Mökkönen et al. 2017）大小各异，从特别微小到直径 2 米的均有，而且通常会在内部覆盖一层薄薄的伟晶岩、石英或者棱状紫水晶。这些洞穴是在一种质地较软且易破碎的环斑花岗岩的岩石中形成的，因此，一些岩洞在冰川的作用下暴露于地表，并且在公元前 4 千纪上半叶的典型篦纹陶阶段就已经被人开采（Mökkönen et al. 2017）。

虽然水晶洞还没有经过正规的考古研究，但至少芬兰东南部的四个遗址都显露出了史前（最有可能是石器时代）时期开采水晶的痕迹，具体体现在敲击形成的岩屑以及一些经过打击的人工制品上。当地的考古材料也证实，对洞穴的系统开发始于新石器时代早期，而且到了典型篦纹陶阶段较为普遍，当时由水晶、烟水晶以及与之相关的高品质石英制成的石片与人工制品都比较常见（Mökkönen et al. 2017）。暴露出的洞穴早已被冰川堆积物填满，对此，人们为了进入洞穴，不得不将堆积物清空，而进入洞穴这一活动本身可能在当时被看作是一种进入现实世界的另一种方式，因此，同萨满进入迷幻状态有关。那些棱体水晶奇特的几何形状及其不同寻常的视觉特性可能进一步强化了这种身体体验，这或许还引发了人们在意识改变状态下所经历的光照现象内涵以及"看见"事物表面背后世界的理念（参 Lewis-Williams and Pearce 2005：253，259，280；Reynolds 2009：160）。

水晶和烟水晶为石器制造者们提供了质量上乘的原料：这些矿物的属性同燧石相一致，而且由此制成的器物也精美绝伦。但不仅如此，水晶（尤其是那些表面有凹凸形态的）有时会起到"透镜"的作用，人们透过它会看到一个同肉眼所见的完全不同的世界。作棱镜之用的水晶能够反射光线，或者将光分解为彩虹的颜色。将水晶同精神世界相联系或许看上去有些"新潮"，但正如位于芬兰东南部

Vaateranta 典型篦纹陶文化墓地中的一座墓葬所显示的，人们对水晶的痴迷能追溯至数千年以前。同其他随葬品共出的是一颗自行结晶的水晶，水晶的一端有刻痕，表明这颗水晶当时系有绳子且用作坠饰（Mökkönen et al. 2017）。

　　随着人们对矿物资源开采的逐步增多，人们对岩石世界丰富内涵的认识还体现在对石器原料的选择上，（尤其是自典型篦纹陶阶段以来）进而关注石头的颜色、光泽度以及其他"非功能性"的属性。红色板岩作为斯堪的纳维亚北部喀里多尼亚山脉（Caledonian mountains）特有的原料，上面通常带有装饰性的白色条纹，这种板岩制成的器物分布在人员往来密切的贸易网络中，其中，瑞典北部的纳姆福森岩画遗址是一个关键节点（Baudou 1992；Goldhahn 2010）。虽然红色板岩在中石器时代就被当地人使用，但在新石器时代早期，由红色板岩制成的人工制品广泛分布于芬兰西北部至斯堪的纳维亚北部的广大区域，而且向南可以抵达瑞典的乌普兰地区。一些红色板岩制品形态精美，并刻有驼鹿头等装饰，这表明这些物品是举行仪式活动时所使用的。

　　同样，起源自卡累利阿奥涅加湖西岸被称作"奥涅加绿板岩"的变质凝灰岩早在中石器时代就已被人利用和交换，但在早期篦纹陶和典型篦纹陶阶段，这种凝灰岩的分布和出现频次都大幅度增加（Heikkurinen 1980；Tarasov and Gogolev 2018）。正如上文讨论的赫斯佩里霍尔姆及斯塔卡勒内塞特采石场，位于奥涅加湖西岸舒雅河（River Shuya）河口的采石场地点同样具有重要的象征意义，而且可能解释了产于此地的所谓"卡累利阿石锛"为何分布范围如此广泛。位于奥涅加湖东岸的奥涅加岩刻是存在了上千年的主要仪式集会地点，而且有证据表明（Lahelma 2010），奥涅加湖本身也在神话中具有重要意义，或许人们将其看作是世界的诞生之地。同样，奥涅加绿板岩作为一个重要例证，说明了人们如何在小尺度上从新的维度认识岩石：没有经过加工的板岩在外形上平庸无奇而且泛棕黄色，但一旦经过打磨，就变成晶莹透亮的绿色原料。一些由绿板岩制成的石器形态完美而且不见使用痕迹，如芬兰东部基乌鲁韦西（Kiuruvesi）遗址的一件色泽光亮且不具备实用性的弧刃长石锛——其惊艳的工艺同制作粗糙的中石器时代石制工具截然不同。因此，打磨石头这一活动本身能够让石头焕发出与众不同的惊人活力，而且为北极早期新石器时代社会的先民们大加利用（Herva et al. 2014）。

北极的洞穴与晚近的民间传说

新石器时代的社会发展为人们在感知世界、干预自然以及提升自身作用等方面的变化创造了条件。正如史料以及民间传说记载，在更晚的时代，岩石与石料在北极各个文化中仍具有重要的文化以及宇宙观层面的意义。布拉德利（Bradley 2000）就曾对芬兰拉普兰乌肯萨里岛（Ukonsaari）这一萨米人圣地的著名案例进行讨论。这一圣地是伊纳里湖（Lake Inari）的一座形态怪异的小型基岩岛，在 19 世纪晚期人们依然在岛上举行圣餐（Äikäs 2015）。亚瑟·伊文思爵士（Sir Arthur Evans）曾于 1873 年造访该岛，并对自己称作"许愿洞"（votive cave）的地点进行了考古发掘，出土了动物骨骼、木炭以及铁器时代晚期的银制装饰品。当芬兰民族志研究者 T. I. 伊特科宁（T. I. Itkonen）于 1910 年至 1912 年在该地区进行田野调查时，乌肯萨里遗址依然备受当地人崇拜，以至于他的报道人拒绝告知岛上实际的献祭地点在哪里（Itkonen 1962：136-137）。随后的调查证实，仪式活动主要集中在小岛西南部的一块小岩棚内举行（Okkonen 2007）。

总之，在传统的萨米人宗教中，山体和岩壁被尊为地下世界的超自然神灵及人类的家园（Bäckman 1975）。某些特定种类的岩石裂隙或者岩层，如瑞典拉普兰帕德兰塔（Padjelanta）称作"神圣之门"的著名门形建筑遗址帕苏克萨（Passeuksa），被人们看成通向富有魔力的地下世界的入口（Mulk and Bayliss-Smith 2006）。

芬兰历史学家和其他领域的学者偶尔也讨论《卡勒瓦拉》中的地理空间同芬诺斯坎底亚东部真实地理空间之间的关系，即考查史诗中记载的地点同当代地图中的地点是否相对应（见第七章）。这些探索的结果尚无定论，但有时史诗也借用真实的岩壁与岩层。举例来说，一些记录萨米族的尤卡海宁（Joukahainen）和芬兰英雄维纳莫宁两位先知之间进行魔法争斗的诗篇，其中就提到位于芬兰中东部高于周围高地 270 米的比萨（Pisa）山。诗中还提到称作"地狱山"（芬兰语"hornan kallio"）的小山，而且有证据表明，这座山上有一个人们俗称为"魔鬼的地下室"的巨大水晶洞。洞穴中的水晶可能在史前时代就已经被开采殆尽。

史诗中可能记录的真实地点的另一个有趣案例是有关所谓"基普马基"（"Kipumäki"，即"疼痛山"）的，这座山是芬兰民间术士给病人祛除病痛的超自然岩壁，同时也是疾病之神或痛苦女神"启普提托"（Kiputyttö）居住的地方。有关基普马基的民间传说在《卡勒瓦拉》诞生之前就已经存在，18 世纪的人们普遍认为它只是神话中的地点，但古物学家里斯弗里德·甘兰德（Christfrid Ganander 1984）认为，这一地点同样可能是真实存在的。最近，图莫·凯塞莱宁（Tuomo Kesäläinen）进一步丰富了这一推断（Kesäläinen et al. 2015；Kesäläinen and Kejonen 2017）。凯塞莱宁根据人们对基普马基山的相关记录以及诗歌创作者本人的游历经历，认为神话中的基普马基山就是位于北极圈的罗瓦涅米市（Rovaniemi）——这座自古代以来就是芬兰北部的中心城市——附近的某一地点。

34 根据芬兰 19 世纪的历史学家、学者扎克瑞斯·托佩利乌斯（Zachris Topelius, 1818–1889）在诗歌和口述材料中的记载，"疼痛山"坐落于凯米河（Kemijoki）附近的一座岩壁上，岩壁顶部有九个洞穴遗址通向岩层，其中，中间最大的一个洞穴号称有 15 米深。不仅如此，据说"疼痛山"坐落在三条大河的交汇处。凯塞莱宁观察发现，对"疼痛山"的地形记录同一座称作苏库兰拉卡（Sukulanrakka）的现代岩石小山高度吻合。从地貌上看，这座小山是当地的醒目景观，在山的顶部有九个所谓的"巨人水壶"，即在基岩中由冰河中的巨石滚动而形成的巨大洞穴。正如诗歌中所写的一样，这些"水壶"是芬兰发现的最大的洞穴之一，其岩层的最深处可深入 15 米的基岩之中。其中的几个岩层的岩壁呈现出瓶塞钻一样的特征，因此，人们的确会认为这些岩层曾被巨大的钻头钻入岩层中（图 2.4）。山洞的名字将洞穴同恶魔以及海明主教（Bishop Hemming, 1290–1366）这位芬兰重要的中世纪主教联系在一起。

人们当然无法将民间诗歌中提到的疼痛山同某一真实存在的地点准确对应，更无法同某一具体地点对应，而且即便它同某一处真实存在的地点有关，能够与疼痛山相对应的地点可能也不止一处。但重要的并不是上文中罗瓦涅米的山丘是否就是诗歌中的疼痛山，真正重要

35 的是它所表现出的将真实的地貌同神话中有关景观的记录相联系以及岩层如何在过去具有重要意义的这种思想。即便考古证据中没有发现这些岩层（至少到目前为止这些岩层没有被确认），我们也可以毫无疑问地说，从史前到现代社会，诸如巨型水壶这种"岩石景观"中的各种特征确实会吸引当地人的注意。

图2.4　位于罗瓦涅米附近苏库兰拉卡山的一个"恶魔水壶"（芬兰语"hiidenkirnu"），可能同"疼痛山"的神话有关。

资料来源：图莫·凯塞莱宁（Tuomo Kesäläinen）。

梦想之作：早期现代北极社会的采矿业

虽然所有的"地方"由文化所构建的理念不证自明，但数百年来，芬诺斯坎底亚北部在欧洲的文化图景、观念和幻想方面有着与众不同的肥沃土壤。由此看来，北极世界是表达真实与想象或者自然与文化深入融合理念的绝佳例证。换言之，我们对北极社会的理解一定要同当地的历史过程紧密结合，这一历史过程展示了作为陆地边缘的北极社会独有的特征，也对我们理解诸如工业化等各种现代化进程如何在北极开展至关重要。

当代以及历史时期的采矿业通常被人们看作是以技术"理性"和经济"理性"为主导的活动，但采矿同样同社会文化、意识形态以及宇宙观密不可分。我们可以将瑞典中部和北部早期现代社会的采矿业看作是寻梦工场（dreamwork），因为它不仅展现了同北极社会自然界之间在理性层面存在的联系，而且同样深受梦境、幻想和想象的影响。换言之，早期采矿业在非理性（在当今社会看来）以及空想的维度具有与众不同的内涵。

在瑞典，采矿业和金属工业遗址都是国家进步与财富的重要表达方式（Evans and Rydén 2007），而且瑞典一直为欧洲提供青铜与铁，因此金属制造也是瑞典现代化的基础。瑞典的大规模金属制造可以追溯到中世纪，但直到早期的现代社会，随着青铜、铁和林木构成了瑞典经济的基础以及国内金属储备被赋予了重要的象征与意识形态意义，其采矿业和金属工业才扩展到新的地区（Evans and Rydén 2007；Nordin 2015）。

如前文所述，很多到访过北极的人都认为拉普兰是一个奇特的、从某种角度上说有些超脱尘世的世界。因此，当著名的瑞典自然学者卡尔·林奈（Carl Linnaeus，1707－1778）造访北极时，他记录下了如下的感受：

> 当我到达山脚时，我似乎是来到了一个新世界；当我向上攀登时，我几乎不能确定我是身在亚洲还是非洲，这里的一花一树、一草一木对我来说都是陌生的。

（引自 Naum 2016：496）

36　　　同时，北极还是一片充满机遇、物产丰饶的土地。奥劳斯·马格努斯（Olaus Magnus）在 16 世纪就将萨米人生活的家园描绘成一片适于栖居的富饶之地。正如瑞姆（Naum 2016：501）所写的一样，"萨米不仅仅是一个神奇之所，而且还实现了人们将一处不起眼的蛮荒之地完美打造成一处富庶而充满希望的家园的愿望"。正如我们所看到的一样，瑞典早期现代古物学家们所主张并宣传的有关北极世界的观念，也可以看作是深受古典时代以来古老的北极文化图景之影响。

最初的"采矿热"发生在 1630 年左右，当时人们在拉普兰/萨普米的瑞典与挪威边界处发现了银矿。这一发现让人们在王国的北部边境上立即设立了矿井和铸造厂。然而，整个北极社会都表现出了对经济发展的真切渴望，但北极依然很少被南斯堪的纳维亚人所了解。有资料表明，在纳萨菲亚尔（Nasafjäll）银矿被发现后，枢密院议员卡尔·邦德（Carl Bonde）在心里思量着，认为拉普兰能够成为"瑞典的西印度公司"（Bäärnhielm 1976；Naum 2016：493），这很明显同产业项目是在殖民财富之梦的背景下发生的这一理念相一致（Nordin 2015）。

人们对芬诺斯坎底亚北部地区金属资源的探索和开发是同瑞典对北极地区的控制日益增强同时发生的，而且由于瑞典参加了神圣罗马帝国在中欧德意志境内的三十年战争（1618－1648），使得用于武器生产的金属需求增加，这也使得人们需要开发北极地区的金属资源。确实，在 17 世纪，仅瑞典的法轮（Falun）铜矿的青铜产量就能占到整个欧洲青铜产量的三分之二（Heckscher 1954：175－176）。而且法轮铜矿与萨拉（Sala）银矿在整个欧洲都远近闻名，它们作为北极的独特奇观吸引着众多游客，是人们除了午夜、太阳等自然风光外最想参观的地点（Naum 2019）。除了军火工业对金属需求的增加外，国内金属资源还同当时的重商主义思想紧密相连。银矿尤其被 17 世纪瑞典的精英阶层赋予了重要的文化意义（Götlind 2005：261－262；

Nordin 2015：252；Nordin 2013）。

伴随着芬诺斯坎底亚北部在环境与社会文化领域发生的长时段变化，17 世纪的采矿业繁荣以及金属热很快消失，但随后大量无法长久维继的采矿项目又在不断开展。一些项目让瑞典北部地区建立了一些在日后依旧繁荣的大型铁矿，如马尔姆贝里耶（Malmberget）和基律纳（Kiruna），但很多项目最后都没有盈利，可见这些项目的梦想很远大，却不可持续。西尔博约克（Silbojokk）的第一家铸造工场运营时间很短，最后被丹麦和挪威联军摧毁，随后在克维克约克（Kvikkjokk）的工场也仅运营了几十年。位于托尔尼奥河谷（River Tornio）的肯伊斯（Kengis）工场运营的时间更长一些，总体上也更盈利，但在大部分时间里都深陷财务危机并被其他各种问题所困扰（详细内容参 Nordin 2015；Nordin and Ojala 2017）。

北极社会的规训与秩序

事实证明，人们对北极财富的获取要比想象中更富挑战性，但金属生产对北极社会秩序的营造与规训这一更广泛的社会文化作用无疑发挥得更加成功。17 世纪的采矿项目为欧洲的北疆地带注入了新的（"现代"）文化元素，并改造了北极社会的自然景观与思维方式（Nordin 2015；Naum 2017）。金属生产能让社会愈加文明、有序并尊崇理性，因此，矿场、铸造厂和工场在物质与社会层面都是井然有序、管理严格的场所。除了生产管线具有严格的规定外，这些工业场所自身在空间形态与等级制度上都具有严格的秩序感，不同的活动、职能部门与群体在空间上有严格的区分。

令人惊诧的是，随着采矿业扩展到瑞典的中部和北部，受古典美学影响的网格式规划塑造了工场的早期形态，也率先开启了 17 世纪中期瑞典空间规划、建筑以及文化的古典主义先河。我们可以将瑞典的古典主义看作是一项空想的乌托邦工程，它在物质、文化和精神层面都竭力模仿古罗马，而且我们似乎可以说，这种古典主义最早的一种表现形式发生在北极这座幻想之都的金属生产领域。

产业建筑群一直都以"社会乌托邦"著称（Anfält 2002），它让人们的生活充满秩序结构，以培养人们具有诸如顺从和勤劳的美德，同时也在荒蛮之地种下文明的种子。或许对北极社会中梦幻般的乌托邦理念最明显的物质表达是瑞典托尔纳河（Torne River）肯伊斯遗址的大庄园和规则式园林，这里也是当时世界上最北的冶铁工场（Nordin 2015）。网格式规划的使用还同北极地区产业项目的殖民特征相一致，这同样和新大陆的种植园有联系。瑞典早期现代社会的发展的确同工业化和殖民主义密切相关，但产业建筑群只是瑞典王国试图改造北极社会的一个缩影。同营造产业建筑群同时发生的还有其他一些政治策略与经济活动，如建立城镇与集市，以及在北极范围内进行全面的调查与测绘。正如瑞姆所说：

> 所有试图让社会乌托邦变得更好、更丰富的这些议题都有着共同的比喻：它们都将萨米人的自然景观转化为商品，将其从萨米人已有的根深蒂固的社会生态与文化意义中抽离出来。
>
> （Naum 2016：504）

不仅如此，早期现代社会的金属开采还可从宗教的维度进行解读。在 17 世纪瑞典的路德教教义中，人有义务利用自然资源为自身谋利。然而，从（习得的）贵族群体视角来看，国家统治的成功建立

38 在内部的凝聚力基础之上，这种凝聚力的对象尤其包括了那些作为异
教徒的、过着游牧生活的并且在生活方式、宗教信仰上都与正统瑞典
国民截然不同的萨米人。因此，矿场和铸造厂的建立起到了两种迥然
不同但又相互关联的作用，即在经济利益和道德义务上让萨米人皈依
基督教并受到现代文明的洗礼（Naum 2017）。

采矿同样同瑞典货币经济的扩展与制度化密切相关，而且货币自身
也是对价值和世界进行抽象化与标准化的表达与工具（Simmel 1992
［1900］）。欧洲早期现代国家长期受困于资金短缺，而且货币的价值
一直都同作为金属货币原料的贵金属密切相关（Wennerlind 2003）。瑞
典是第一个引入青铜货币来促进经济发展的国家，但过多使用青铜并
没有影响青铜在国际市场上的价格。一些铜币是由几千克重的铜板制
成的。铜币流入国外被重新熔铸，而青铜价格持续不断地波动也让铜
币的价格不断动荡，因此用铜币来促进经济发展的计划并未奏效（参
Herva et al. 2012）。即便瑞典没能以自己的方式控制住市场，这一案
例却再次表明，采矿对社会其他领域产生的重要性与影响力。

采矿对现代货币体系发展的作用还通过信用货币的发明来实现：
瑞典是世界上第一个（17 世纪 60 年代）引入银行券的国家，而银行
券则是在采矿公司所使用的代币基础上发展而来的（Hyötyniemi 1978：
184 - 186；Lappalainen 2007：100 - 101；Nurmi 2011：123）。银行券的
理念向作为表征价值的"现代"货币观念迈进了重要一步，在现代货
币观念中，货币以社会信用为基础（Simmel 1992［1990］）。我们同样
可以说，信用货币的引入以及货币经济的发展产生了以标准化单位进行
度量的现代观念，而且数量要比质量更重要（Zelizer 1989：344 - 348）。
因此，正如早期现代的规划城市空间所起到的作用一样，信用货币也让
机械论世界观的发展成为可能（Akkerman 2001）。

采矿与巫术

早期采矿业让北极社会具备了我们称之为"现代"的某些元素，但是"现代化"并不是以欧洲社会的普遍化以及北极社会的特殊化形式直线发展的。我们需要从文艺复兴-巴洛克式的宇宙观这一更广阔的框架中对其进行考量，新出现的有关世界的理性主义以及机械论思想仍然是同关联式本体论以及巫术思想交织在一起发挥作用的。确实，北极地区 17 世纪的采矿业与金属制造业为我们探索这样的关系提供了绝佳的场所，即感知和参与环境的现代方式与前现代方式之间的关系。

不论从学术还是从民间的视角来看，因为人和天使、恶魔、山神以及地下守护神（芬兰语"maahinen"）等各种非人生命休都共同生活在同一个世界，所以，采矿和矿石加工都涉及人同地下世界的各种事物和灵力在日常实践与社会意义层面的相互关系（图 2.5）。采矿是在复杂的社会背景下发生的，其本质是一项社会实践活动，除了矿工和工头之外，它还涉及各种其他生命体（Fors 2015：31 - 33）。举例来说，因为山神居住在山中，正如空气是人们的活动媒介一样，岩石是他们的活动媒介。在岩石内部，山神过着和人类一样的社会生活（Fors 2015：32 - 33）。

在斯堪的纳维亚，人们一般认为矿体是由"看管者"们所控制，这些"看管者"大部分都无法让人看到，但会以不同的形式表明自身，如动物、鬼魂的形象或者奇怪的声音来证明自己的存在。它们同样具有物质载体使得人们可以触摸到，而且它们还有能力管理矿物并让矿物发生变化。例如，它们能够将贵金属矿体变成毫无价值的金属矿，这种观念同金属能够在地球上生长、经历各种变化的"生机论"

39

图 2.5 人和山神共同在矿坑中工作。

资料来源：奥劳斯·马格努斯《北方民族史》（Olaus Magnus 1555）中的插图。

思想相一致（Fors 2015：35－36）。

同样，物质实物与物质本身也被赋予了超自然或者神奇的属性，因此人们能够以机械以外的其他方式操控它们（进一步的论述参Herva 2010b）。举例来说，众所周知，早期化学以及实验科学将我们现代意义上的巫术与科学思想结合在了一起（如 Principe 2007），这同史前或者非西方社会的冶铁技术很相似（如 Gansum and Oestigaard 2004；Haaland 2004）。物质以及实物具有转化及被转化的能力。物体能够"压缩、扩张、消失、再现，也能够影响距离很远的其他物体"（Fors 2015：20－21），而且即便在很多情况下物质与实物能够被人预测且形态稳固，但它们依然具有自由行动的能力并以出人意料的方式活动。换言之，"17 世纪有关物质实物的认识论或知识依然认为万事万物具有高度的流动性和开放性"（Fors 2015：40）。

拉普兰的黄金梦

自现代早期至今，不论相关知识如何增长，技术如何进步，北极地区的采矿业一直都不景气，而且令人失望，但北极社会的人们对采矿业一直都怀揣希望，即便过去这种期望在其他地区一次次落空，机会被一次次浪费（Wilson and Stammler 2016：1）。人们对采矿能够促进经济社会发展信心满满，这种信念在某种程度上也反映了早期现代社会的社会状况以及人们对北极这片富庶土地一直魂牵梦萦。这种持续到现在的乌托邦式梦想在当代工业项目中得到体现，位于芬兰北部的塔威瓦拉（Talvivaara）矿场就是一个灾难性的案例。一家私人公司于 2008 年开始在该矿场大规模开采镍矿和锌矿，国家在必要的基础设施建设上给予了大力支持，但依然无法避免其于 2018 年破产。结果，80 000 多名股东血本无归。

虽然塔威瓦拉矿场的事迹已在芬兰民众心里留下烙印——一部由阿列克西·萨尔门佩雷（Aleksi Salmenperä）导演拍摄的电影《矿场》（*The Mine*）于 2016 年在芬兰上映，但随后人们采矿活动的乌托邦式梦想明显是在 19 世纪晚期到 20 世纪芬兰拉普兰地区的淘金热中体现出来的。之所以提到淘金热是因为它反映出采矿活动在文化上的广泛影响，而且从中也可看出梦想和幻想是如何同现实纠缠在一起的。不仅如此，被禁地区的淘金热再次让人们认为拉普兰是一片不可思议、富有魔力并且充满机遇的土地。

早有消息传出芬兰拉普兰地区发现了金矿，但一支受雇于芬兰参议院的淘金探险队最先于 1868 年在伊瓦洛河发现了大量的天然金块。次年夏季，两名淘金者在河畔成功淘到了两千克黄金，这一消息让人们激动不已并在拉普兰掀起了第一次淘金热。此后，人们还发现了很多重要的金矿地点，而且用简单的淘金技术进行的小规模勘探金矿活动一直延续至今（图 2.6）。

在全球范围内，正如在南非、美国加州和阿拉斯加等地出现的大

图 2.6　勘探金矿的活动在芬兰拉普兰地区留下了各种遗迹。在 20 世纪后期，探金者雅科·马基宁（Jaakko Mäkinen）住在窝棚之中，声称自己对伊纳里（Inari）的拉尼拉（Laanila）享有 30 年的长期居住权。

资料来源：维萨-佩卡·赫瓦。

规模淘金热一样，19 世纪的黄金产量大幅增加（Schoenberger 2011）。相比较而言，拉普兰地区 19–20 世纪的淘金热规模很小，但依然能够反映出当时的全球淘金热，而且一些到拉普兰淘金的人之前就有过在北美探金、挖金的经验。正如 17 世纪的采矿热一样，之后的淘金热也对推进芬兰最北地区的"现代化"起了重要作用。金矿的发现促进了地质调查、地图绘制、工业采掘业、道路修建、人工规模以及旅游业等领域的发展（Partanen 1999）。在淘金热的鼎盛时期，伊瓦洛河河畔的库尔塔拉（Kultala）（在芬兰语中，"kultala"的意思是黄金）采矿站是一个住着 600 多人的繁华社区，这样的人口规模在 19

世纪的芬兰拉普兰地区已经很庞大，社区内的居民来自世界各地，这加强了社区同更偏远地区的联系。

拉普兰地区的淘金热一边受经济利益的驱使，一边也深受幻想与想象的观念影响。淘金热让少数幸运儿过上了相对富裕的生活，但事实上，河流中的金矿堆积几乎没有商业潜力，而且大部分的探金者只能勉强维持温饱。像采矿者（Prospektor）、伊瓦洛河和拉普兰金矿（Lapin kulta）这样的采矿公司在其成立后不久就陷入财务危机纷纷破产，即便有诸如巴锡基维（J. K. Paasikivi，后来成为芬兰总统）这样的股东加入，这些公司也未能幸免（如 Launonen and Partanen 2002：14）。然而，淘金热仍具有重要的文化意义：许多芬兰的小说和电影中都有拉普兰淘金者的身影，而且这些淘金者已经成为芬兰大众文化的原型人物。在这 150 年的时间里，人们预计金属产量约为 2 000 千克。相比之下，位于芬兰北部基蒂拉（Kittilä）的苏里古西科（Suurikuusikko）这座欣欣向荣的现代金矿年产量为 5 500 千克。这座建于 2005 年的金矿是拉普兰淘金梦留下的另一个遗产，也是现在欧洲最大的金矿。因此，淘金梦的实现虽然缺少现实的基础，但却让拉普兰地区在社会文化、经济及环境等方面发生了切实可见的变化。

很早以来，拉普兰的黄金以及淘金者就带有传奇色彩。举例来说，芬兰杰出的民俗学家尤利斯·科隆（Julius Krohn）将淘金者比作《卡勒瓦拉》中的英雄，他们都在北极这片神奇的土地上辛苦地探索过。这种传奇色彩一直持续至今，很多来自北极以南地区的淘金者们组成了一个独特的"部落"，他们有着自己独特的生活方式和传统，这同人们对北极地区的文化想象相呼应。一些探金者还成为拉普兰淘金文化中尊称为"祖先"的传奇人物，其生活方式至今仍被人模仿（Leppänen 2016），留下来的传奇故事同芬兰拉普兰坦卡瓦拉（Tankavaara）

42

黄金村和淘金博物馆有关。淘金作为一种独特的生活方式，它远离文明（Leppänen 2016），而且同将北极看作是"远离文明限制的圣洁之地"这一古典时代的观念相一致（Davidson 2005：21）。

还有一些与淘金有关的故事和经历具有超自然的特征，这为淘金增加了梦幻般的色彩。坦卡瓦拉的霍皮奥加（Hopiaoja）金矿，据说有一位当地的萨米人在梦中受到某一神灵的指引，而作为芬兰探金热的第一个采矿站库尔塔拉（Kultala）据说也常有神灵出没（Leppänen2016：63），而且人们也听到过有关坦卡瓦拉淘金博物馆的类似故事。具体来说，人们一般会将拉普兰黄金看作是不同于"一般"黄金的一种特殊黄金（颜色更加红润）。拉普兰黄金的特殊性体现在它要比正常市场价格高出很多，这种特殊之处同它是一种具有文化意义，甚至象征着荣誉的大型贵金属密切相关。正是这些显著特征（如特殊的形状），而且其背后发生了很多故事（如与享有盛名的淘金者有关），因而人们常常收藏它。

矿物与地下世界的无穷魅力

在拉普兰淘金者的民间传说中，一些极负盛名的淘金者以及淘金传奇中的人物都同藏匿的珍宝有关。其中一则故事讲述的是"相传阿皮斯约基（Appisjoki）这件装满黄金的宝壶，是被一位靠将货品卖给淘金者换取黄金为生的、经营杂货店和客栈的萨米商人加布里埃尔-艾基奥（Gabriel Aikio, 1834－1903）藏匿起来的"（Launonen and Partanen 2002：36－37）。另一则与之相关的故事是有关亚科·伊索拉（Jaakko Isola, 1903－1978）的。伊索拉是一位辛勤劳作、技艺高超的淘金者，但性格超脱，视黄金（或金钱）为无用之物，因此，他几乎没有将手里的黄金交换他物。这位伊索拉先生于1978年被发现死于家中，据说他所淘到的黄金藏在家附近的某个地方，那景象可以用"堆金积玉"来形容（Leppänen 2016：47）。相传一只带有魔力的白驯鹿正在看守着伊索拉的屋子和财宝。

超自然元素是与藏匿珍宝有关的民间传说的典型特征，这些元素只有在特殊的情况下才能够显现，而且存在于人们无法进入的多次元交互（interdimensional）空间中（Lindow 1982：262）。这一特征不仅适用于有关珍宝的传说故事，还适用于过去不同年代、不同来源的真实宝藏。宝藏是神奇的，而且寻宝在本质上来讲也是一种奇特的实践活动（Dillinger 2011：1-6）。宝藏同样能够展现自身的能动性，它能够改变自身的形态，而且能够将有生命、有意识的生灵联系在一起（Sarmela 1994：452）。举例来说，它们在显露真实特征之前，会以某种动物或日常物品的形式存在（Lindow 1982：261）。正如早期现代社会的矿工所看到的矿石一样，宝藏不仅仅是物质，它还具有精神的维度及变形的能力。

真实存在的和故事中的宝藏有多种形式，但通常都包括了钱币或者其他金属制品，而且在民间传说中，这些东西通常都盛放在宝壶或其他类似的容器之中。某些奇特的自然现象可能表明了宝藏的存在，如芬兰民间传说中的"宝藏火焰"（will-o'-the-wisps），这种"火焰"难以言说，很可能是某些自然气体在湿地环境中燃烧的真实现象。虽然有关宝藏的故事充满着超自然的神奇色彩，但这些故事最终还是以某些古代珍宝窖藏的发现为事实依据。举例来说，很多斯堪的纳维亚中世纪的法律条文都涉及地下出土宝藏的归属问题（Lindow 1982：257-258），其中有很多宝藏都是史前时代的金属制品窖藏，不少被古物学家和考古学家所记录（如 Spangen 2009）。窖藏（hoard）

和埋藏的宝物（buried treasures）之间甚至存在着词源学上的联系。除了史前时代的珍宝窖藏之外，埋藏的宝物还包括了教堂钟，这种物品反映了人们的真实活动有时与动荡的年代密切相关。

虽然从字面意义上讲，金砂和矿体并不是宝藏，但北极民间传说中的宝藏同拉普兰淘金之间存在着若干联系。例如，人们有时将丰富的矿体比作冰蚀沼地下埋藏的宝藏。同样，正如上文提到的霍皮奥加金矿，同某些发现的黄金相关的超自然因素反映了一种古老的思想，这一思想认为一些矿藏（因为这些矿藏在民间传说中有记载，故可称之为宝藏）由守护神保护并控制。由此，它们可称作某种超自然意义上的奇珍异宝。

44　　近年来，最能体现北极地下世界及藏匿宝藏的持久魅力的是激情四射却性格古怪的芬兰新异教派艺术家伊尔·博克（Ior Bock, 1942 - 2010）的生平事迹，这位艺术家的事迹长期吸引着芬兰大众的想象力。博克的伪史学家族传奇（最终出版于 1996 年）将源自《卡勒瓦拉》奇闻逸事的特殊元素，同诸如位于赫尔辛基东部的古姆博斯特兰（Gumbostrand）以及芬兰东北部的卡亚尼（Kajaani）城堡这种真实世界的地点相结合，这些地点为博克传奇故事的真实性提供了实证。但需要知道的是，博克神话故事同巴洛克时期的古物学家编撰的故事一样，所依据的词源是有缺陷的。

同鲁德贝克（Rudbeck）一样，博克也发起了一个项目再现北欧遗失的过去。他于 1987 年开始发掘赫尔辛基附近古姆博斯特兰的石堆洞穴，这座洞穴在他家附近，发掘的目的是让"莱明凯宁寺"（Temple of Lemminkäinen）（莱明凯宁是《卡勒瓦拉》史诗中的一个重要英雄）重见天日。尽管学术界一致认为这座洞穴是自然形成的，不会有考古遗存出土，然而，博克的发掘还是吸引了大量来自世界各地生活方式千差万别的追随者，这些人奇特的言谈举止让当地这座乡间小镇躁动不安。更不可思议的是，博克竟然收到了来自一家大型建筑公司（莱明凯宁公司）和一家当地银行的巨额资助，这些资金让发掘者可以使用重型机械进行发掘。考古学家已经清理出了50米长、4米宽、3.5米深的范围。毫无意外的是，并没有发现任何遗存，而且随着这项发掘在全国媒体面前沦为笑柄，投资方最终也撤了资。如今，这座洞穴因被地下水淹没，人们已经无法进入（图2.7）。

图 2.7　位于赫尔辛基附近的"莱明凯宁寺"2018 年的景象。洞穴的入口如今已积满地下水。

资料来源：安蒂·拉赫玛。

据推测，只有一小部分的核心追随者对博克笔下的芬兰历史深信不疑，但其中不乏一些杰出的人对这些传奇故事严肃对待。彼得里·

瓦利（Petri Walli）是芬兰"金士顿之墙"（Kingston Wall）这支前卫摇滚乐队的主唱，曾因 1995 年在赫尔辛基卡里奥教堂（Kallio Church）楼顶纵身跃下自杀而轰动一时，他显然已经对博克的神话故事倍感失望。博克的传说故事以真实与想象相结合的方式吸引了大批芬兰民众，博克甚至因此获得了大笔资金去发掘莱明凯宁寺，这的确让人匪夷所思。博克同样还认为，一座重达 300 千克的公羊金身圣像由"芬兰的末代国王"在 1250 年藏于卡亚尼（Kajaani）城堡。人们根据常识都知道，这座瑞典最北端的石制城堡是在 17 世纪早期才修建的。然而，博克传奇却记载，卡亚尼城堡建成前的数百年，就有城堡存在，而且这座城堡在瑞典侵略者攻陷芬兰迫使博克家族逃往芬兰北部时，是博克家族的藏身之所。

博克家族传奇将真实与想象相结合的特点在学术界之外同样得到了广泛的支持。1990 年，博克的追随者中，一些自称为"真相发掘者"的人面临犯罪指控，他们曾在卡亚尼城堡院内挖掘出一个巨大的洞来寻找公羊金身圣像（Korhonen 1990），此后人们用探地雷达对这个院落进行研究。奇怪的是，研究表明，在地表下确实有一大块金属物体存在。这一研究结果让某些人兴奋不已，而且一些具备"所谓"的考古知识和技能的团体申请去发掘卡尼亚城堡，但没有获批。一些像挪威奥斯陆托尔·海尔达尔博物馆（Thor Heyerdahl Museum）这样的知名机构也申请了发掘。最终，芬兰遗产局对卡尼亚城堡的院落进行发掘，并对遗址作了复原，结果发现地球物理调查所检测到的回声是由年代更早的建筑工程埋在院子里的粗铜线引发的。即便如此，同莱明凯宁寺如出一辙，公羊金身圣像还是引起了人们的极大兴趣，多种渠道争相宣传，这表明北极社会的真实、奇幻的地理空间与物质世界具有深远的意义。

第三章　房屋·陆地·土壤

北极的房屋、人群和宇宙

数千年以来，房屋和其他人造住宅一直都是人类生活的中心。考虑到其重要性，我们不应该奇怪，房屋不仅具有丰富的象征性，还以各种方式反映并塑造了房屋中居民的生活与思考方式。人类同房屋之间有着亲密且多样的关系——实际上，正如白蚁丘构成了白蚁新陈代谢的一部分，房屋也是人类身体及认知的延伸（Carsten and Hugh-Jones 1995；Turner 2000；Herva 2010a）。在不同的文化中，房屋一直同生物有机体产生联系。举例来说，建筑的某些部分可能会以身体部位命名（Blier 1983），而且也被看作是具有自身生命周期及生命史的物体。正如本章将要讨论的一样，我们还可以从更加书面的角度将建筑理解成具有主动性的生命体。

建筑同社会文化世界之间的深度纠缠还意味着我们可以通过对建筑的研究了解各种内容广泛的主题。本章对北极社会房屋的探索，涉及了人们对环境的感知、宇宙观以及同世界互动的方式。房屋作为一种"中观环境"，它将作为微观环境的人类个体同宏观环境联系在一起。房屋的各个特征或式样，如形态、材质和装饰，已经在欧亚大陆史前史的文化背景中得到识别和探讨。举例来说，路易斯·威廉姆斯和皮尔士（Lewis-Williams and Pearce 2005）讨论了土耳其恰塔霍裕克（Çatal Hüyük）新石器时代城镇中各种空间与建筑形式同萨满教宇宙观之间的联系。与此同时，鲍里奇（Boriç 2002）认为，位于西伯利亚莱潘斯基维尔（Lepenski Vir）的中石器时代锥形小屋模仿了村落对面的一座凸出的山峰形态。

像穆洛劳斯基（Mrozowski 1999）这样的作家也在历史考古中强调建筑环境的象征层面（虽然通常不是在宇宙观层面）。有着意义构成的宇宙同人类生活之间存在着一致性（或是因果关系），文艺复兴时期的城市规划和建筑也受到了这一观念的影响（如 Akkerman 2001）。同样，传统的宇宙观和民间传说为我们提供了一个有关历史时期一般民间建筑的新视角。

虽然很少有人从宇宙观的角度思考西方世界中近代早期的以及近代的建筑环境，但从 17 世纪以来，居住在欧亚大陆北侧（从西部斯堪的纳维亚的萨米人到东部的西伯利亚）的本地族裔的房屋和宇宙观却受到了民族志研究者的关注（如 Schefferus 1956［1673］；Witsen 1692）。民族志研究至少让我们大体知道了北极民族中的空间和建筑结构是如何组织的。虽然同住宅有关的具体的文化概念和实践当然不可能在成百上千年的时间里一直保持不变，但民族志为我们了解北极人在遥远的过去如何赋予房屋以意义提供了一些线索。

在考古学上，人们对东北欧史前和历史时期不同阶段的村落和房屋的了解和研究程度是不一样的。举例来说，人们已经知晓了在芬兰从最早的冰后期到公元前 4 千纪初的数千个居住址（Ranta 2002；Mökkönen 2011），但真正的建筑遗存却很少发现。这些建筑遗存常见于石器时代晚期的遗址中，而且相当多的遗存已经被发掘，只是已知的建筑遗存数量在青铜时代和铁器时代再次急剧减少，而且只有一小部分得到了妥善发掘。

虽然证据十分有限，但我们可以确定的是，在公元前 4000 年前的主要建筑形式是类似棚屋/圆锥形帐篷一样的小屋，这种小屋适合流动的狩猎采集者的生活方式，人们会根据每一年的经济周期打点行装并迁居到新的地方。这些中石器时代和新石器时代早期遗址的考古材料可能不适合用来分析和阐释宇宙观，但北极地区的民族志表明，同定居的群体相比，流动的群体会以截然不同的方式对环境进行感知、理解和互动。即便简易的房屋都可能同宇宙观相联系。举例来说，炊烟升起和帐篷中轴在宇宙观上同支撑天空的世界支柱这一观念相联系，人们沿着支柱攀爬最终会到达苍穹世界。繁星密布的天空就如同一张巨大的帐篷帆布，从火塘中央涌出的火苗将帆布烧成一个个小洞，这让上层苍穹世界（the Upper World）的光亮照向人间。同样，方位点及其文化意义已经在房屋及其空间格局上反复呈现。举例来说，在芬兰语中，"北方"（pohjoinen）同房屋的后面或远端（pohja）相联系，"南方"（etelä）同建筑的入口或门廊相联系，这反映在了民族志和考古学的材料之中，即房屋往往是南北向排列（Häkkinen 1996）。这样的基础词汇反映了房屋同世界的一致性，实际上，房屋为了解宇宙的结构提供了蓝本。

48

房屋的引入

在公元前 4000 年左右，东北欧的房屋形态发生了变化，主要表现在半地穴式房屋或部分建在地下的方形木构房屋的广泛引入

（Ranta 2002；Mökkönen 2011）。在北极世界中，地穴房屋在欧亚大陆以及北美西部地区的年代是不同的（Mökkönen 2011：20 - 22）。地穴房屋是北极或者亚北极地区特有的房屋居住形态，但民族学资料表明，地穴房屋一般在更为寒冷的地区中一年的某一段时间使用，而且通常为冬季居住地，与此同时，地穴房屋同更加定居的生活方式以及食物储备活动有关（Gilman 1987；Mökkönen 2011：21）。在芬诺斯坎底亚，这种地穴房屋至少在两千年前就成为主要的居住形式（图 3.1）。而且，北欧地区房屋的引入同诸多其他物质、文化变化有关，这也确实标志着显著的社会文化与环境变迁。

图 3.1　芬兰北部基里克（Kierikk）石器时代中心的
大型新石器时代地穴房屋复原。

资料来源：安蒂·拉赫玛。

　　卡累利阿的遗址年代要比芬诺斯坎底亚其他地区的遗址早几百年，但地穴房屋基本是在整个芬诺斯坎底亚地区同时出现并成为常见的建筑形式（Mökkönen 2011：22–34）。仅仅在芬兰，考古学家就已经发现了几百处包含有新石器时代半地穴式房屋的遗址，发现的单体建筑房屋遗存数以千计。半地穴式房屋的年代主要集中在公元前4000年至公元前2300年，发掘所见的房屋平面形状有四边形、矩形、椭圆形和圆形（Mökkönen 2011：25–26）。半地穴房屋遗存通常成群出现或者以"村落"的形式出现，其中，有一百多座房屋年代跨度在一千年（Mökkönen 2011：25）。而且在这些遗址中的所有房屋并不是同时使用的，但用"村落"一词来形容这些遗址依然是合适的。

　　欧洲东北部石器时代的半地穴式房屋有着明显的区域差异，而且"地穴房屋现象"本身有着高度的多样性，但这种房屋建筑尤其自公元前4000年以来的引入和传播可以看作是一般意义上的文化与环境变化的重要标志。举例来说，地穴房屋的传播同一种新的陶器风格或者一系列相互关联的陶器风格的出现与传播同时发生，这种陶器风格传统意义上指的是位于斯堪的纳维亚的典型篦纹陶（Typical Comb Ware，TCW）（图3.2），以及位于俄罗斯的篦纹-圆窝纹陶（Comb-Pit Ware）。这种新风格陶器的传播地域广泛，从俄罗斯的乌拉尔山到欧洲大陆东北部以及斯堪的纳维亚的北部地区都有分布（Vitenkova 2002；Pesonen and Leskinen 2009）。

　　在任何意义上讲，"篦纹陶现象"都不是一种统一的"文化"，这一现象表明了欧洲北方森林地带的东北部不同群体之间存在着一种新的、高强度的关系网络。这种联系还反映在特定陶器类别与物品的使用与流通，例如精细打磨的石制工具、燧石、色彩鲜艳的板岩、琥珀和青铜（Núñez and Okkonen 2005；Mökkönen 2011，2014；Nordqvist

50

**图 3.2　位于芬兰中东部地区的卡纳瓦（Kanava）遗址
出土的带有一排规整水鸟图案的典型篦纹陶。**
资料来源：安蒂·拉赫玛。

and Herva 2013；Seitsonen et al. 2012）。这一时期的考古学器物组合
在数量和种类上都比之前更丰富。同时，各种物质形式的符号表达的
证据也更多，包括越来越多的物品使用色彩艳丽或者"特殊"物质材
料（如红色赭石在各种背景下被广泛使用），还包括具有象征寓意的
岩画创作。

　　房屋的出现以及类似村落形式的聚落的形成，表明人们的生活方
式更趋定居，而且社会复杂化的程度增加，这种趋势同样反映在公元
前 4 千纪中期以来芬兰西北海岸一带的"巨型建筑"，即名为"巨人
教堂"（giant's churches）的大型石砌围墙建筑的修建（Okkonen 2003；
Núñez and Okkonen 2005）。渔猎采集仍然是人们主要的食物来源，但
人们也进行植物培育（或者广义的植物种植），这确实让人们对世界
的感知以及同世界的联系发生了重要变化。物质、社会文化以及环境

在公元前4千纪中期发生的这些变化，一直持续到了下一个陶器阶段，甚至在下一阶段还更加剧烈。当时，欧洲东北部的考古记录主要为掺杂石棉以及有机质的陶器（AOW）。

陶器、半地穴式房屋与文化转型

正如半地穴式房屋所表现出的一样，在公元前4000年左右房屋形式的重要变化同当时物质文化的其他变化密切相关。然而，当时文化与环境的重大变化必须在时段更长的视角中进行思考，而且所产生的影响要比我们之前所认为的更加深刻。我们可以将其源头追溯到公元前4千纪中期以来陶器在欧洲东北部地区的传入（German 2009；Pesonen and Leskinen 2009）。年代很久远的陶器出现在东亚地区（Kuzmin 2015）支持这样的观点，即陶器生产是在远东地区独立发生的，而且沿着北极的北方森林地带分布。因此，芬诺斯坎底亚北部地区的陶器似乎并不是像学术界传统上所认为的那样源自黎凡特地区，而是源自中国和日本（Jordan and Zvelebil 2009；Hartz et al. 2012）。

这种陶器东方起源论的观点解释了早期陶器在欧洲东北部森林地带的出现，这一区域在欧亚大陆新石器化叙事中一直被视为处于边缘的、偏僻的地区。既有的观点认为，陶器技术由于其显而易见的实用性而在欧洲极地边缘地区被接受，但在考古材料上并没有留下当地文化以及生活方式发生明显变化的证据（Núñez 1990；Carpelan 1999；Pesonen and Leskinen 2009）。虽然延续性是这一地区前陶新石器时代到公元前5千纪末的考古记录的显著特征，但随着最早陶器的出现，越来越多微妙但重要的变化已经发生了。这些变化包括东北欧陶器艺术传统的开始（Lahelma 2008：33 - 41；Gjerde 2010：291 - 300），以

51

及人们改变了当地的植被、清除了当地的森林，这暗示了人们以一种新的方式看待环境并同环境产生联系。我们可以将陶器生产本身看作是对人们同地方与景观之间的关系发生变化的反映与媒介，即便这一变化过程并不是突然发生的。

然而，有关欧洲东北部史前最早的陶器阶段（篦纹陶文化）的研究十分有限，追溯有关文化与环境变化可能发生的最早线索的轨迹亦十分困难。传统意义上，由于典型篦纹陶（TCW）至篦纹-圆窝纹陶（CPW）阶段的考古遗存数量丰富，这使得在这一阶段之前与之后的文化都黯然失色，因此，我们还无法准确理解最早陶器的出现至房屋出现之间的这段时间内的文化发展。进而，在公元前 4 千纪以来的文化变化似乎看上去比其实际发生得更加突然。确实，篦纹陶现象的根源可以追溯到公元前 6 千纪下半叶陶器在欧洲森林地带东北部的引入，这标志着一种缓慢的文化变化的开始，乃至最终在公元前 4 千纪早期达到顶峰（Herva et al. 2017）。

早期陶器、作物培育与空间营造

陶器在欧洲东北部森林地带的引入同考古记录体现的剧烈变化并无联系，但在时间顺序上则与新的景观处理方式吻合——无论是在象征符号上，还是在物质文化上，尽管这种吻合在开始时并不十分明显。虽然岩画的年代值得商榷，但通过岩刻上覆盖的包含了可用于碳十四测年的土壤沉积物可知，芬诺斯坎底亚东部（俄罗斯卡累利阿白海的扎拉鲁加［Zalavruga］）迄今为止最早的岩刻相对精确的年代是公元前 5300 年至公元前 5200 年（Gjerde 2010）。根据海岸线断代的结果，位于芬兰中部派延奈湖（Lake Päijänne）附近最早的岩画大体

上是同时的（Poutiainen and Lahelma 2004）。无论人们对这一最早的
岩画作何解释，对景观中可视的、长期存在的图像的制作表明"标
注"（signing）土地并与特定场所联结的新方式。

52

　　同样重要的是，有证据表明，在公元前 6 千纪晚期，人们通过控
制植被使当地环境不断变化，这同样表明了人们以新的方式同景观中
的特定地点产生联系。今天看来，只有很少量分辨率足够高的孢粉研
究能够发现景观中的这种变化，但最近的一些研究表明了当地景观具
有不定期的开放性，这种开放性很可能同人类活动以及对森林的清理
有关。现如今，最精细的个案研究主要是集中在芬兰东南部一个名为
哈达斯亚尔维（Huhdasjärvi）的小湖，这项研究也讨论了景观变化周
期的影响，说明人类活动大约在公元前 4400 年有所增加，并发现了
公元前 4000 年左右的大麦和大麻的孢粉。或许最引人入胜但又有些
出人意料的发现是公元前 5300 年（校正后年代）处在中石器时代与
新石器时代过渡阶段的荞麦（*Fagopyrum esculentum*）孢粉，这同芬兰
最早的陶器出现的年代一致。虽然这是唯一的发现，但却表明荞麦的
驯化和篦纹印纹陶都起源于远东地区（Jordan and Zvelebil 2009；Hartz
et al. 2012）。除了在哈达斯亚尔维湖发现的早期驯化证据外，考古
学家还在爱沙尼亚以及俄罗斯卡累利阿奥涅加湖（Lake Onega）发现
了大麦孢粉（Vuorela et al. 2001）。

　　然而，不论培育开始的规模如何小，它都提供了另一条证据链，
表明人们有意无意地开始通过使用陶器在景观中留下自身存在与活动
的印记。培育的地方性与零散性使得它很难在孢粉记录中被人发现，
这表明培育在经济上很可能无足轻重。有意思的是，人们在更晚近的铁
器时代与中世纪时期的芬诺斯坎底亚北部传统观念中从不进行农业耕种
的萨米人居住区内发现了相似的小规模的短暂培育，这种培育形式在环

境数据中表现为偶发的"突然性变化"（blips）（Hörnberg et al. 2014）。

栽培在北极地区很早出现，这对那些有关培育的性质与特征的或隐晦的或明确的假说提出了挑战。在东北欧的考古学中，培育的开始通常被看作是经济上的重要转变。一直都存在这样的一个基本假说，认为我们可以将史前群体分为狩猎采集者与农耕者，而前者不从事作物栽培。在芬诺斯坎底亚东部，似乎有证据表明，一直到石器时代晚期，狩猎、捕鱼和采集构成了当地的经济基础，而且在很多地区，这一经济基础一直持续到整个史前时期并延续到了历史时期。一般来说，正如欧洲其他地方一样，该地区的"新石器时代化"并不是一蹴而就也不是快速发生的，而是经过一个数千年的长期缓慢过程才完成的。诚然，正如 19 世纪和 20 世纪早期北极的民间传说和宇宙观所反映的那样，北极地区"渔猎采集类型"的文化、生活方式以及思维方式一直持续到现代社会，这在芬诺斯坎底亚的东部和北部地区尤为如此。

与"线纹陶"（Linearbandkeramik，LBK）文化相关的欧洲中部最早的培育方式相比，欧洲北部森林地带的人们采取了一种截然不同的方式培育作物。新石器时代培育与农业活动的"LBK 模式"并不适合在北部森林地带的自然与文化背景中开展，这是因为在北极环境中，种植外来的"异域"作物更有可能同文化认同、宇宙观和威望有关，而不是出自经济或者生计方式等方面的考虑（例如 Hastorf 1998；van der Veen 2014）。不论种植作物的直接动机和原因是什么，这一实践连同其独特的"任务景观"（taskscape）一起，对本土"在世存在"（being in the world）方式有着广泛的意义和影响。

狩猎、捕鱼和采集活动需要人们对环境的各个方面的知识都要了然于胸，但培育涉及的有关环境的性质和特征同渔猎采集活动相比是截然不同的。人们若想成功种植作物，需要掌握有关土壤、地貌和天气的全新知识，并要以全新的方式同环境发生联系。举例来说，培育涉及清理杂草、毁林开荒以及改变土地的表面形态，这些都与对自然景观影响很小的中石器时代生活方式不同。例如，同培育有关的犁地活动让人与土壤的关系更加密切，并对土壤的紧实度、质地和犁地产生切身的感知，这是"人们在日常生活实践中对地表最密切、最亲昵的体验"（Evans 2003：45）。换言之，人们"深入土地"发现它的精细结构，这种切身感受或许还在观念层面上将培育同获取矿物质原料联系在一起（见第二章）。

房屋与地下世界的动态关系

中石器时代晚期墓地的出现以及在村落内或村落附近埋葬的现象，表明人们同地方之间产生了一种新的联系形式，即整个群体对某个地方持续存在的归属感。埋葬就是让死者融入某个地方的一种形式。不论从真实情况还是从比喻意义上来看，随着死者尸体的腐败，死者都会同土地融为一体，而且死者身上的（某些）特性和品质会同土地相融合。因此，个人与群体同其生活的地方紧密纠缠在一起。人们保持同死者的紧密联系还意味着生者与死者共同生活在同一个日常世界之中，而且人们很可能认为死者以某种积极的方式生活在生者的群体之中。这种祖先与生者同在的思想体现在晚期有关家户精神的民间传说之中。作为一种传统，这种家户精神可能随着房屋在新石器时代的出现而最终确立。

在坑穴中埋葬死者的现象同其他诸多实践形式相关，它们在新石器时代的欧洲很流行，这表明了人们对地下世界的兴趣越来越多，具

54

体表现为高强度地开采石料、种植植物以及为了进行仪式性活动去挖掘坑洞与沟渠（Davies and Robb 2004；Tilley 2008；Herva et al. 2014，2017）。如果挖掘沟渠与所有挖掘活动都可能同埋葬、死亡以及（或者）同另一种维度的现实世界产生关联，而且这种关联性很可能是存在的，那么，半地穴式房屋就还会具有一种"超越尘世"的意义。也就是说，正如岩画可以被理解为"此岸世界"与岩画背后的"彼岸世界"的交会点，破土挖掘这一行为也构成了人们同地下世界相联系的媒介（如 Lewis Williams 2000）。

世界各地的民族志材料都表明，即便是小规模的破土挖掘活动都会涉及地下世界的神灵力量，因此需要特殊的仪式活动，或者更准确地说，需要同其他生命体进行沟通（Boivin 2004a）。地穴房屋中的居住者们确实同地下世界存在联系，他们同地下世界的神灵与神力共享房屋，当然，即便如此，这也很难准确表述人们如何认识其中的联系。然而，在篦纹陶文化定居情境中普遍存在陶塑人物的现象，在某种程度上表明，人们日常生活中的"彼岸世界"因素是可以识别的。在欧洲东北部，新石器时代的陶塑人物一般同房屋共出，这些陶塑形态多样，表达的多是被桦树皮、纺织物或者其他"裹尸物品"所包裹着的死者形象（如 Kashina 2009）。这一解释表明，本身用泥土制成的陶塑是房屋中的死者或祖先的物质表达。

陶塑确实由土地与泥土所制，这进一步强调了土地与祖先之间的联系，也表明了人与土地之间存在着某种深层的联系；或许包括《圣经》中有关亚当的故事在内的各种创世神话都认为人是由土做的（Clark 2009：239）。反过来，与制陶有关的实践活动可以看作是人与土地建立联系的一种方式。

陶器：重构人与环境关系的方式

公元前 4 千纪左右，随着更趋向定居的半地穴式房屋的出现，欧洲北方森林地带的陶器数量显著增加。陶器生产规模扩大的同时，陶器的废弃方式也发生了变化。陶器在典型篦纹陶阶段（公元前 4000 - 前 3500 年）的聚落遗址中大量出现，以至于陶片看上去是被人有意废弃的。还有不少陶片出现在当代涂有红色赭石的墓葬填土中，这表明包含大量陶片的填土是人有意选择的，或者说陶片不仅仅是废弃物，而且还作为墓葬仪式的重要组成部分（Nilsson Stutz 2013）。上述陶器和居住址与墓葬的共存关系表明，人们有意识地应用陶器去营造空间（place-making）。虽然营造空间的具体意义仍有待研究，但我们可以从以下的视角对其进行理解，即陶器体现且表达了很多更加普遍的话题，这些话题同人、陶器、家户、土壤、火、景观以及对世界的感知与存在方式之间错综复杂的关系有关（Herva et al. 2017）。

被认为是存在于地表之下的现实维度，或"下层世界"，以及人们越来越将地下世界纳入自己的生活世界这一现象构成了一个核心问题，它将很多新石器时代的活动如建房、修墓、石料获取以及陶器制作联系在一起。北极地区的狩猎采集者当然在陶器引入之前就知道黏土这种物质，但陶器制作让人们开始关注陶土的主、客观属性及其产地。同样，准备陶泥也需要人们掌握有关黏土"行为"的知识，烘干与烧制陶器则需注意诸如烧制条件这样的因素。民族志材料表明，陶器制作还涉及同诸如土神、水神等"超自然"力量之间的互动，这对陶器制作的成功与否起到了关键作用（Fredriksen 2011）。

外来物品，尤其是那些在视觉和其他感官属性上同石器时代这一背

55

景"格格不入"或者不同寻常的物品，构成了有关北极新石器时代特征的第二个基本问题。这些属性可以是一种矿物的独特颜色，如某些板岩的浅红色或者深绿色，也可以是青铜的延展性与导热性或者琥珀与水晶晶莹剔透的光泽（见第九章）。黏土也是石器时代社会中的特殊物质，这或许解释了为何它成为新石器时代的"标志性物质"（Stevanovics 1997）。它的重要性不仅在于它关乎土地与土壤新的文化意义，而且黏土本身的特点与属性也让它同石器时代其他常见的物质相区别。

黏土是一种在特征上难以界定或者"无法确定"的物质：它既不是液体也不是固体，其状态介于两者之间；它具有可塑性，人们可以直接用手对其进行加工，也可以在上面添加（不仅是精简）其他物质并可以无限制地加工下去；当烧制时，黏土会变成具有不同属性的"不同"物质（Wengrow 1998；Gheorghiu 2008；Timmons and MacDonald 2008；Fredriksen 2011）。可以说，黏土的这些性质方便其产生新的器物形态，并促使新石器时代的"象征革命"发生（Boivin 2004b：67－68；Wengrow 1998）。虽然黏土在外观上看毫无生气，但人们可以在黏土中添加各种不同类型的掺和物让它变得富有活力。举例来说，典型篦纹陶文化的陶器有时会加入粉云母，这种物质或是因其金黄色的光泽而被人有意选择的。而且晚期篦纹陶文化的陶器会加入诸如贝壳、羽毛以及植物这样的有机物，这些掺和物除了会让陶器变得更坚固外，还可能象征着海洋、天空以及现实生存世界。

正是在这种背景下，陶器开始成为反映并重建人与环境之间关系的一种方式。黏土同人之间的互动关系（黏土同加工黏土的人之间相互作用）对黏土的功能至关重要。也就是说，黏土是一种具有"活力"和情感的物质，它能够感到疲劳与兴奋而且变幻莫测（Bankson 2008：12；Timmons and MacDonald 2008：88）。换言之，陶器具有言

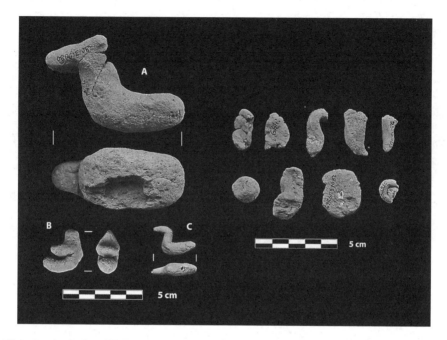

图 3.3　（A）新石器时代的驼鹿雕塑，（B）拟人化的形象（？），（C）左侧鸟的
　　　　形象以及右侧各种烧制的小陶件（陶块、陶球、陶盘以及陶棒残件）。

资料来源：特穆·莫科宁。

语交流或者社会层面的意义。这也是为何黏土以及陶器能够给人带来
各种不同的反应、感觉与情感，并解释了为何陶器具有疗愈的属性，
甚至具有精神与魔力的属性（Foster 1997；Sholt and Gavron 2006；
Timmons and MacDonald 2008；Bat Or 2010）。因此，陶器制作本身具有
重要意义，它作为一种引人深思的活动让人们以全新的视角去认识自身
以及周围的世界，可见，陶器制作事实与隐喻层面都是一种能够帮助人
们"解决问题"的手段（Bankson 2008；Timmons and MacDonald 2008）。

　　在考古学上，陶器的这一存在维度或许在陶塑的制作与雕琢中表
现得最为明显（Bailey 2007，2014），这一维度也表现在各种各样更
加抽象的陶制品如陶球和陶土块上，这表明人们对黏土的掌控本身具
有重要的象征意义（如图 3.3）。我们可以将人们看上去是在悠闲地

57

加工黏土，理解为实际是在思考自身同大地、土壤以及地下世界的关系。诸如滚陶球等把玩黏土的活动让人们同土地的关系得以发展与持续，这反过来也让人们对土壤的认识不局限于单纯的物理属性，而是建立了"亲密"的关系。人的触觉会产生有关世界的情境化知识并打破个人与世界的界限（Bailey 2014），这让人们意识到现实社会中的万事万物之间存在着深层关联。由于自身的属性和关联性，黏土同动物一样，非常适合被人们赋予某种意义（如 Levi Strauss 1962）。因此，不论陶塑真正被用来表达的是何种事物，人们会最终通过它发现土地与土壤蕴含着诸如情感与社会性等这样类似人类的品格。

我们可以将那些新石器时代的陶塑以及形态不固定的烧制小陶件理解为人类同土地及土壤之间进行的物质化交流，通过这样的交流，土地与土壤被赋予了新的意义，并以新的方式同日常生活世界建立了千丝万缕的联系。根据巴特·奥尔（Bat Or 2010）的研究，以陶器来重建新石器时代的人地关系可以同泥塑制作如何促进母子关系的发展进行比较。巴特·奥尔的研究表明，初次生育的母亲在以自身和孩子为蓝本制作泥塑时能够培养自己的母性心理。同样，黏土也是人类与土地之间建立联系的极好的媒介，这不仅是因为黏土本身就来自土地，还因为黏土作为一种物质具有很好的可塑性、主动性以及即时的反应能力。

生活在充满灵性的世界中

土地与土壤都具有神力（väki），这点已经在晚近时期的芬兰民族志资料中得到证实。芬兰的民间传说将"神力"描述为物质实物所具有的非人"超自然"力量，这种力量不仅仅为土地与土壤所拥有，而且也存在于水、森林、火、死亡、铁及其他事物之中。作为属灵实体，这种神力还与世界的各种构成物密切相关。这种神力尤为清晰地表明了北极人的日常生活如何同"魔幻"的现实世界产生联系，而这一现实世界是人同很多非人事物与力量所共同拥有的。在这样的世界中，物质与神性在日常活动中存在着千丝万缕的联系。虽然上述民间传说主要形成于 19－20 世纪，但可以确定的是，自然与文化空间中的神性观念可以追溯到数千年以前的石器时代。

对环境孕育着灵性存在的感知是交互性与社会性原则中的核心认识。在北极文化中，交互性与社会性原则是人类与环境联结的重要特征（Ingold 2000）。重要的是，这种人与非人世界的相互关系是在经验世界而不是抽象的理念世界中发生的。举例来说，人们同自然神灵邂逅会让人认识到某一棵树或者某一种环境要素是具有感情与意识的存在（如 Ingold 2000：90－100；2006：16）。事物往往并不是像它们所表现出的那样：如某些动物在特定的环境中可以是女巫，某些水体在特定的条件下可以具有神性等。人们若想认识这样的环境并同它和谐相处，需要持续关注自身所处的情境。民间有关非人生命以及事物拥有非凡属性的信念植根于并源于人们日常活动中与世界的联结。人们在从事修建房屋或者饲养牲畜等日常活动时，需要考虑事物的灵性。

据芬兰民间传说记载，当人们在修建新的房屋或者农场时，就需要考虑各种在我们现代人看来并不切合实际且不"理性"的因素。例如，人们偏爱或者忌讳某些地方是因为这些地方的某些环境因素（如某种树）具有强大的灵性力量（Korhonen 2009：262－263）。考虑到不想灾难重演，人们也忌讳在房屋被烧毁的地点修建新的房屋村落。在有可能被建为房屋的地方睡觉也是人们考虑该地点是否适合建造房

58

屋的一种方式，这是因为睡觉是人类同精神世界建立联系的方式。在芬兰早期现代社会，人们认为在睡梦中所感受到的世界特别真实（Eilola 2003：178，184－185；Vilkuna 1997），而且同清醒时的认识相比，睡眠为人们理解此岸世界及灵性维度提供了一个全新的视角（另见 Greenwood 2009）。

充满灵性的房屋

世界各地的房屋都被赋予了多种多样的象征与宇宙观意义，而且同生命体相联系（如 Blier 1983；Carsten and Hugh-Jones 1995；Rapoport 1969）。正如马里康达写道：

> 房屋给人一种密闭感、封闭感，让人感到自己受到保护与哺育，而且让人心中备感温暖与亲切。这样看来，房屋是母性原型的延伸。家是一个人生存与安全的核心。随着时间的推移，人们会自然而然地对自己的房屋产生深厚的情感；当一个人离家多年再归故里时都会心生感慨、百感交集。
>
> （Mariconda 2007：268）

对北极文化圈的人来说，情况依然如此。我们需要通过萨满教－灵性论式宇宙观来理解房屋在北极社会中的意义。在关联式本体论框架中，整合考古学、历史学和民间传说资料能够为我们呈现出北极社会中人们对房屋的感知以及同房屋的联结，即让我们摆脱主客二元对立的藩篱去理解人与房屋如何共存且产生纠缠关系。

在北欧社会的考古遗址和当代建筑中，有数以百计的屋内物品被记录下来。这些物品是在房屋奠基、驱赶巫术及提供避光保护等各种仪式活动中被封存的。这些封存物品通常被看作是供奉给家神（household spirits）的贡品或祭品，只是功能与意义各不相同。但不论人们意欲何为，这些物品都预示着人与建筑在不同时空与文化背景中的特殊关系。

在最近一项研究中，胡康泰瓦尔（Hukantaival 2016）发现了超过200件年跨度在13-20世纪的封存物品（concealed finds），仅芬兰一个国家的民间传说文献中就发现了大约800处封存物品的记录。虽然房屋内封存物品的总数一般难以估算，但斯旺（Swann 1996）罗列出了欧洲多国、美国以及澳大利亚20世纪90年代中期超过1 000件的房屋内封存物。20世纪早期一些学者就开始关注人们将物品隐蔽存放在房基或者其他房内的现象，而且对这种现象的研究自20世纪80年代以来不断升温，但从具体的历史背景出发对其进行阐释以及理论解读是最近才出现的（如 Houlbrook 2013，2017；Hukantaival 2016）。北极地区存放封存物品的现象从史前时代一直持续到最近，现有的考古材料却主要集中在早期现代社会。

封存物品种类繁多，而且正如波罗的海最北岸17世纪的托尔尼奥（Tornio）遗址的房基堆积遗存，有时仅在一处遗址中就能发现多种封存物品。考古学家在托尔尼奥的房基堆积中发现了许多封存物品，包括埋藏在房屋角落之下的破损陶罐，以及在房基处摆放的铁棒与熊爪等物品（Herva and Ylimaunu 2009；Herva 2010a；Nurmi 2011）。这些封存物品种类多样，某些物品还反复出现。在英国，常出现的封存物品有鞋子、衣服和所谓的女巫瓶（如 Merrifield 1987；Hoggard 2004），而芬兰民间传说中常提及水银、钱币和动物遗存，其中，文献记录中最常见的封存物品是各种工具和史前时代的器物（Hukantaival 2016：75-90）。

我们并不知道当时人们为何将这些物品埋藏，但可以肯定的是，人们认为这些物品具有某种特殊的力量或者性质。例如，很多人都认为史前时代石器是雷电的物质表达，因此，人们将石器放在房屋中让房屋免遭雷击（Johanson 2009）。同样，铁在芬兰民间传说中被认为具有"超自然"或者"神性"力量，这或许是铁制品总是以封存物品的形式出现的原因。与此同时，像鞋子这样的日常物品也具有特殊性，因为它们具有明显的人格特质：它们"具有穿着者的体态、性格与品质"（Swann 1996：56；引自 Houlbrook 2013：107）。不仅如此，这些物品处在阈限阶段（liminal），在霍尔斯布鲁克（Houlbrook）看来，这让鞋子能够有效地召唤神灵，因此适合作为封存物品。

在早期现代社会，当时很流行特殊的房屋陈设，而且房屋与家庭并无遮挡很容易进出，因此它们很脆弱且易受伤害，这需要人们采取保护措施来巩固房屋的边界，不仅要对房屋本身加固，还需要采用超自然的手段。然而，我们还可以从"让房屋充满灵性"的角度对房屋中的封存物品进行理解，即从促进和维护北极社会中人与房屋之间的亲密关系这一更加广阔的视角来看待房屋中的封存物品。一些如鞋子和衣物这样的房屋封存物可能同人与房屋之间亲密的私人关系直接相关，这种关系的确立通过将"人体的结构"看作房屋的结构来实现（Hukantaival 2016：128）。同样的机制还存在于房屋封存物品的作用之中且更具普遍性：这些封存物品给房屋赋予了自身所具有的特殊力量与品质。因此，房屋封存物不是让房屋作为生活的背景或者消极被动、"毫无生气"的事物而存在，而是具有生命力的鲜活生命体。

北欧有关家户神灵的传统民间传说为我们了解自古以来的北极人如何理解房屋、如何同房屋建立联系提供了重要线索（Haavio 1942；Sarmela 1994：158–164；Jauhiainen 1999：216–225）。神灵在日常生活的各个领域都发挥着积极的作用，它直接参与到人们的家庭劳作之中，还能够警告人们危险的存在，拯救人们于危难之中并捍卫家庭的道德准则（Sarmela 1994：160，163；Jauhiainen 1999：216-222）。然而，家户神灵的确切特征却难以名状。家户神灵可以是各种无形的力量，也可以是年长者或动物，有时也是房屋本身的某些部分，其中，最常见的是炉灶，有时或是木柱（Haavio 1942：171-177，192-196；Sarmela 1994：159-160；Jauhiainen 1999：225）。神灵有时被认为是家庭的创始人，或在房屋内立起第一个柱子或燃起第一团火时显现（Sarmela 1994：159；Jauhiainen 1999：216）。虽然神灵总是让人捉摸不定，但人们会认真地对待它。神灵对家庭的繁衍生息尤为重要，而且它能够通过赐予人们食物和水等方式让人们和睦相处（Jauhiainen 1999：226-228）。

最重要的是，家户神灵的存在是可以感知到的，并非仅仅是信仰而已。它们同人互动交流，而且在 20 世纪早期，有报道称确实有人见过家户神灵（Haavio 1942：72-109；Sarmela 1994：162-163）。人们不仅可以看到家户神灵，还能够听到它们的声音，感受到它们的存在。最近，家户神灵在大众眼中是土地神一样的存在，它们同人类共同生活在房屋之中，然而，这种对家户神灵的认知图景很可能是很晚的时候受传统童话的影响才出现的（Haavio 1942：214；Sarmela 1994：160；Jauhiainen 1999：216-222）。家户神灵的传统并不是反映对某种独立存在的、非物质灵性实体的信仰，相反，我们可以将其解读为一种理念的反应，这种理念认为作为物质实体的房屋本身就是具有人格特征的生命体。从某些方面讲，房屋同人很相似，而且房屋同其居住者之间的关系具有社会性，这也很符合传统北极社会中所存在的萨满教-灵性论式宇宙观（详见 Herva 2010a）。根据这样的宇宙

61

观，房屋内的封存物品并不是外在于家庭之外的存在或力量，相反，它们同房屋关系密切，而且让房屋成为具有活力的社会性生命。

有关家户神灵的传统观念同近年来在地理学中引起广泛关注的鬼魂萦绕这一主题具有某些微妙的相似之处（如 Edensor 2005；Holloway and Kneale 2008）。戴维森（Davidson 2005）认为，鬼魂是典型的"北极"（广义的北极）文化现象，而且在北极社会的民间传说中，确实存在大量有关死者依然在生者世界中居住或者造访生者的记载（图 3.4）

图 3.4　"蓝屋"坐落于号称芬兰"鬼都"的奥卢市北部，是传说中的诸多鬼屋之一。作家与民族志研究者萨穆利·保拉哈尤（Samuli Paulaharju）曾在 20 世纪初在此居住。

资料来源：维萨−佩卡·赫瓦。

虽然我们还不清楚家户神灵与鬼魂或鬼屋之间究竟有何联系，但二者都表达了一种相似的观念，即房屋并不是一种被动的物质，它从居住者身上"夺得"（abduct）（如 Gell 1998）了属性，因此从某种程度来讲，是与居住者同在的。同家户神灵一样，我们往往通过听觉现象如脚步声、敲击声以及音乐，或者通过某种隐晦的方式隐约感受到鬼魂的存在。家户神灵和鬼魂都有愤怒时乱扔东西的习惯。同样重要的是，人们被神灵或鬼魂萦绕的经历往往是在荒无人烟的夜里发生，这种场景增强或者改变了人们对周围环境的感知和意识。

不论被鬼魂神灵萦绕的"真正"的本质和原因是什么，它们都发生在人们的感官经验而非混沌的信念之中，这表明了以关联方式认知和理解现实社会在现代社会背景下同样非常重要。我们可以将房屋看作是超越了主客观对立并具有人格特征的存在，尽管这种违背现代主义的分类观采用了不同的形式与表达方式，并受到具体文化背景的影响。其实这种关联式本体论在全世界不同的时代与文化中都存在，但它在北极社会中可能尤为明显。在北极社会中，有关房屋是具有意识与情感的生命体的理念有着上千年的萨满教-灵性论式宇宙观基础。

63

第四章　森林与狩猎

自然景观与思想图景中的北极森林

森林是芬诺斯坎底亚主要的景观类型，所以，在欧洲北境生活的人们会同森林产生密切的关系。一直以来，人们都将森林看作是狩猎、捕鱼、采莓果、采蘑菇、放牧、毁林开荒、伐木、焦油生产等各种不同活动发生的场所。其中，狩猎是北极生活方式与思维观念中极为重要的一部分，而且在斯堪的纳维亚"腹心地带"之外依然如此。这体现在很多方面，如狩猎组织在乡村中具有重要的社会地位，挪威人、芬兰人和瑞典人都拥有大量的狩猎工具。然而，即便森林同"野生"的自然以及狩猎采集社会相联系，而且人们需要经过训练才能发现森林的奥秘，但北极世界中的广袤森林自史前时代经狩猎采集与农耕群体利用后，就已经被改造成了文化景观。

可以推测的是，长期以来人们对森林的感知与态度可能丰富多样，而且受社会文化背景的影响，但我们依然能够识别出北极人同森林发生联系的一些基本特征。在考古学上，人们已经发现了史前时期与历史时期的人们在北极森林中进行活动的线索（内容涵盖从铁器时代的一些零散发现，到历史时期经文化改造过的树木），但人们对森林同北极人的社会生活以及思维观念之间的联系依然缺乏理解。一直以来，人们都将森林看作是木材与猎物的来源地；除了少数研究外（如 Holm 2002），森林对人们生活带来的无形影响（如森林对人们的活动、感知以及对生命的理解的影响）并不是芬诺斯坎底亚北部考古学的主要关注对象。

北极地区的北方森林地带经常在考古学与历史学叙事里被忽视，但这里并不是未经开发的蛮荒之地。例如，芬兰铁器时代的考古地图上标明了一些小型居住中心，这让人觉得芬兰的其他地方都是荒无人烟的——正如作物孢粉所显示的那样（如 Alenius et al. 2013；Alenius et al. 2017），地名以及民间传说是不可靠的。历史叙事中讲述了一个浪漫的故事，农民们成群结队变成兽皮猎人，他们从南方来到北极去开发这片蛮荒之地，通过毁林开荒逐渐建起村舍，芬兰语将这一过程称之为"批量改造"（eränkäynti）。虽然人们没有明确否定北方森林地带中有先民居住，但这一观点就像无足轻重的"游动的拉普人"一样被人所忽略。

在历史上，人们一直将北极森林看作是物质资源。将树木和森林作为财富来源（荒野中的绿色黄金）的观念在 17、18 世纪的焦油产业中就已出现，并随着 19 世纪木材工业的兴起而成为主流思想。这种观念也不可避免地影响了考古学家和历史学家们对森林在古人生活中的重要意义的认知。举例来说，人们长期以来都习惯性且不假思索地将商业兽皮猎取形容为铁器时代北极社会的财富基础。

毫无疑问的是，森林在不同时期的北极社会中具有重要的经济意义。作为瑞典自中世纪以来经济与身份认同的基础，瑞典采矿工业的兴起不仅依赖于丰富的矿产资源，还依赖于充足的木材与水资源。同

64

样，20 世纪之交，欧洲最大的锯木厂就坐落在芬兰，也足以证明森林的重要性。然而，对我们了解森林这一北极社会生活中的整体因素在不同时期的作用来说，将森林看作财富的这一论调过于武断和片面。

虽然在北欧社会中，森林同民间传说以及象征符号之间有着丰富的关联，而且学者和一般大众对此都很熟知，但这种关联仅仅存在于童话层面，它同"真实"的森林之间并无关系。换言之，考古学家和历史学家们是从客观的角度看待森林，将其看作是北极人生活所依赖的无生命的资源与背景，很少关注森林的"现象学"意义（少数研究注意到了森林的"现象学"意义，如 Holm 2002；Noble 2017）。然而，同森林的密切接触会不可避免地影响人们对世界的感知和体验，人们会对世界赋予文化意义，在所生活的环境中找寻自身独特的视角（如 Turnbull 1961；Gell 1995）。虽然民俗学家、人类学家和地理学家们已经通过各种视角来从认知和经验的维度对森林（和树木）进行探索（Rival 1998；Jones and Cloke 2002），但却经常忽略从更偏向实际的层面去研究森林。总之，人们总是以一种二元对立的视角去研究北极的森林，不是侧重森林的功用就是侧重其象征意义，这同前现代北极社会生活在森林环境中的人们看待森林的方式是截然不同的。

北极人感知森林、对其赋予意义以及同森林建立联系的方式十分多样，并随着时代的不同而变化。举例来说，芬兰人认为自己同森林之间关系密切。这种密切关系虽然部分来自芬兰人的民族主义言辞，但同样被其他群体所认识到。这种关系在早期现代斯堪的纳维亚的文献记录中有所体现，即来自芬兰萨沃省（Savo）的"森林芬兰人"（Forest Finns）或从事刀耕火种农业的农民们为了开拓新居住地、增加税收而迁徙到荒凉的瑞典北部以及瑞典与挪威交界的地区。正因如此，瑞典克朗也"使用"了芬兰人形象，因为同温带地区的农民不同，这些芬兰人掌握了在北方森林地带务农的生存诀窍。

　　一些文献资料还记载了在 17 世纪位于特拉华河谷（现在美国境内）的瑞典殖民地新瑞典（New Sweden），芬兰人因熟知如何同森林共处以及流行汗蒸或桑拿房等，故而同当地印第安人建立了非比寻常的密切关系并能够相互理解。此后，迁徙到明尼苏达、密歇根、安大略以及北美其他地区的芬兰人也同样能够同当地人和睦共处（Dorson 2008）。有一小部分自称为"芬兰人"的群体现在依然生活在美国明尼苏达以及加拿大安大略地区，这表明较晚近的芬兰移民同奥吉布瓦人（Ojibwa）关系密切（Kettu and Seppälä 2016）。

　　相比之下，挪威人一般会认同山和海，而且在挪威的神话和民间传说中，森林往往出现在山神所居住的恐怖地方。斯堪的纳维亚前基督教时期的宇宙观和 19 世纪以来挪威民族主义言论都认为农场是适合人类生活的地点，而将森林看作是不利于人生活的危险地点（Holm 2002，2005）。诚然，挪威神话中的三重世界——神明居住的阿斯加德（Asgard）、世人居住的米德加尔德（Midgard）以及巨人居住的乌特加德（Utgard）——反映的是从事定居生活的农民的世界观及其同环境之间的关系，而且似乎再现了有关农场的认知结构（Holm 2002：67；2005：176）。虽然人与耕地以及非人与荒野的这种二元对立关系很可能是一种意识形态构建，但"森林芬兰人"对森林的熟知以及同森林的亲密关系——包括声称自己具有对森林的控制能力以及能让自己变成动物的能力——对历史时期的挪威人来说是相当陌生和可怕的（Holm 2002，2005）。

　　历史上已知的芬兰人对森林的感知同丹麦人差别很大，尽管这种根据国家或民族特征进行的区分可能让问题简化并掩盖了诸多差异性。例如，在当今芬兰北部的狩猎群体和渔民同森林的关系就和芬兰西南部农民同森林之间的关系有很大差别，而且"芬兰人"这一族裔概念是很晚才出现的。然而，北欧人对南方和北方的区分却是真实存在且由来已久的。斯堪的纳维亚南部——尤其是丹麦以及当今瑞典的斯堪尼亚（Scania）——至少自青铜时代以来就是典型的农业区，这一地区同中欧和南欧文化区之间联系密切。相比之下，直到不久前，芬诺斯坎底亚中心和北部地区人们的生活方式都同北极地区联系更加紧密，甚至在某些地区，这种联系一直持续到现在。

正如《格林童话》和《安徒生童话》中的故事，农民一直将森林看作是陌生且具有魔力的地方（深入的论述参 Jones 2011），这表明农民同森林世界是十分疏远的。农民所关心的事务可以在诸如森林的魔力将驯化动物捕获这样主题的民间传说中反映出来，然而，正如下文将要讨论的，将森林情感化起源于狩猎文化的社会。这种主题在民间传说中随处可见，且成为北欧社会的重要特征。此外，宇宙观和民间传说通常叠加交织在一起，反映了同一地区不同时间范围及不同文化背景下的不同观念。从很多方面来讲，这里所说的"同一地区"指农耕与采集、北极的狩猎文化与欧洲中部及地中海文化辐射区，以及印欧语族与芬兰-乌戈尔语族等各种交界地带。

人与树的互动

在史前时代和早期历史时期，欧洲最北端的北极人同各种非人生命体共同享有同一个世界（如 Pentikäinen 1995；Siikala 2013；Pulkkinen 2014）。早期的历史资料与民间传说记载都向人们展示了这样一个世界，即植物、动物、岩石以及人造器物都具有人格、情感、意志并能够同人进行交往等特征。这影响着人对环境的反应以及人是如何同环境相融合的：人们同样需要将其他同人一样的生命体考虑其中，同它们和谐共处。

虽然同树拥抱与交谈这样的行为听起来像新时代的陈词滥调，但在芬诺斯坎底亚北部，这种行为直到最近之前都是切实存在的。在芬兰的民间文化中，松树被赋予了特殊的意义：它不仅同熊有关系（见下文），还同一般意义上的力量与永恒有关系（Guenat 1994：120-125；Sarmela 1994：38-43）。松树在某种程度上被人们看作是"生命之树"，而且被人们选作"修剪"（karsikko）之树，即在葬礼仪式的过程中，树木的形态被改变（树枝被部分或全部砍断并在树干上雕刻十字架），以此区分生者与死者的空间（Vilkuna 1992；Kovalainen and Seppo 2006）。然而，松树绝不是唯一具有文化与象征意义的树木。在北极社会中，同各种树木有关的传说与象征符号十分丰富（如Guenat 1994）。民间传说为我们提供了有关人与树共享生命的存在以及二者之间联系的真知灼见，同时还表明，直到不久前，人与树之间的联系依然存在。举例来说，科瓦莱宁和塞波（Kovalainen and Seppo 2006）查阅了芬兰历史上有关"特殊树木"的记录发现，20世纪90年代还有很多"用于献祭的古老树木"。

同树有关的象征符号与"仪式"活动绝不是北极地区特有的，相反，它是世界各地从史前时代到现代社会中的一个普遍现象（如Rival 1998；Goodison 2010）。树木似乎有一些特殊之处让它对人很有吸引力，而且易于用来表达文化的象征意义。人类学家和考古学家很早就发现，树在不同文化的仪式与神话中大量存在，其中，最著名的是詹姆斯·弗雷泽爵士（Sir James Frazer 1980）在19世纪晚期的《金枝》一书中对树进行的详细研究。在欧洲，有关树同宇宙观及仪式活动之间关系的广为人知的例证包括，挪威/日耳曼语中有支撑宇

67

宙不同平面并将各个平面连接在一起的"世界之树"（Yggdrasil）这一概念，《卡勒瓦拉》史诗中具有相似功能的大橡树（the Great Oak），以及米诺斯·克里特青铜时代艺术品中的"圣树"。

人们往往从宗教角度对米诺斯文明中树的象征意义以及人与树的关系进行解读，如"树崇拜"，或者象征神圣生命体的物体。但这种解读是有问题的，它将树还原为被动的物体，是人赋予了树以象征和宗教意义。树被看作是可以赋予文化意义的空白画布，而树木本身并没有参与到意义赋予的过程之中（见 Cloke and Jones 2002）。然而，根据北极民族志记载，树是具有能动作用与主动性的行动者，这需要人们密切关注树的物质性与行为。换言之，我们应该研究意义是如何在人与树的对话中产生的，以及如何在具有生命与活力的世界中同人对树的感知、体验及同树的联结相联系。

一些树像人一样具有灵性，因为这些树在某些特定情况下会表现出像人一样的行为方式，例如同人有意识地交流。很明显的是，生活在森林之中的非人生命被看作是现实世界的生命体并被认真对待，人们真的会在现实世界中遇到它们。举例来说，早期现代司法案件中，有人被指控同"森林少女"——从正面看是女人，从背面看是树的灵性生物——发生性关系（Liliequist 1992：131）。森林少女体现了树是有意识的社会生物这一广泛存在的理念，虽然树的社会角色建立在人们对树的关注以及树的实际行为基础上，因此大部分时间都表现得不明显，但它们确实会和人产生积极的联系。

爱沙尼亚的民俗学家马迪斯·阿鲁卡斯克（Madis Arukask 2017）对沃特斯（Votes）和维普斯（Veps）两个生活在俄罗斯欧洲境内的芬兰-乌戈尔的小族群做了记录，内容是他们如何同树进行交流并在个体化仪式活动中同树发生联系的。这两个民族在最近以前都以刀耕火种农业为生，并辅以狩猎采集作为重要的生计补充。阿鲁卡斯克的田野工作表明，这两个民族尽管经历了二战的磨难、斯大林的少数民族政策以及苏维埃国家倡导的无神论，树被视为活跃行动者的灵性论（animistic）世界观（同民间东正教紧密结合）在这两个民族的长者群体中一直延续至今。阿鲁卡斯克于 2010 年曾采访了一位生于 1932 年的维普斯族女性，她讲述了自己如何向一棵桦树供奉干面包，并祈求这棵桦树在自己到森林里采集蘑菇和浆果时赐予力量和能量：

> 要供奉您……亲爱的真主……我来到这片（独特的）森林，向这里表达真诚的敬意：感谢真主赐予我们健康、力量、浆果与蘑菇。感谢您，我亲爱的、钟爱的森林，感谢您倾听我的心声。我在森林里走着。我累了，在一棵大桦树下停了下来，爬上一座小山丘（？）……我抱住这棵桦树：亲爱的桦树啊，你那新鲜的叶子，浓密的枝干，你就是我的挚爱（？？？），你赐予我健康，赐予我力量，保佑我今天平安回家。

> （Arukask 2017：174；问号是原始采访稿件中标注的）

与"树崇拜"不同的是，我们最好从关怀和体认的角度对人和树这种特殊的关系——不论是同具体的树还是同一般意义的树——进行理解：我们需要了解树是如何存在于世间的，以及树是否对人的生活产生影响（Bird-David 1999；Harvey 2005：104–106）。也就是说，树以特定的方式行动，这表明树拥有特殊的属性或力量，并被人看作具有人格属性的社会性与灵性生命体。举例来说，针叶树种之所以能够同持久、长寿乃至永恒存在关联，是因为与落叶树种相比，针叶树具有常青特质。而人们认为，相比于具有"男性特质"的松树和云杉，落叶树在某种意义上同人类关系更密切且"更有智慧"、更具"女性特质"（Guenat 1994；Puustjärvi 2013：91 - 94；Malinen 2015）。民间传说的资料也表明，认为某一树种中的树木个体是男性还是女性取决于树的形状和其他属性（Guenat 1994：120 - 125），这反映出人们对树的殷切关怀以及对其个性的认同。

　　除了个性之外，人们也认识到，树木具有感应能力并能影响人的生活，这在家庭之树以及同具体的民族有特殊联系的树木中体现得尤为明显。民间传说中记录了家庭命运是如何同生长在院落、近郊或者远方的"守护之树"联系在一起的。虽然这种树以花楸树为主，这或许是因为花楸树红艳的莓果会让人想起（人的）血液，但实际上，"守护之树"种类繁多，而且其形状和尺寸都有特殊之处（Haavio 1992：47 - 49）。家庭成员需要对守护之树唯命是从、毕恭毕敬，而且需要供奉它，不论何时都绝不能伤害它（Haavio 1992：37 - 38，40 - 42）。已经有证据表明，人们恭敬的并不是树本身，真正让人崇拜的是供奉在守护之树所构成的家庭祠堂中的神灵（Haavio 1992：42 - 43）。然而，若从关联视角来看，我们可以将树本身看作是具有人格特质的生命体，而不是同树自身相分离、相区别的某种鬼魂。

　　家庭与树之间的关系非常密切。举例来说，人们认为树枝的枯萎预示着家庭成员的死亡。同样，人们也习惯以家中的长子之名种树或者给树命名，这使得人和具有活力的树之间建立了"因果"关系（Malinen 2015：51，54）。马利宁（Malinen 2015：51）引述了一则20世纪30年代的故事，故事中一位女性长者在回访儿时的故乡途中，拥抱了那棵自己年轻时候种下的花楸树，并说到自己和这棵树不久都将死去——而到了第二年春天，这棵树在一场暴风雨中被刮倒，她自己也去世了。由此可见，这棵神圣之树实际上是一棵家庭之树。

它让家庭得以成功延续，而家庭成员也以人视之，并同其形成一种双向的社会关系。换言之，树与家庭的社会关系已经拓展或外化到人们所生活的土地与地方，并同家庭生活紧密纠缠在一起。神圣之树并不是家的象征符号，它们是家庭成员。在我们现代人看来，这正是人与环境之间关系的精神层面之所在：我们需要认识到，人与环境之间的关系是一种双向的相互关系，我们不应以主客观二元对立或其他相关的二元论视角理解这种关系。

虽然我们很难评估史前人对树的感知以及同树的联系，但历史学以及民间传说的材料也能提供一些线索，尤其北极社会中文化与宇宙观的长久延续性这一视角让我们知道，人与树之间关系的一般特征也有着悠久的历史传统。作为最早提到芬兰的史料之一，教皇格里高利四世于 1229 年给芬兰主教托马斯下了一封诏书，授予托马斯查封所有异教徒的神圣树林及朝圣场所（*luci et delubra*）的权力，这表明神圣树林是芬兰在皈依基督教前的宗教的主要圣物。教皇 1237 年下的第二道诏书表明，查封活动已经开始，而且被查封的并不是只有少量树木的小树林，而是具有神圣意义的成片森林（Viljamaa 2017）。位于芬兰西南部图尔库（Turku）地区的主教米格尔·阿格里科拉（Mikael Agricola）用古芬兰语写了一首有关"异教诸神"的小诗，诗中将塔皮奥（Tapio）看作是森林与大型动物之神。在该诗的结尾，阿格里科拉写到，除了自己列举的众神，人们还"崇拜"包括"岩石和树桩"在内的很多事物。正如 17 世纪晚期通过的教会法所写的，"树崇拜"在阿格里科拉时代之后依然存在，其中，教会法明确规定禁止给树献祭品（Haavio 1992：53 - 55），这也反映出"树崇拜"在当时是很普遍的，因此才会引起瑞典教会以及世俗统治者的注意。

《卡勒瓦拉》史诗中记录了芬兰人向桑帕·佩勒沃宁（Sampsa

70

Pellervoinen）这位保佑土地肥沃与森林繁茂的神灵（或守护神）学习"树的智慧"，这种智慧包括了不同树种及其生长地的详细知识（Holm 2005：177）。同《卡勒瓦拉》史诗中诸如森林之神塔皮奥等其他众神一样，桑帕·佩勒沃宁或许可以被看作是（或许是相当晚近时期）森林之中所有生命的力量、情感、意识、神性与能动性以及所有非人之物的人格化身。同样，我们也可以认为，上文提到的"森林少女"等居住在森林中的各种灵性生命反映并产生于人与树以及森林环境中其他事物之间以感知和体验为基础的互动与互惠。

北极世界中的人与动物

虽然农业活动很早（或许是公元前 6 千纪）就被引入到北半球的高纬度地区，但它经历了缓慢的过程才逐渐发展并取代当地主要生计来源的狩猎或诱捕。直到 19 世纪，狩猎和诱捕还是芬兰、瑞典和卡累利阿偏远地区重要的食物补充手段。因此，在现代社会以前，欧洲南部的农业社会系统对这些地区的影响是相当有限的。野生动物不仅仅在生计上发挥重要作用，它的重要性还体现在当地保存了古老的极地狩猎文化因素。

很明显，某些动物物种更具象征意义。在芬诺斯坎底亚北部的史前岩画中，主要有两种动物的形象：驼鹿和鹿。当然，也会有一些例外，奥涅加湖附近的岩画中，天鹅和其他禽鸟要比鹿类更常见（Lahelma 2012a）；在维格河附近的岩画，主要刻画的是白鲸的形象（Gjerde 2010）；而在斯堪的纳维亚南部青铜时代及年代更晚时代的岩画上，牛和马的形象更常见。但整体而言，各种鹿类在芬诺斯坎底亚北部（乃至整个北极圈）的狩猎采集民族思想中占据了更重要的地位。人和驼鹿/鹿的关系不仅仅是猎人和猎物的关系，他们还具有同样的本性，甚至在某种程度上，人和鹿是可以相互转化的。这种互换性表现在某些岩画图案中。在某些岩画中，驼鹿和人可以融为一体，或者相互转化。人与鹿的互换性有时还体现在可移动的艺术品中，例如瑞典哥得兰岛斑点陶器文化（Pitted Ware）的古鲁姆（Gullrum）遗址中的骨梳（Almgren 1907）。这件典型器物（公元前 3200 年至公元前 2300年）的尾部展现了人头驼鹿的形象，似乎在说明驼鹿和人具有相同的本性（图 4.1）。

图 4.1　古鲁姆（瑞典哥得兰）中石器时代遗址的骨梳，展现了驼鹿和人融为一体的形象。

资料来源：甘纳尔·詹森（Gunnel Jansson）、瑞典历史博物馆。

正如爱德华多·维韦罗斯·德·卡斯特罗（Eduardo Viveiros de Castro 1998）所观察的，所有生物都具有"相同的灵魂"这一观念是世界各地狩猎采集民族的共同特征。维韦罗斯·德·卡斯特罗列举了巴西亚马逊丛林原住民的例子，但曾在西伯利亚的尤卡吉尔人进行田野调查的勒内·威勒斯列夫（Rane Willerslev 2007）坚定指出，维韦罗斯·德·卡斯特罗的思想同样适用于尤卡吉尔人及其他极地地区的狩猎民族。这种视角主义观点认为，所有生命都具有"人的视角"，即不同物种会从自己的视角出发，认为自己是人，而其他物种则是动物。虽然他们有着相同的灵魂，但肉体却是不稳定的而且是"开放的"，其外表就像衣服一样可以任意更换，当不同物种发生密切交往（如狩猎）时，这种情况便会时不时地发生（图 4.2）。某个人可能会

72

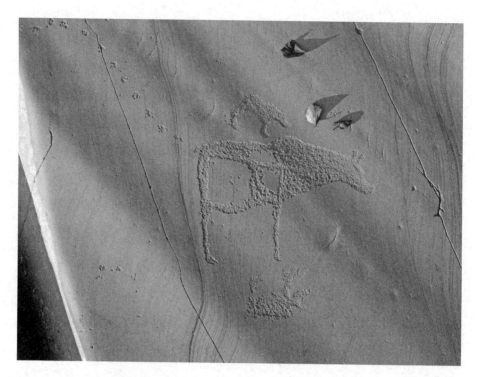

图4.2 位于挪威北部阿尔塔市（Alta）的一幅古老岩画，刻画了一只温顺的驯鹿已经转化为熊（或者鹿熊混合体），其身上多了一个头，而且背部有熊的凸起特征。两只熊的幼崽以及一排熊的脚印很可能是后加上去的。

资料来源：简·马格纳·杰尔德（Jan Magne Gjerd）。

发现自己正在变形为驼鹿或驯鹿，或者同驯鹿女孩结婚，或者满怀喜悦地享用驯鹿的食物（而这个人最开始意识不到这些情况）。只有一些不易被察觉的线索——如食物被饲养的动物食用，而且意识到自己吃的不是肉而是苔藓（Willerslev 2007：470）——可能表明视角发生变化。

这种本质的一致性在北极考古中多有反映，如瑞典斯德哥尔摩的一处中石器时代墓地。在这座墓地中，人和狗都拥有精美的墓葬——狗和人享有同样的埋葬仪式，而且狗的墓葬在朱砂和随葬品的摆放方式上和人的墓葬一样（Larsson 1990）。考古学家在大约90座墓的墓地中发现了 11 座狗的墓葬，说明上述现象并不少见，而且这些墓葬也不是反常现象。这表明，在斯德哥尔摩的这处墓地，狗是社群中的重要成员，同人并无二致。确实，从随葬品的角度来看，斯德哥尔摩这处墓地中的 1 座埋葬狗的墓葬随葬品最为丰富：这只狗呈熟睡姿势，屈肢埋葬，旁边放有 1 只马鹿鹿角，胸部配有带装饰图案的鹿角，腿部摆有 3 件燧石石刀。

北极狩猎民族与动物之间关系的第二个要素是被称作动物仪式（animal ceremonialism）的现象。这一现象涉及如下观念，即如果一只被杀死的动物在仪式上被送往它的"精神拥有者"那里，它就会还魂复活。由于世间动物灵魂的数量有限，被狩猎物种的持续性十分依赖狩猎者对动物尸体的妥善处理，而处理方式通常包括将所有骨骼按照仪式入殓。或许在萨米人、芬兰人以及其他北极民族中最著名的动物仪式是猎熊仪式，人们通过复杂的仪式将捕获的熊送往神灵世界（the spirit world）。这种将动物骨骼归还给动物管理者的仪式尤其同驼鹿和熊等大型且相对稀少的动物狩猎关系密切。相比之下，除非是狩猎季节的第一次捕猎，否则，捕获像鹿那样的群居动物则没有这样的仪式（Siikala 2013：369）。

引诱猎物

芬诺斯坎底亚北部狩猎采集群体的大批岩画遗址都描绘了这样的景象，人和动物（通常是驼鹿和鹿）在进行交媾活动。例如，瑞典的纳姆福森遗址以及俄罗斯西北部的卡诺泽罗（Kanozero）遗址的岩画上，驼鹿们似乎是在"指导"一对夫妇交媾（Hallström 1960；Kolpakov and Shumkin 2012），有些岩画上还刻画了性欲被唤醒的男性同动物在一起的形象，即一位勃起的男性挥动着一件带驼鹿头的器物面对着一只雷鸟。大量遗址的岩画上还描绘了嗜兽癖，或者人同动物的交媾场景（Lahelma 2007）。

蒂莫·米蒂宁（Timo Miettinen 2000：126－127）已经注意到，驼鹿形象有时也和人的形象结合在一起。芬兰的比罕帕（Pyhänpää）岩画就是如此，它描绘了人同驼鹿的后腿相结合的图景，但更常见的是人在鹿的后腿附近，有时将一只手摸向鹿。这一姿势相当具有性暗示的意味，因此人们将这些图像解释为"兽交场景"。这一主题在芬兰的图帕沃里（Tupavuori）、于尔卡沃里（Jyrkkävuori）、豪卡沃里（Haukkavuori）（科托耶尔维［Kotojärvi］）、维伦沃里（Vierunvuori）、绍尔卡利奥（Saraakallio）岩画，纳姆福森岩刻，以及至少瑞典的两个岩画遗址奥波湖（Åbosjön）与斯卡文根（Skärvången）湖遗址都有发现（Kivikäs 2003：146）。在西伯利亚的汤姆斯卡娅·皮桑查（Tomskaya Pisanicha）岩刻遗址也发现了类似的图像（Okladnikov and Martynov 1972），如描绘了兽交场景、驼鹿船、有角人形图案、双头驼鹿以及其他同北欧岩画相似的图案。

人们对这些奇特的场景有着各种各样不同的阐释，而且并不是所有阐释都和同一个现象有关系。在任何情况下，我们都很难将这些场景看作是对现实世界中兽交行为的描绘，因为从现实的视角来看，人们很难想象一位成年男性同驼鹿交媾而不被杀死。我们两位作者之一（Lahelma 2007）之前就认为，这些场景可能同萨满飞行的观念有关，即萨满会"骑着"驼鹿或鹿飞向彼岸世界。萨满活动会专注于肉体和性行为之中（虽然萨满教这一方面在年代更久远的民族志记录中通常被弱化［Mandelstam Balzer 1996］），因为人们认为，萨满有时同他们的神灵助手（spirit helpers）发生性关系，甚至认为敲鼓这一活动都同性行为有关。那么，我们可以得出这样的论断：兽交场景，或抚摸驼鹿后腿的行为，或同动物相结合的现象（正如芬兰比罕帕遗址和瑞典纳姆福森遗址所呈现的），可能表现的是萨满同他或她的灵力助手具有共同的本性，而且在性方面彼此吸引。

虽然这看上去仍是一个可能的阐释——尤其是对船、驼鹿与人融合在一起的场景——但灵性本体论和维韦罗斯·德·卡斯特罗笔下的视角主义可以让图像的信息更加丰富。非人生命会同人之间的社会关系产生千丝万缕的纠葛，这些联系可能也与性有关。人们尤其会将猎人同他的（有时也是她的）猎物之间的关系看作是性关系。正如威勒斯列夫指出的（Willerslev 2007：110），狩猎同性之间的关联不仅见于北极文化中，还见于亚马逊丛林、非洲和东南亚狩猎采集群体。这同诱惑的艺术有关，即猎人引诱猎物让猎物放弃抵抗，即便以猎物的生命为代价。

威勒斯列夫进一步指出（Willerslev 2007：199），在对尤卡吉尔猎人的人类学记录中，自己用特指女性的"她"来形容驼鹿，这是因为"猎人会将驼鹿看作是自己的女情人"。这一现象相当有趣，因为它揭示了一个古老的问题：为何在岩画上所刻画的驼鹿几乎没有角。一些学者认为，驼鹿是身着冬装或春装的公牛，冬季和春季角会退去（如 Taavitsainen 1978；Mikkelsen 1986），但驼鹿是猎人的"女情人"的观念同岩画中的其他因素更具一致性。正如 19 世纪有关狩猎咒语和仪式记录表明，在芬兰和卡累利阿北部和西部地区直到历史时期都保留着有关狩猎的相似观念（Tarkka 1994；Ilomäki 2014）。这些咒语将森林之主和猎物都视为人。在得到森林之主认可的情况下，二者都是猎人需要引诱的"好色之徒"。

在北极的乡村地区，人们同家养动物之间的关系更多是基于社会和个人的交换而非剥削，这使得人们将动物看作是人。这让人与动物之间的关系（通常是性关系）更加亲密。历史学家乔纳斯·利利奎斯特（Jonas Liliequist 1992）和泰姆·凯斯基萨利亚（Teemu Keskisarja 2006）注意到这样一个奇特的事实：在 17 至 18 世纪的瑞典（也包括芬兰），兽交行为是会受到严厉迫害的，人们将其看作是严重的社会与宗教问题，而且这一问题在瑞典（及芬兰）要比世界任何地方都要严重。参与兽交的人通常会带到法庭接受审判并遭到严厉的惩罚，其惩罚的严重程度甚至会超过当时的巫术罪。

重要的是，至少在某种程度上，上述那些动物在兽交罪行中要负帮凶之责，因为除了参与兽交的人之外，参与的动物也被处决或烧死。政府当局认为这是必要且正当的举措，因为动物已经被"玷污"，但这也表明，动物在兽交中主动引诱人。例如，一些证人的法庭证词表明，一只母马或母牛向参与兽交的人抛媚眼。根据自己对 18 世纪芬兰法庭文件的分析，凯斯基萨利亚（Keskisarja 2006）并不确定有关这些事件的民间信仰和前基督教时期的世界观对这一现象起到什么样的作用，即便他承认法庭文件显示出了截然不同的世界观。然而，他断言，过去人们有关人与动物的界线要比现在模糊，这无疑会对上述现象造成影响。毫不令人奇怪的是，民族志研究者和民族学家更愿意将上述现象同有关猎人与猎物之间的性关系和人与猎物在形体上相互转化的古代观念，以及人类氏族动物祖先的图腾神话建立联系（如 Laaksonen and Timonen 1997）。

驼鹿头牧杖：石器时代氏族的象征？

所谓的"驼鹿头牧杖"是北欧石器时代狩猎采集群体遗物中最具

象征意义的物品之一，其年代跨度为中石器时代至新石器时代晚期（Carpelan 1977；Lindquist 1994；Kashina and Zhulnikov 2011）。一些物品是石制的（如分别来自芬兰惠蒂宁［Huittinen］遗址和卡累利阿萨基耶尔维［Säkkijärvi］遗址的遗物），而且在器身穿孔装柄——柄很可能是木制的，没有被保存下来。另一些器物是角制的，器物由鹿头和柄构成——立陶宛的什文托吉（Šventoji）和卡累利阿的奥莱尼·奥斯特洛夫遗址都有很著名的发现。其中，后两件器物长约 40 厘米，因此很可能是实用器。另外，一些研究者将很多微小的"骨器"（例如在拉脱维亚兹韦涅基［Zvejnieki］遗址发现的物品，只有 12 厘米长）也划分为实用器，但它们可能有不同的功能。

这类物品在芬兰、波罗的海诸国以及俄罗斯欧洲地区的北部均有发现。虽然驼鹿头牧杖很少在瑞典和挪威发现（在瑞典乌普兰的诺尔洛大斯塔［Norrlövsta］遗址发现一件石制物件），但很多岩画遗址都发现了人手持驼鹿头牧杖的形象，其中，以瑞典的纳姆福森遗址和挪威北部的阿尔塔遗址最有名，这表明，这类物件的实际使用频率要比考古发现的频率高——而且由有机质材料制成的物品并没有保存下来。除了驼鹿头牧杖之外，一些遗址还发现有熊头牧杖，其中芬兰北部的帕尔塔莫（Paltamo）遗址就有发现，但这些物品从不见于岩画的图像之上。

在过去几十年里，对这些物品的解释引发了很多争论。每个人都认可这些器物是"仪式性物品"，但它们具体是在什么仪式中使用以及为何使用都还没有定论。其中，最流行的一个理论认为，这些物品是史前驼鹿氏族和熊氏族的图腾象征物，这一观点最早由民俗学家马蒂·库西（Matti Kuusi 1963）提出。但由于芬兰-卡累利阿文化具有差异性，因此，一些民族学家和民俗学家推测认为，史前时期的熊氏族主要分布在芬兰和卡累利阿东部地区，而驼鹿氏族生活的主要区域要更偏西。包括黑啄木鸟（*Dryocopus martius*）、青蛙和野兔在内的其他氏族可能也是存在的（Sarmela 1994）。拉丁文化学者托莫·佩卡宁（Tuomo Pekkanen 1983）引用了罗马历史学家塔西佗在日耳曼尼亚（Germania）最后阶段（公元 98 年）的著述，他记录了两个生活在欧洲最北部地区的半神话式的民族：

> 我们进一步的论述将是不可靠的：因为赫鲁斯人（Hellusians）和奥克斯人（Oxiones）虽然有着人的面容和外表，却有着猛兽的身体和四肢。我对此没有确凿的信息，因此，我不会对此展开论述。
>
> （塔西佗《日耳曼尼亚》46，4）

睿智的塔西佗并没有根据道听途说的信息妄下结论，但佩卡宁认为，上述文字描述的是分别以各自的图腾动物所命名的波罗的海芬兰民族：赫鲁斯人应该是芬兰西部的驼鹿或鹿的民族，他们的名字来源于希腊语中的鹿一词（*ellós*），而奥克斯人的名字则应来自古芬兰语中熊一词（ellós），他们应该来自芬兰东部。此后，人类学家马蒂·萨梅拉（Matti Sarmela 1991）和宗教史学家朱哈·彭蒂卡宁（Juha Pentikäinen 2005）在讨论熊在北极宇宙观的作用时，采用并发展了上述观点。

对驼鹿头牧杖和熊头牧杖的图腾解读不是毫无价值的，但这种解读有很多无法解决的困难，而且古代历史学家们的推测性解读也并不唯一。例如，很多地方都存在着屠杀、食用和触碰图腾动物的禁令或禁忌。萨梅拉也曾这样指出（Sarmela 1991），在芬兰东部地区（被认为是熊氏族生活的区域）很少发现有捕熊仪式的证据，但这一禁忌并不适用于整个芬兰地区，因为很明显狩猎驼鹿在芬兰西部（和东部）整个历史时期都很重要，我们也很难想象驼鹿作为北方森林地带重要的资源之一会被限制狩猎。这也是为何作为某一族群图腾的动物对该族群的人并无经济价值。如果我们将图腾分为主图腾和次图腾，那么驼鹿和熊分别就是该地区的主图腾和次图腾，只是用作图腾的动物种类多样，并不仅限于这两种。但问题在于，在这些讨论之中，并没有关注驼鹿头牧杖的背景。很多驼鹿头牧杖没有出土背景，但有些是在墓葬中被发现的，这为学者进行阐释提供了线索。更重要的是，研究者们并没有关注有关驼鹿头牧杖的岩画证据。岩画中的驼鹿头牧杖富含大量重要的背景信息。我们下文就将对此展开论述。

萨满权杖？

77

还有一种阐释认为，驼鹿头牧杖同萨满教有关。俄罗斯考古学家妮娜·戈里娜（Nina Gurina 1956）曾出版了一部对奥莱尼·奥斯特洛夫遗址进行详尽研究的专著，认为驼鹿头牧杖是萨满的仪式性权杖，部分原因在于它们是在被确定为"萨满的墓葬"（鉴于其显著的特征）内发现的。然而，她并没有确定萨满使用它们的具体方式和目的。海斯科格（如 Helskog 1987, 2014）在讨论阿尔塔岩画时采纳了上述观点，只是未深入阐释，即便阿尔塔的材料在这方面提供了最重要的信息。蒂利（Tilley 1991）和兹韦莱比尔（Zvelebil 1997）进一步推断，这些物件同埃文克（Evenk）萨满的 *turu* 有关——*turu* 一词指的是代表世界之树（World Tree）的一块木头，萨满通过攀登这棵树就会进入上层世界（Upper World）。但驼鹿同世界之树的关系并没有得到很好的解释，而且作者也没有讨论阿尔塔的岩刻。

在阿尔塔遗址，人手持驼鹿头牧杖的场景出现在很多涉及运动和行动的不同情境中，这表明驼鹿头牧杖不仅仅是"权杖"（如用于表明地位），还是用作某种用途的物品。奥莱·佩德森（Ole Pedersen）岩刻中，两个拿着驼鹿头牧杖的人并排站立，挥舞着手中的东西，看起来像是在打斗，而且旁边还有一个人在击鼓（图4.3）。两个挥舞东西的人并排站立的场景还见于卡夫乔德（Kåfjord）岩刻遗址等，而且这是阿尔塔Ⅱ阶段（Ⅱ Phase）（据 Helskog 2014，年代在公元前4800－前4000年）的典型文化特征。这些冲突场景表明，两人在争夺权力；举例来说，其中有一个场景表现的是一个挥舞着大物件的人

图4.3　挪威北部阿尔塔岩刻的一个场景，表现了两个手握驼鹿头牧杖的人、两个击鼓的人和一只不知从哪里出现的而且"没有完全出来"的驼鹿，他们好像是在集会。

资料来源：安蒂·拉赫玛。

同一个挥舞着小物件的人在争斗（Helskog 2014：fig. 14），这可能表明了两个人在等级或者超自然权力上存在差别。换言之，驼鹿头牧杖可能的确能够表明地位（某种祭司），但也同行动有关。阿尔塔遗址第二个重要场景（在伯格布克滕［Bergbukten］岩刻上发现）表现了一个人用驼鹿头牧杖触摸驼鹿，表达的并不是人与动物之间发生的实际接触，相反，它可能是两者在"灵性"层面的联系，其中，驼鹿头牧杖起到了媒介的作用。挥舞物件的人还见于各种狩猎场景，其中，伯格布克滕 I 号岩刻（Helskog 2014：fig. 17）就有著名的表现狩猎熊和驼鹿的场面（Helskog 2014：fig. 64）。

　　虽然手中挥动刻有驼鹿形象的物件可能会让人在身体上体验到同动物进行交流互动的感觉，但或许我们还可以将物件本身看作是人和某种力量之源，因此，人们用它来引诱猎物。在纳姆福森、卡诺泽罗（anozero）、阿尔塔和维根等遗址中，驼鹿头牧杖是单独出现的，即并不是由人手把持着。在纳姆福森遗址，驼鹿头牧杖被看作船上的"船员"；而在维根遗址（如果我们相信 Lødøen 2015 的记述），驼鹿头牧杖主动"放牧"着悬崖峭壁上的马鹿。在卡诺泽罗遗址，正如我们所见，一个性欲被唤起的男人站在一只雷鸟旁，手里举着一件驼鹿头牧杖，这构成了一个极富性暗示的场景（Kolpakov and Shumkin 2012）；而在纳姆福森遗址，我们会发现一件驼鹿头牧杖正端详着一位怀孕女性的性器官（Hallström 1960）。纳姆福森遗址另一个引人入胜的场景展现了一艘船头饰有驼鹿头的大船正在和驼鹿进行交流（Hallstöm 1960，fig. 79）。船上有正挥舞着驼鹿头牧杖的人，此外还有一件单独的驼鹿头牧杖，让人以为这件驼鹿头牧杖也是一位船员。

　　在灵性本体论背景下，器物具有主体性与能动性，尤其当器物对其拥有者具有特殊的重要意义，且同人之间有着长期的交往史时。器物同其拥有者具有相同的"灵魂本性",当器物拥有者去世后,器物也要被销毁、在仪式上被净化或者埋葬在拥有者的墓中。重要的是,考古学家已经在墓葬中发现了一些驼鹿头牧杖。在奥莱尼·奥斯特洛夫遗址中保存最好的一件驼鹿头牧杖,其柄部被打磨出闪亮的光泽(同 Kristiina Mannermaa 的私人通信),这很显然是物件拥有者不断使用的结果,这印证了驼鹿头牧杖和墓主人之间存在着密切关系。因此,正如某些西伯利亚民族在历史时期用驼鹿头牧杖同灵性动物交流一样,驼鹿头牧杖可能是萨满本人的东西,而非代表了世界之树的"turu"。在有关西伯利亚萨满教的民族志记录中,大量动物头物件同鼓一起,是萨满的主要工具,这些东西被诸如恩加纳桑人(Nganasan)(Znamenski 2003:143)、凯特人(Ket)(Znamenski 2003:139)和图瓦人(Tuvans)(Znamenski 2003:266)的萨满所使用。在布里亚特人(Buriats)中,

> 一件器物的顶部装饰有马头,底部雕刻有马蹄。一些小铃铛系在该器物的柄部,还饰有不同颜色的穗带、小动物的皮毛以及几个小马镫,这让它看起来很像一匹马。这件象征着马的器物同鼓一样,都是萨满用来驶向下层世界、中层世界和上层世界的用具。
>
> (Znamenski 2003:44)

阿尔塔遗址岩画所刻画的一群人挥着驼鹿头牧杖、一群人击着鼓的形象再次强化了前文的萨满教阐释。两群人相遇的场景同样适合在萨满教背景中出现,因为在历史时期的萨米人社会中,不同萨满在精神层面的争斗很常见。曾在挪威北部的萨米人群体中积极传教的丹麦传教士扬斯·基达尔(Jens Kildal, 1683-1767)是这样描述萨满间

的争斗的：

> 当一名萨满向另一名萨满施展巫术时，他尤其会用到"捕食鸟"（*Vuornes lodde*）和两种"圣山鱼"（*Passe vare Sarva* 和 *Passe vare lodde*）；如果事关重大，他还会用到"圣山驯鹿"（*Passe vare Sarva*）和"圣山人"（*Passe vare Olmaj*）；而且考虑到"圣山驯鹿"骁勇善战，争斗的双方都会使用"圣山驯鹿"。这种状况出现的原因在于，拉普人中有这样的习俗，不论哪一位在抗击其他萨满时熟练使用魔法的萨满被选作民众的萨满，之后他都会受到民众给予他的回报……当两位萨满让各自的驯鹿去打斗时，驯鹿的输赢就代表了各自萨满的胜利与失败；如果一只驯鹿将另一只驯鹿的鹿角折断，那么鹿角被折断的那只驯鹿的萨满主人将会生病；如果一只驯鹿将另一只驯鹿杀死，那么被杀死的那只驯鹿的萨满主人也将死去；在打斗中还会发生这样的情况，如果一只驯鹿变得疲惫不堪，这只驯鹿的萨满主人也会同样疲惫。

> （Tolley 1994：149–150 翻译）

根据上述两条文献记录，我们确实可以将驼鹿头牧杖解释为萨满的物品，这些物品同埃文克人（Evenk）以及其他西伯利亚民族在历史时期所使用的物品一样。这些物品首次出现于中石器时代晚期，此后直至新石器时代晚期，这些物品的使用频次逐渐增多，这一现象同岩画"巨型遗址"的出现（表明大规模的季节性食物采集的存在），即社会复杂化与社会分层的不断加剧有关。由此表明，这些物品的增多或许和制度化萨满教出现有关。两个手持器物的人相遇的场景或许同特殊等级萨满（大部分是男性萨满？）之间的权力争斗或者仪式展

80

示有关，而且像伯格布克滕这样的场景或许与同萨满的驼鹿形神灵助手进行交流或者引诱猎物有关（这些阐释并不是相互排斥的）。最后，正如纳姆福森遗址（Hallström 1960）、阿尔塔遗址（Helskog 2014：116）以及卡诺泽罗遗址（Kolpakov and Shumkin 2012：344）所看到的，驼鹿头牧杖还可能同人类繁殖后代有关，这些物件展示了一对夫妇的场景。

熊：森林之王

如果说史前艺术中以鹿科动物为主体形象，那么，在历史时期与北极民族有关的民间传说和神话中，棕熊（*Ursus arctos*）无疑占据了核心地位。然而，欧文·哈洛韦尔（Irving Hallowell 1926；引自 Rydving 2010）表明，有关熊的神话和仪式在整个北极圈地区都十分相似，因此，对熊的强调并不是最近才开始的。哈洛韦尔对加拿大奥吉布瓦人（Ojibwa）、日本的阿伊努人（Ainu）、西伯利亚的尤卡吉尔人以及芬诺斯坎底亚的萨米人等诸多群体中所流行的祭熊仪式进行了详细讨论。他认为，不同群体中祭熊仪式的相似性，是由于这些群体有着起源于旧石器时代狩猎民族的共同信仰体系。的确，"Arctic"（北极）一词在希腊语中指的是熊（ἀρκτός），反过来，该词与北极有关也因为ἀρκτός（arktikos）的意思是"在熊附近"的事物，或靠近大熊星座（Ursa Major）的事物——换言之，指的是北极的事物。

虽然还缺乏确切证据表明"熊崇拜"起源于铁器时代，但或许我们应该注意到，作为最早的岩画洞穴之一的法国南部的肖维岩洞（Grotte Chauvet）发现了研究者所称的"熊头祭坛"遗迹（Chauvet et al. 1996）。这座"祭坛"是一块表面平坦的巨石，上面摆放着一个洞熊头骨，头骨的摆放方式表明人们对这具头骨的崇拜。结合冰河时代艺术同全新世狩猎采集者岩画艺术之间的其他相似特征（如大量出现的大型食草动物、手刻图案、"X 形的线条风格"以及萨满教有可能存在的证据；见 Lewis Williams 2000），肖维"祭坛"同后期人们对熊头的崇拜之间存在着微妙但却引人注目的联系。

根据 17 世纪有关芬兰传统的记载，熊头骨以及附着在头骨上的肉会在仪式性宴饮活动时被人们所使用，熊头会被用作饮酒的容器，这是因为人们认为熊头内有熊的灵魂存在。在宴饮仪式的最后，被清理干净的熊头通常会放在一棵古老松树的树枝这一醒目的地方展示（Sarmela 1994：75）。这种"熊头松"在整个北极圈地区（从芬诺斯坎底亚北部到俄罗斯、西伯利亚一直到加拿大魁北克）家喻户晓，并被讲阿尔贡金语的奥吉布瓦人和因努人（Innu）（Zawadzka 2015：139－140）所崇拜。在芬兰和北极圈地区的神话中，熊在本质上是森林的化身（Sarmela 1994：80）。这反映在芬兰和萨米人的民间文化中，会给熊以各种各样的称谓，这是因为"熊"这一词语（芬兰语"*karhu*"，北萨米人称之为"*bierdna*"）本身就是禁忌，而且无意之中提到这个词语就会招来猛兽。因此，人们会用同森林相关的词汇指代熊：例如，将熊称作"森林苹果""森林守护者""森林的金王"，或就称为"森林"（Pentikäinen 2005：9）。

在民族志材料中，熊同样出现在最初的图腾神话中。在一则斯科特萨米人（Skolt Sámi）神话中，一个在熊洞中生活了整个冬天的女孩怀孕生下了斯科特人的祖先。如上所述，猎熊完全是一种仪式性活动，受禁忌与社会规则所约束，并在一场盛宴中结束。在盛宴中，熊的头骨会得到特殊的礼遇。不仅如此，熊还具有宇宙观层面的意义：很多神话认为熊起源于天空（即大熊星座），据神话记载，大熊星座

81

伴随着祭祀野兽和随即进行的猎熊活动而降落到地球上的一处金色摇篮之地并返回空中。宗教史学家尤哈·彭蒂卡宁（Juha Pentikäinen 2005：30－34）将有关阿尔忒弥斯（Artemis）、女神卡利斯托（Callisto）和她的儿子阿尔卡斯（Arks）的希腊神话（后两个人物被宙斯变成了熊并成为大熊星座和小熊星座）同北极神话中的空中狩猎情境联系在一起，这一情节同样出现在对大熊星座和小熊星座的描述中。上述关联看起来很微弱，但也并非毫无道理，因为它关系到阿波罗（Apollo）和天鹅星座神话，而在北极宇宙观中也同样有着相似的神话（见第八章）。不仅如此，作为希腊狩猎女神，阿尔忒弥斯与熊之间存在着特殊关系：从词源学上讲，她的名字与希腊语中的熊有联系，而且在阿提卡（Attica）布劳隆（Brauron）崇拜阿尔忒弥斯的中心地区，她被奉为伟大的母熊（Great She-Bear）（Perlman 1989）。

人们赋予熊的特殊意义很容易被理解，因为熊是一种强大的、本性凶猛的且令人敬仰与敬畏的动物，而且熊在很多方面和人非常相像。同人一样，熊是杂食性动物，而且熊与熊之间会为同一种食物资源进行竞争。不仅如此，熊在生理特征与行为方式上都同人相似，这往往会让人非常着迷。熊会双脚站立，像人一样使用前爪；人类会修建房屋，熊会修建巢穴；当褪去毛皮后，熊的解剖学特征在很多方面都同人相似；据说熊也像人一样具有面部表情乃至情感。确实，许多用来形容熊的传统芬兰语称谓都强调熊的人性特征：熊被称作"森林老者""老家伙"（Geezer）、"大家伙"（Big-headed），有时直接将熊称作"人"。或许正因为这种相似性，人们认为人与熊在形态上的相互转化是司空见惯的事情（Pentikäinen 2005：82－84）。

在冰后期的岩画遗址中，对熊的刻画相对很少，但并不是完全没有：熊的形象出现在卡诺泽罗、维格和阿尔塔等一些大型新石器时代岩画遗址中（Gjerde 2010）。上文提到的很多猎熊场景、几排熊的足迹以及"山"和"水塘"纵横交错的场景（这种交错是由基岩的波动起伏和基岩内的小水塘形成的），在克努特·赫尔斯科格（Knut Helskog 2012）看来，是在描绘熊有能力穿梭于不同层次的宇宙空间。相较而言，熊的形象几乎不见于诸如瑞典、芬兰和挪威的岩画等小型遗址中。正如上文表明，如果大型的岩刻遗址是用来进行集体性的、与历法有关的集会或者仪式活动，上述现象就能够得到解释，因为仪式性的猎熊活动也是一种集体的、按照历法行事的活动。这种活动每年会在固定时间——通常是万物复苏的初春时节举行，而且这项活动的主要目的并不是获取肉食资源，因为人们一般认为熊肉带有腐臭的味道。相反，食用熊肉更像是一种圣餐，在这一过程中，这种具有神性的动物会死而复生。

82

　　确实，人们将熊祭背后的逻辑同狄俄尼索斯（Dionysus）、欧西里斯（Osiris）与基督教圣餐这三个仪式相比较（Kuusi 1963），而且一些早期到达拉普兰传教的传教士也抱怨，相比于相信自己会在末日审判上重生，萨米人更愿意相信熊的重生。正如上文所说，熊祭的最后一个步骤是将熊头取下挂在具有神圣意义的松树枝上（Sarmela 1994：75）。这些"熊头松"可能象征着世界之树是熊重返天堂的必经之路，"熊头松"的这种象征性在民间传说中就广为人知，并在北极社会中留下大量证据（图 4.4）。的确有很多证据都表明，熊和松树之间于神话层面上存在着某种联系。举例来说，《卡勒瓦拉》史诗中就提到了一个名为 Hongotar 或"松树女"的神灵或女神是熊的老祖母或守护者，根据哈维奥（Haavio 1967：31）的观点，这一主题同神话中的首次猎熊以及第一棵与之相关的"熊头松"有关。

　　为了便于熊的重生，人们必须小心翼翼地将每一块熊的骨头收集

83

图 4.4　芬兰中部绍利耶尔维（Saarijärvi）市的一棵郝基拉（Häkkilä）
"熊头松"（芬兰语："karhupetäjä"），是芬兰境内现存不多的
"熊头松"。据记载，在 19 世纪 80 年代，曾有五颗熊头挂在了这棵
树的树枝上。

资料来源：米科-莱梅蒂（Mikko Lemmetti）。

起来，并在举行仪式后将其埋葬。在芬兰，熊的骨头通常被埋在"熊
头松"下，而在瑞典和挪威北部的萨米人将熊埋在石堆中（Schanche
2000）。考古学家对瑞典和挪威的熊墓葬进行研究后发现，这些堆石
建筑的年代最早可以上溯至罗马铁器时代（公元元年至公元 400
年），而历史学资料表明，将熊骨收集起来埋葬的现象一直持续到 19
世纪晚期。尚克（Schanche 2000：269 - 270）认为，这些"混杂着熊
骨的堆石建筑"在埋葬仪式、时空分布等很多方面都同现代社会中用
于埋葬人的石堆墓很相似（另见 Jennbert 2003）。这种对熊骨特殊的
埋葬现象或许能够解释为何在整个芬诺斯坎底亚从中石器时代到历史

时期除了熊掌和牙之外几乎不见其他骨头的记录（Helskog 2012；Ukkonen and Mannermaa 2017）。又考虑到熊的祭祀仪式以及岩画上所刻画的熊的形象在整个北极圈地区都有分布，这或许能够表明，"熊崇拜"在北半球是十分古老的现象。

虽然狩猎活动仅由少数有经验的猎人来完成，但据芬兰中部维塔萨里（Viitasaari）的一条 17 世纪的历史记载，人们会成群结队、载歌载舞地将猎好的熊带到宴会仪式的地点，这一过程中还伴随着教堂的钟声。到达宴会地点后，人们会举行"婚礼"，重复日常婚礼的礼俗，以此庆祝熊和当地的乡村女孩结合，通过这种结亲方式将熊纳入人的世界（Sarmela 1994：76）。需要注意的是，不论熊的真实性别如何，人们都会将其看作"男性"——正如尤卡吉尔人将所有的驼鹿都看作是"女性"一样。当人们将熊头煮好，将肉和脑髓取下给参与猎熊的猎人们分食后，就会将熊牙取下分给猎人及其家人。当地人似乎流传着这样的观念：正如熊的灵魂集中在头部，熊的超能力（*väki*）主要集中在牙齿和熊掌上，人们通过将熊牙和熊掌佩戴在身上作为护身符，并以此得到熊的超能力。

熊牙挂饰是芬诺斯坎底亚北部的考古材料中反复出现的遗物，这一颇有意味的现象反映出了人与动物之间的复杂联系，而且这种联系在北极宇宙观中长期持续存在。熊牙挂饰在卡累利阿奥莱尼·奥斯特洛夫中石器时代墓葬中就已经出现，而且一直持续到历史时期从未间断。举例来说，芬兰西南部图尔库镇的中世纪地层中就发现有熊牙挂饰，而且正如 19 世纪和 20 世纪的历史记录，熊牙是民间巫术的重要元素，也是"巫师"使用的器具。在芬兰铁器时代墓葬中出土的青铜器就铸有模仿熊牙的图案（图 4.5）。亨利克·阿斯普隆德（Henrik Asplund 2005）认为，这些典型的芬兰器物只在女性墓葬中出土，因

84

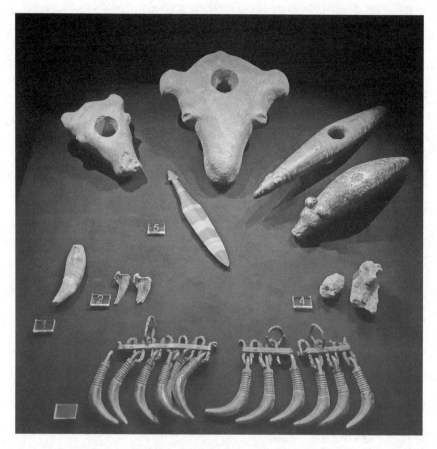

图 4.5 芬兰国家博物馆同熊有关的史前遗物展：一件穿孔熊头"权杖"、
　　　一件由斯堪的纳维亚红色板岩制成的匕首、墓葬中出土的一件熊牙
　　　和熊掌挂饰、可能象征着熊的泥塑以及系在女性衣服上的芬兰铁器
　　　时代晚期熊牙铜饰。

资料来源：安蒂·拉赫玛。

此，是具有"性别"含义的物品。颇有意味的是，这些器物并不佩戴
在脖子周围，而是放在臀部或者腹部，这表明这些器物可能同女性的
社会性别与繁殖有关（Riikonen 2005）。

　　总之，熊、社会性别和女性之间存在着非比寻常的联系，这种联
系在民族志材料中有所体现，如女性祖先和熊之间的交合，以及同熊

宴有关的"婚礼"。在猎熊之前，女人需要独处一段时间。当死去的熊被带到宴会地点时，女人（尤其是那些已经怀孕或者到达生育年龄的女性）要离开宴饮人群。而且，熊只要被当成女性看待，就不会袭击女人，这是萨米人和芬兰人的常识。因此，人们通常认为，将女性的生殖器暴露在外是为了驱赶熊（Sarmela 1994：82）。

85

第二部分

海 洋

第五章　海岸景观与海洋

与海洋共生

长久以来，人们一直将斯堪的纳维亚以海岛相称——至少在古典文献中，将之称作极北之地或天涯海角（Ultima Thule）。在早期和更晚的中世纪资料中，出现了"斯堪的亚"（Scandia）或"斯堪的泽"（Scandza）这样的称呼——这些称呼很可能指的是瑞典或者斯堪尼亚的最南端——然而，从陆地的视角来看，这些称呼依然是指岛屿。或许，有关斯堪的纳维亚是岛屿的观念最负盛名的记载见于哥特历史学家约达尼斯（Jordanes）的《哥特史》（*Getica*）一书。在书中，约达尼斯将斯堪的纳维亚形容为哥特人的发源地。随后，许多学者都秉持着这种岛屿观，直到进入早期现代社会，奥劳斯·马格努斯在 1539年出版的《卡塔码头》（*Carta Marina*）中，首次在地理学意义上大致准确地呈现了斯堪的纳维亚的轮廓。在奥劳斯的地图中，芬诺斯坎底亚同西边的北海、北边的大西洋、东边的白海以及中间的波罗的海相连。巨大的奥涅加湖和拉多加湖将芬诺斯坎底亚限定在东部。从本质上来讲，人们已经不将北极地区看作是岛屿，但依然将其视为四面环水的海洋世界。

芬诺斯坎底亚的不同区域及其居民同海洋世界的关系和交往方式各不相同：挪威和丹麦可能同海洋的关系尤为密切；瑞典北部的内陆地区以及芬兰北部和东部的内陆地区以更加间接的方式同海洋世界建立联系。从总体上看，不同区域之间存在差别，但海洋在芬诺斯坎底亚的生活图景中是赫然在列的，其中，海岸地区自中石器时代至今都存在着一片供人活动的核心区域。从某种程度上讲，相比于内陆地区，海岸地区和沿海景观在芬诺斯坎底亚考古学中更加重要，而且人们对史前与历史时期的社会发展过程的理解也多集中于沿海地区。虽然这种偏见是存在问题的，但与此同时，从广阔的长时段视角来看，人们基本不会否认海洋与海岸在北极自然景观与思维图景中的重要意义。

88　　　　人们同海洋之间的关系总是充满矛盾：自从有文献记载的历史时期以来，海洋既令人神往又令人恐惧（Cunliffe 2017：1-13）。海洋是外在于人的"他者"——它在很多方面不同于陆地的世界。很显然，海洋既是永恒的存在，又在不断运动、变化。与陆地世界不同的是，海洋既不能显示也不能保存过去人们留下的遗痕（虽然近年来，大规模的环境污染也在海洋中留下印记）。海洋既是一个危险的又是一个独特的非人类领域，是很多奇特生物的家园，因此，它对人类来说充满着神秘与未知。海洋同陆地最基本的差异在于，在全球范围内，尤其是前现代社会的文化中，人们将海洋和海岸赋予了深远的文化意涵（如 Gillis 2003；Rainbird 2007）。韦特斯达尔（Westerdahl 2005）甚至认为，自石器时代至早期现代社会，波罗的海地区的整个宇宙观都围绕着陆地和海洋的二分关系。海洋在欧洲北极地区具有丰富的象征符号表达，例如岩画中的船只图像，不同时期尺寸各异的船只葬。波罗的海的海岸景观经历了后冰川时代的陆地抬升以及相关的环境变化过程，其海岸地貌一直都经历着持续不断的显著变化，因此，波罗的海沿岸是探索人同海洋以及海岸之间关系的绝佳地区。

　　海豹及海豹狩猎展现了北极海洋的独特神韵以及人们对海洋的感知。自石器时代以来，波的尼亚湾的先民就一直从事着海豹狩猎活动，而且根据民族志及历史学资料的记录，人们同海豹之间的交往方式更能反映出人们对海洋的感知和态度。当人们在（波罗的）海上航行时，传统上会使用一种被称作"海洋语言"的委婉语言，可以避免直接涉及禁忌话题，使船只免遭损害（Westerdahl 2005；另见 Hole 1967）。海豹是有意识、有智慧的生物，它们会读懂人的语言，因此，猎人们在狩猎海豹时尤其会使用委婉语，避免直接说出自己的动机（Ylimaunu 2000：351）。

　　从某种意义上讲，这种说委婉语的做法在一定程度上同海豹是溺死的人这一观念有关——在《出埃及记》中，法老的士兵溺水而亡就同上述观念有关（Edlund 1989：34－35；Ylimaunu 2000：95；Westerdahl 2005：9－10）。奥劳斯·马格努斯认为，海豹同美人鱼有着密切的联系，因此海豹的皮毛能够反映海洋的天气。海豹皮可以起到防雷击的作用，而且将海豹的右鳍枕在头下可以"撩人入梦"（Olaus Magnus 1998［1555］：XX，4－6）。海豹头是具有超能力的物体，当海豹头进入湖中时，能够驱走邪灵，将海豹头放在家畜棚中还能够起到保护作用（Edlund 1989：36－37）。虽然上述所有观念都可以视为不具备关联性的迷信，但更应将其理解为人与海洋环境之间更为全面的关联性以及灵性关系（Herva and Salmi 2010）。

两片地中海

89

　　波罗的海是一片内陆海，从某种程度上说和地中海很相像。在其形成后的 12 000 年期间，不同的民族与文化都为波罗的海所吸引并与之建立了联系。波罗的海的南岸隶属于中欧地区，其东岸见证了东欧乃至北极地区各个人群之间的联系，其西岸是斯堪的纳维亚半岛，其北岸则延伸到了北极圈内。因此，波罗的海既联系了周围的陆地，也将周围的陆地分隔开：这片北方之海连同北方森林地带的北部及东北部区域，是欧洲南部以及欧洲大陆文化影响的缓冲带，由此使得芬诺斯坎底亚的北部和东部内陆地区在更广义的欧洲视角上成为一片遥远且相对孤立的"边缘"地带。

波罗的海有很多本土称谓，这表明有许多讲不同语言的民族在这片海域周围生活。虽然地中海是"欧洲"文明的摇篮，但波罗的海对后期欧洲世界的发展起着重要作用。维京人最先让这片不知名的北方边陲地带受到更多欧洲人的关注，而且汉萨同盟（Hanseatic League）也是中世纪欧洲北部的一个政治联盟。同样，瑞典帝国兴起于 16 至 17 世纪，而且参加了在神圣罗马帝国境内发生的三十年战争（1618 – 1648），并在战争中获胜。18 世纪初，俄国这个脱胎于维京人建立的诸多公国的国家战胜瑞典，并进入波罗的海及欧洲，这让波罗的海成为现在东方与西方世界的交会地带。尤其是 1703 年，俄国人在芬兰湾东端建立圣彼得堡，并成为俄罗斯帝国面向欧洲的首都以及主要的海港城市，这预示着俄国发展成为一个世界级的海洋强国。

文化多样性是连接地中海与波罗的海的关键特征之一，但这两片海域还在神话层面上产生联系——在神话传说中，它们是连为一体的。这种联系虽然看上去不可思议，但从这两片海所具有的诸多相似性上来看，它们实际上非常契合。与此同时，这也表明北极这片未知土地所具有的独特魅力，这种魅力让芬诺斯坎底亚北部成为文化辐射的重要地带。虽然古典希腊对北极的理解已经逐渐同北极的实际地理状况相一致，但古人对北极的想象已经绵延至今，并将古典时代的主题同"北部地中海"相结合。正如北极社会的太阳崇拜（见第九章）这样的事实所表明，对北极的古典想象已经同北极社会的实际状况紧密结合。由于自古以来北极就流传着各种神话传说，因此，我们有理由相信，11 世纪德国不来梅的亚当主教在斯堪的纳维亚的亚马逊地区登陆（见第七章），老奥劳斯·鲁德贝克（Olaus Rudbeck the Elder，1630－1702）在瑞典建立亚特兰蒂斯，并沿着杰森（Jason）和阿戈纳人（Argonauts）的足迹一路来到波的尼亚湾的最北端，以及他的儿子小奥劳斯·鲁德贝克（Olaus Rudbeck the Younger，1660－1740）在瑞典北部山区寻找诺亚方舟的登陆地点，这些事情都是合理的。

90

在早期现代人对现实世界的关联式理解中，有关时间与空间观念同我们现代人截然不同（如 Herva and Nordin 2013，2015；另见 Nagel and Wood 2005；Wood 2008），因此，我们也不应对将地中海与波罗的海相结合与融合的做法感到奇怪。诸如老鲁德贝克等学者所撰写的学术著作也不应被看作是伪史，而应是试图去揭示之前不为人知或未被人发现的早期现代瑞典同古代地中海在民族与文化上存在关联的探索。这一思维在《亚特兰蒂卡》（*Atlantica*）（1689）一书的卷首插图中表现得淋漓尽致，在书中，鲁德贝克在地球仪上剥去了斯堪的纳维亚的现代面纱，向大家展示了亚特兰蒂斯在瑞典的位置。他身边的古典学者，如塔西佗（Tacitus）和柏拉图（Plato）都兴奋得手舞足蹈，并就鲁德贝克的这一发现展开争论（图 5.1）。不仅如此，鲁德贝克的著作并不完全依赖于对古典著作的阐释以及语言学上的推断，而是以现实世界中的古物发掘与观察为基础，通过严肃的考察去发现历史（Eriksson 2002；King 2005）。

有关世界与过去的早期现代知识以发现事物之间的共性与相互关

图 5.1 奥劳斯·鲁德贝克在其名作《亚特兰蒂卡》一书的卷首插图中"展示"了瑞典正是传说中亚特兰蒂斯的原始位置。在鲁德贝克头顶上的是象征着北极的大熊星座和小熊星座。

系为中心。人们认为，世上万事万物都是相互联系的，而且在某种意义上神话与历史存在着联系。因此，举例来说，瑞典的乌普萨拉（Uppsala）古镇就同亚特兰蒂斯和特洛伊有联系（Eriksson 2002；Herva and Nordin 2015）。另一个有关地中海与波罗的海的关系与关联的历史学解释在进入早期现代社会中并没有消失，而是一直延续至今。20 世纪早期的芬兰艺术怪才西格德·韦滕霍维-阿斯帕（Sigurd Wettenhovi-Aspa 1935）创建了一套理论，认为古埃及文明起源于芬兰，尽管我们无法确定他的这套有时看上去相当离奇可笑的词源学推测

究竟有多可靠（Halén and Tukkinen 1984）。有关这一主题的更加严肃的作品是由爱沙尼亚历史学家、电影制作人、爱沙尼亚前总统（1992－2001 年在任）伦纳特·梅里（Lennart Meri）于 1976 年发表的。这部著作名为《银白》（Hõbevalge，爱沙尼亚语），该著作将古典文献、民间传说和创造性想象相结合，重建波罗的海地区的古代史并阐明爱沙尼亚在波罗的海古代史中的位置。梅里认为，爱沙尼亚的绍尔玛（Saaremaa）就是古典文献中提到的天涯海角，而且认为希腊探险家皮西亚斯（Pytheas）曾于公元前 4 世纪在波罗的海航行并造访了绍尔玛（Meri

1976）。同时，梅里将希腊神话中的法厄同（Phaethon），即挣脱了太阳之车的控制并将地球的大片土地烧成灰烬的太阳神赫利俄斯（Helios）之子，同在绍尔玛岛屿形成了卡利（Kaali）火山口的陨石撞击相联系（见第九章）。重要的是，梅里还花费大量精力进行词源学推理。

将地中海与波罗的海相联系是 20 世纪以来斯堪的纳维亚考古学反复出现的主题。瑞典考古学家奥斯卡·阿尔姆格伦（Oscar Almgren）在一项名为"岩画与崇拜活动"（Hällristningar och kultbruk）的颇具影响力的研究中认为，斯堪的纳维亚南部的岩画艺术反映了北极地区的地中海生殖崇拜。这一研究思路后来由很多斯堪的纳维亚考古学家如克里斯蒂安森（Kristiansen 2010）、拉森（Larsson 2005）和弗雷明·考尔（Flemming Kaul 2004）等人所继承，并一直持续至今。其中，克里斯蒂安森和拉森将斯堪的纳维亚南部岩画同迈锡尼文明相联系，而考尔则找到了该地区岩画与古埃及文明之间存在联系的证据。

然而，或许意大利业余历史学家费利佩·芬奇（Felipe Vinci）的著作是将地中海与波罗的海相联系最引人入胜的现代例子。芬奇将波罗的海与北大西洋看作是《伊利亚特》与《奥德赛》中所记录事件的背景。芬奇的著作《荷马史诗故事的波罗的海起源：伊利亚特、奥德赛与神话的迁移》（*Baltic Origins of Homer's Epic Tales: The Iliad, the Odyssey and the Migration of Myth*）（该书经 1995 年出版后几经再版，最新版见 Vinci 2017）表明，古（迈锡尼）希腊世界最开始位于波罗的海地区，但恶劣的气候迫使迈锡尼人（或其祖先）于公元前 1500 年左右向南迁徙至地中海东部地区。当这些人踏上自己的新家园时，他们仍以之前的北极地名命名新地点，例如荷马史诗中的特洛伊（Troia）在源头上位于芬兰的托伊亚（Toija）村，迈锡尼源于现在的哥本哈根，雅典源于瑞典的卡尔斯克鲁纳镇，而且奥德赛的探险是沿

92

着挪威海岸进行的。

在芬奇看来，特洛伊战争是公元前 2 千纪早期在波罗的海地区发生的，而且两大史诗在被地中海人誊写之前已经口口相传了数百年。芬奇的奇思妙想主要以两方面的事实为基础：一是地中海的地理格局同史诗中描述的地理环境之间长期存在的不一致现象；二是荷马史诗故事（据说是北极）的气候与天气条件。地中海与波罗的海世界不断在历史及神话中相结合，不论结合的形式如何奇特，都表明北极世界如何在神话与现实中穿梭，以及古典传统是如何影响古人与现代人对北极世界的感知。

适应不断变化的海岸环境

波罗的海形成的年代很晚，它是在冰河时代结束后，由压在地球表面 2 000 余米厚的冰川融化后的融水堆积在数百米深的深坑中形成的。波罗的海经历了盐度不断变化的连续阶段，这种连续性变化让周围的环境发生了变化并给当地居民的生活带来很大影响。冰川融化让深坑再次抬升（"均衡抬升"），这让波罗的海地区的环境极具动态性且不断变化（如 Breilin et al. 2005）。

深坑再次抬升的一个重要影响是，随着陆地的抬升，波罗的海到北海的出口已经历了数次变化。在尤尔蒂亚阶段（Yoldia phase），波罗的海以淡水盆地形式存在（波罗的冰湖，Baltic Ice Lake），并同北海相连。到了中石器时代，波罗的海再次变成一个淡水盆地（安西勒斯湖，Ancylus Lake）。而到了中石器时代晚期（利托里纳阶段，Litorina phase），波罗的海则再次变成海洋。当时，丹麦海峡形成了一个新的入海口。除了陆地抬升外，其他的冰川与后冰川作用下的环境过程也以各种形式塑造了欧洲北极地区的地貌形态。冰层将北极的基岩碾碎磨光，融化的冰川将土壤分成不同的类型，并形成了诸如蛇形丘和巨砾原（boulder field）等特定的地貌形态。海岸线的退去形成了大型内陆湖系统，黏性土壤在海床上发育（会形成肥沃却很难耕种的土壤），冰川河流会形成山脊和河道平面（fluvial planes），并搬运着遍布在芬诺斯坎底亚各地貌单元的大型不规则巨砾。冰河时代的遗迹已经遍布芬诺斯坎底亚，人们可以亲自看到并感受到这种痕迹的存在。

尽管陆地抬升的过程在区域和时间上存在着差异，但从整体上看这一过程是十分迅速的，因此人们在有生之年很容易观察到这一过程。这一过程在史前时代尤为迅速——在全新世早期，陆地抬升的速率是每10年内抬升1米，但这一现象在波的尼亚湾的一些地方依旧可见，在这些地方，当下陆地抬升的速率是每年7毫米（Påsse and Andersson 2005）。若以人的寿命为80年来计算，陆地会在人的有生之年抬升半米。博滕区以平地著称，其海岸线很容易退去10米甚至更多，最终使得港湾无法行船，人们无法在此居住，曾经良好的渔场也会变成杂草丛生的浅滩。陆地抬升所带来的影响并不都是负面的，因为陆地抬升会带来更多的土地。只是这些土地的所有权尚不明晰，早期现代博滕区的法庭记录便载有人们关于新暴露土地的所有权争端。

陆地抬升对波罗的海中部地区考古材料的一个影响是，原来分布在岸上的遗址逐渐脱离了海岸环境。现如今，这些遗址都是在距离海岸相当远的森林内陆环境中被发现。现代社会中内陆地区的土地利用程度不如沿海地区大，因此，内陆森林环境对史前遗址的保存起到了有益的作用。换言之，在现代波罗的海盆地的中部和北部分布着一圈大约同时代的古代遗址，这些遗址当时都位于海岸。虽然各个地区都经历了不同的陆地抬升过程，但大体上看，年代久远的遗址要比年代晚近的遗址分布在海拔更高的地区。长期以来，芬兰和瑞典考古学界就注意到了海拔同遗址年代的关系，而且在最近几十年，考古学界对海岸移动的年代产生了浓厚兴趣（如 Ailio 1909；Europaeus-Äyräpää 1930；Mökkönen 2011），并且还在源源不断地产生新的研究数据。例如，乔安·林（Johan Ling 2014）根据精确的海拔测量数据以及最新的海岸线曲线，从海洋的视角对斯堪的纳维亚南部的岩画艺术进行了细致研究，这项研究标志着该地区的岩画研究从"农耕"范式转向海洋范式。

　　近年来，一些学者也尝试着从社会文化和系统的角度对不断变化的海岸景观的重要意义进行理解。努涅斯和奥科宁（Núñez and Okkonen 1999）试图将博滕区（波的尼亚湾东北部海岸地区）公元前 4000 年至公元前 2000 年间的社会文化变化同与陆地抬升有关的环境变化之间建立起联系。两位学者认为，村落的产生、大型石城建筑（所谓的"巨型教堂"）的出现以及这一时期有关社会复杂化的其他表现形式，都同博滕区特殊的地形有关，这使得在公元前 4 千纪早期至公元前 3 千纪早期，新的陆地以惊人的速度暴露于地表。虽然努涅斯和奥科宁提出了有关环境变化与文化变化之间存在关联的推测，但两位学者也坦言，目前还无法确定两者之间的准确联系。他们认为，不断扩大的河口三角洲以及洪泛平原与河口地区，会让这一地区成为资源富饶之地，并"能够促进该地区公元前 3500 年的文化繁荣"。在公元前 2000 年左右，当地的地形因素使得洪泛平原消失，可能会反过来"加速博滕区北部的社会衰落，而这种衰落迹象已经被学者们所观察到"（Núñez and Okkonen 1999：114）。

　　塞缪尔·瓦内克霍特和其他一些学者（Samuel Vaneeckhout 2008，

2010；Costopoulos et al. 2012）将上述推测不断深化，他们的学说更加强调细节，决定论（或经济决定论）的色彩更弱，并且更重视社会因素。他们观察发现，波的尼亚湾东部的倒 S 形状让该地区北部海岸线变短（让南部的海岸线变长），这反过来也为河口地区带来了丰富的资源，在这里出现了类似村落的聚居地。这使得某些热点地区具有较高的人口密度——实际上这些地区并无人口显著增长的必要，而人口密度的增长也让波的尼亚湾东北岸地区开始了社会复杂化进程，并产生了"家屋社会"（house societies）。

　　海岸线位移的影响不仅限于海岸环境，由于陆地抬升造成的芬诺斯坎底亚陆地倾斜，也同样影响了内陆湖地区。虽然一般情况下，湖水水位的变化是一个缓慢且渐进的过程，但也会时不时产生一些快速且独特的"灾难"事件，此时，湖水的水位几乎会在一夜之间下降数米。其中，最著名的突发事件是公元前 4000 年前沃克西河（River Vuoksi）的形成。现如今，这条河连接着塞马湖（Saimaa）和拉多加湖（Ladoga）两大湖区。当不断上涨的塞马湖湖水沿着一条新的出水通道倾泻而出时，这一事件对塞马湖（回退区）和拉多加湖（穿越区）广大地区的自然环境和周围依赖自然环境而生的人们都带来了巨大影响（Mökkönen 2011；Oinonen et al. 2014）。在拉多加湖地区，这一泄湖事件将房屋淹没，迫使人们向高地迁徙，而在塞马湖地区，则产生了数千平方公里的宜居湿地，开辟了可供驼鹿生活的新草场，形成了可让水鸟栖息的新滩涂，总之，这一事件让当地的生态系统更加丰富。虽然有关突发环境事件同典型篦纹陶文化的扩张之间存在直接因果关系的论断相当缺乏说服力（如 Oinonen et al. 2014），但毫无疑问，这样的突发事件会给人类社会带来巨大的影响，而且同样会让文化发生变化。上述推理是沿着人们所熟悉的方式进行的，即发现一个具有年代属性的环

95

境"灾难事件"（火山爆发、寒流等类似事件），从考古资料中找出同时期可能发生的事件，最后得出结论，认为某一事件是紧随另一事件发生的——其中发挥作用的甚至可能是毫不相关的因素。在典型篦纹陶的这一案例中，让典型篦纹陶文化扩散的原因并不是来源于本地，而是同俄国西部的文化发展有关（Mökkönen and Nordqvist 2014）。

波罗的海海岸景观的时间性

蒂姆·英戈尔德（Tim Ingold 1993）在其经典论文《景观的时间性》中，试图以"栖居视角"来取代以往的自然主义与认知-符号论的视角去理解景观：

> 栖居视角认为，景观是一种持续的记录，它记录并见证了过去世代在此繁衍生息的人们的生活与劳作。正因如此，古人在景观中留下了自身的印记。
>
> （Ingold 1993：152）

从栖居视角来看，人的生活与景观都可以被理解为过程。英戈尔德在自己随后的著作中发展了这一思想，认为世界以及构成世界的所有事物都处在一个不断生成的过程之中，而非静止的状态，并认为这种生成过程在本质上是各种事物之间的对话或者相互的关系——事物及其所处的环境共同产生彼此（如 Ingold 2000，2011，2013）。

英戈尔德的观点适用于所有的事物和环境，但他主张的"景观或环境总是处在不断生成的过程之中"这一思想尤其适合波罗的海地区，因为这一地区具有不断"运动""充满活力"的特点。正如前文所述，在某些特定的时间和地点，波罗的海沿岸的景观变化特别迅速，以至于环境中人们肉眼可见的变化几乎会在一夜之间完成。毫无疑问，史前时代的人们同历史时期的人们一样，已经注意到了波罗的海北部海岸景观的持续变化，而且有证据表明，一些非海岸的景观被人们用来表达古代的海岸景观（Holmblad 2010：104）。虽然海岸与湖泊环境的不稳定性或其动态过程注定会对人们感知周围的环境以及同环境建立联系的方式产生极大影响，但迄今为止，海岸位移所产生的这些影响几乎被人们所忽略（例外的情况见 Herva and Ylimaunu 2014；Ling 2014）。

有关北欧考古学家如何单纯从地质学、经济学或者"人体工程学"的视角看待陆地抬升这一事实的确吸引着众人的目光。过去人们一直狭隘地认为，陆地抬升仅会影响海岸居民的实际生活，例如可能的航行路线，可被利用的土地或食物资源。它会迫使人们不停地离开自己的家园，在更靠近不断衰退的海岸线的地方安家落户。虽然人们在大多数情况下都会将在海岸生活默认为一种实际的经济需要，但人们并没有深入反思人与海岸的关系在形而上学层面产生的影响。尤其自 21 世纪以来，在同岩画与墓葬遗址等"仪式"地点的关系方面（如 Helskog 1999；Lahelma 2005；Wessman 2009；Gjerde 2010；Ahola 2017b），景观的文化意义已经被人们所重视。然而，景观对那些生活在高度动态、变化迅速环境中的人们有何意义，这一更基础、更根本的问题却鲜少有人关注。在不断变化的环境中生活如何影响海岸居民的生活方式与思考方式？各种景观元素被赋予的意义如何同肉眼可见的环境变化机制建立联系？

在芬兰-乌戈尔神话中，世界肇始于原始海洋。芬兰-乌戈尔的宇宙创世神话有两个版本，而水鸟在这两个版本的神话中都起着至关重要的作用（Siikala 2013）。其中一个版本的创世神话认为，世界是由鸭子潜

96

入世界之海的底部带回构成陆地的泥土创造的。而另一个版本的神话则认为，世界是由水鸟在原始海洋上的一座神秘之岛产下的一枚蛋创造的。这枚蛋破裂于乱世之间，于是蛋内的物质构成了世界。这些神话并不是芬兰-乌戈尔民族所特有的，相反，在很多欧亚民族中都流传着这样的神话，而且北美大陆也流传着类似潜水者入水取土创造大地的神话主题（Berezkin 2010）。然而，这些神话同芬诺斯坎底亚东部的考古材料以及波罗的海地区环境变化的动态机制之间的关系尤为密切。

鸟类尤其水鸟，是菲诺斯坎迪亚东部新石器时代文化的重要符号表达（见第八章）。其中，以俄罗斯卡累利阿奥涅加湖东岸岩画遗址上遍布的禽鸟图像最为明显（Lake Onega）。最耐人寻味的是，博尔索瓦·古里（Bolshoy Guri）这座小岛上的一个场景表达了水鸟蛋创世的观念（图5.2）。

虽然奥涅加湖岩画的年代尚不能完全确定，但根据现阶段的推测，其年代范围在公元前5000年至公元前2000年之间（Gjerde 2010：395），这样在奥涅加岩画与芬兰-乌戈尔神话的历史记录之间存在着数千年的年代间隔。虽然奥涅加岩画上几乎没有明显的文字内容，但人们似乎有理由相信，其中的一幅图像反映了世界从鸟蛋中诞生这一宇宙创世神话（Lahelma 2012a：16，27）。不仅如此，这一岩画图像为一座基岩岛，上面的基岩光滑圆润、晶莹透亮，使得这座岛屿看上去是由巨大的蛋壳碎片构成的（Lahelma 2012a：27-28）。这也是奥涅加基岩的一个典型特征，不仅如此，由于霜冻作用以及偶发的小地震，奥涅加基岩的大片岩石上还经常出现裂隙（这也会让人联想到蛋壳）（图5.3）。因此，我们或许可以做出这样的解释，即"蛋壳形状的山崖峭壁与岛屿让鸟蛋创世的神话变得真实"，而且"悬崖峭壁也可看作是世界的肇始之地"（Lahelma 2012a：28）。

图 5.2 卡累利阿奥涅加湖岩画上的一个场景可能表达了
古芬兰-乌戈尔人的创世神话。

图 5.3 奥涅加湖东岸的加西·诺斯（Gazhi Nos）岩画。圆润而断
裂的基岩让人不禁联想到巨型的蛋壳碎片。巨大的奥涅加湖
本身也给人一种广袤无垠的"世界之海"的印象。

资料来源：安蒂·拉赫玛。

史前人并不知晓不断往复的景观变化背后的地质学因素与机制，但景观变化的过程对当时人们的生活世界产生了重要影响，人们必定会从文化上对景观变化进行解释。人们认为，岛屿诞生于海洋，其面积不断扩大并与陆地相连，最终逐渐变为海岸山丘。依据宇宙创世神话的解释，陆地产生于原生型的海洋。这个解释确实同人们对环境变化机制的实际感知动态吻合。

对海岸形成的生命周期的观察（岛屿如何产生，如何形成半岛，又如何变为山丘）为人与海岸景观生命周期之间提供了一个隐喻式的连接。人们普遍认为，沿海遗址的房屋一般都分布在海岸线附近，如在海拔略有差异的地区连续分布着成排的房屋建筑（如 Kankaanpää 2002；Vaneeckhout 2008；Mökkönen 2011；Costopoulos et al. 2012）。当遗址上的第一批建筑（或许在二三十年后）逐渐变旧后，人们会在更接近回退的海岸线地区修建新的建筑。坎卡安帕（Kankaanpää 2002：74－75）以北极民族志为依据，认为随着时间的推移，新的房屋会越来越靠近海岸线，而北极居民的父辈和祖辈则会继续在更远处的老房子内生活。因此，到更靠近海岸的区域生活标志着生活方式的改变以及社会身份的再造（Gerritsen 2008：158；Holmblad 2010：102－103）。当老房子无法居住时，人们仍可将其用作储藏间或工作间。此后，当房屋变为废墟后，人们会将屋内遗存用作土地所有权的视觉与物质标志（Kankaanpää 2002：75），或者至少表明某一族群继续在此居住并与之产生联系。

人们修建新房屋、废弃旧房屋，并赋予景观某种记忆与时间性。远离海洋的方向、废弃的房屋以及其他表明人类活动的遗存，可能与祖先有关，并被视为一道祖先的景观。同样，如岛屿这种在地质学上很"年轻"的地貌单元已经变为更靠近内陆的古老的"石化"山丘。这样看来,在海岸环境中迁移并不只是在实体空间中移动,它同样涉及在时间中穿梭,而这也在景观的空间中得到体现。我们可以从废弃的房屋遗址、墓葬、散落陶器、堆石建筑以及其他表明古人活动的物质遗存中观察到早期先民与祖先的生活状况(Gerritsen 2008:156-158)。

北极海岸景观中的堆石建筑

99

自从更为永久性的定居村落在公元前 4000 年左右在波罗的海北部沿岸出现后,当地居民就在不断地创造象征符号。这些象征符号在考古学上留下了肉眼可见的物质遗存(如 Núñez and Okkonen 2005),其中,堆石建筑是最重要的一种象征符号遗存(图 5.4)。该地区的堆石建筑自新石器时代一直延续到现代(Okkonen 2003;Mökkönen 2013)。虽然波罗的海沿岸的堆石建筑在形制、功能与意义上差别很大,但一般来说,这些建筑能够反映出"有关陆地与海洋之间边界的思维图景的重要性,或许也能反映出其他存在之间的边界,比如不同世界之间及生死状态之间"(Rönnby 2007:78)。数千年以来,人们在海岸地区修建堆石建筑,这为我们了解当时人们如何理解陆地与海洋交会之地并与之建立联系提供了重要的途径。堆石建筑以某种极其特殊的方式将现实的不同层面以及不同的时间范围汇集在一起,或许"也让不同的时间点交织在一起"(Nagel and Wood 2005:408)。因此,堆石建筑能够在"景观时间性"这一背景下,将考古学、历史学以及民间传说结合在一起。换言之,当地数千年以来的修建堆石建筑并赋之以意义的传统创造了一个融合不同时空与意义的环境。

100

不同时期的波罗的海北岸地区的堆石建筑形态多样、尺寸繁多,

图5.4　位于瑞典南部基维克（Kivik）的布雷达罗尔（Bredarör）堆石建筑
　　　　是斯堪的纳维亚现存最大的青铜时代的石建筑。这座建筑以带有精美
　　　　雕刻艺术的石棺墓（cist grave）为主要特征。然而，与迈锡尼文明相
　　　　似的弯曲墓道与墓门则并非建于当地的史前时期，而是20世纪30年
　　　　代人们为了方便造访墓室修建的。

资料来源：安蒂·拉赫玛。

修建的原因也各不相同。然而，不论堆石建筑修于何时、有何用处，
也不论这些建筑被赋予了何种意义，它们都是芬诺斯坎底亚生活景观
中亘古不变的元素；堆石建筑让不同时代生活在海岸地区的人们联系
在一起，让过去与现在在此相遇。正如下文所述，我们有理由相信，
与海岸环境的动态变化过程一样，生活在更晚近时代中的人们（很可
能也包括史前时代的人们）已经将堆石建筑同过去的祖先联系在一
起，并且在这种联系中发现了自身生活同过去生活之间存在着某种关
联性。

芬诺斯坎底亚北部的堆石建筑年代主要集中在青铜时代和铁器时代。不仅如此，虽然我们知道堆石建筑的功能十分多样（如 Muhonen 2008），而且这类建筑在石器时代就已经出现并延续到历史时期（Mökkönen 2013；Muhonen 2010），但这种建筑通常以墓葬的形式出现。对田野考古学家而言，堆石建筑通常存在着一个棘手的问题，即这种建筑的性质和功能是很难确定的，人们目前仅能够将很多已经发掘的铁器时代堆石建筑明确界定为墓葬。因此，这些"用途不明"的堆石建筑存在多种阐释，如景观中的领土标记、界标或者其他参照地点、祭祀场所、贝丘或垃圾堆以及室外废物清理堆（Baudou 1968；Taavitsainen 1992，2003；Tuovinen 2002；Okkonen 2003；Wessman 2010）。

很明显，某些堆石建筑是一次建成的，而另一些则是逐渐堆成的。如果堆石建筑的功能是墓葬，那么这些建筑的边缘会建成新的墓葬，从而形成一座更大的堆石建筑。与之相对的是，那些用作祭祀地点或者同远行有关的堆石建筑会随着时间的推移，让造访建筑以及路过建筑的人不断地在原有的建筑上堆放石头（Muhonen 2008）。还有证据表明，史前时代的堆石建筑会被后人再次利用。如上文所述，人们偶尔会在早期青铜时代的堆石建筑上面修建墓葬；在更晚的时期，一些更小的堆石建筑会修建在早期建筑的周围，而且史前堆石墓中的一些小型祭祀物品（如石头、树枝和硬币）也出现在历史时期（Okkonen 2003：33，41）。

我们可以从两个不同的角度去思考堆石建筑的意义：这类建筑的意义同作为物质的岩石的感官性质有关；堆石建筑的类型同死亡、超自然以及火炉有关（如英语中堆石建筑"cairn"一词在芬兰语中写作"hiidenkiuas"，意思是"巨魔的火炉"），而且堆石建筑的建造地点（如高耸的悬崖、岛屿及半岛）是家庭与野外之间的临界空间。堆石建筑的简单结构很可能解释了为何这些建筑能够唤起不同文化的人的情感记忆，并能吸引人们对其进行各种不同的解读。虽然人们几乎可以确定，堆石建筑同超自然和彼岸世界之间存在着普遍的联系（如Varner 2004），而且这种关联性也是北极民间传说中有关堆石建筑的最重要的主题，但从本质上来讲，人们对堆石建筑依然可以有其他的解读方式。人们早已将原本完全作为"世俗之用"的堆石建筑看作是墓葬（Okkonen 2003：40），但这些建筑仍同过去的房屋有关，即人们将其视作古老的火炉遗迹（如 Rundqvist 1994）。

101

人们还不清楚为何历史时期的堆石建筑总是同死亡和超自然联系在一起。直到 19 世纪，溺水而亡的人偶尔还是会被埋葬在堆石建筑之中（Westerdahl 2005：11），而且据史料记载，在历史时期也一直流行着在堆石建筑中埋葬人骨以"强化"该建筑作为边界标识的传统（Taavitsainen 2003）。在各类景观的边界处修建堆石建筑也让这类建筑在感官上更加具有阈限的特征。人们对祖先存在于世的感知或许也同那些被视为房屋火炉遗存的堆石建筑有关。由于火炉已经消逝，因此，它间接同过去的祖先与逝者建立了联系（Muhonen 2008：311）。不仅如此，可以想象的是，在堆石建筑中埋葬死者的遥远记忆以某种形式从铁器时代一直流传到最近。或许，史前堆石墓会被后人时不时地打开（为了寻宝，或者为了获取用于修建其他石质建筑的原料），于是，人们就将其解释为古墓。

将堆石建筑赋予特殊力量的观念部分源于石头所具有的感官属性与能动作用，这反映在将 väki 这种超自然的力量赋予石头的民间传说中。姆霍宁（Muhonen 2013）曾经讨论了石头在神话中的起源，正如在芬兰诗歌中所描写的，神话中的石头同名为基莫（Kimmo）或卡莫（Kammo）的远古非人物体存在联系。根据克里斯特弗里德·加南德

（Christfrid Ganander，1741－1790）写于18世纪有关芬兰神话的论文《芬尼卡神话》（*Mythologia Fennica*，1789）的论述，据说，居住在堆石建筑里面的是一只令人毛骨悚然的幽灵（Ganander 1984：31）。石头的特殊力量既会让人获益也会让人受害，例如，用过的桑拿炉石堆既适合疗愈又会让人生病，因此，石头是一种具有二重属性或中和属性的物体。人们一般认为，石头具有意向性与能动性，因为其"怒气"会灼伤人。据说石头生长在土中，因此，人们也会有下述观念：

> 　　曾几何时，在传统的农业领域，清理堆石建筑不仅仅是将一堆堆毫无生气的物质移走。相反，石头也是生机盎然的自然界的一部分，它生于泥土，而且当石头第一次堆积成堆时，它为超自然的生灵提供了住所。
>
> 　　　　　　　　　　　　　　　　　　　　　（Muhonen 2013：118）

　　堆石建筑的一个重要特点是它长期存在于北极的景观之中，而且能够将不同时代与现实联系在一起。堆石建筑既暗指过去的房屋、墓葬，也暗指过去的土地，还代表了世世代代在此生活的人们所共有的"凝固的任务景观"（congealed taskscapes）中的重要节点（Conneller 2010）。不仅如此，根据民间传说记载，各种非人事物都同堆石建筑有联系，而且堆石建筑也参与到了古代景观中很多其他特征的形成过程之中。虽然堆石建筑让人们产生了长期在此栖居的意识与记忆，但这些建筑关乎的不仅仅是时间性：堆石建筑作为那些现实世界不同维度边界地带的非人灵性力量的栖居地，同鲜活的祖先历史以及景观中的彼岸世界遥相呼应。

　　正如通过海岸位移研究对堆石建筑的地点进行重建，堆石建筑在

102

古代景观中的具体位置及其同地貌特征的关系并没有表现出一致性的特征。博杜（Baudou1968；参 Forsberg 1999：254 -255）在一项具有开创意义的区域研究中表明，堆石建筑会成群分布并主要分布在靠近古海岸线的三类地点，即两座岛屿间的通道，岛屿和陆地之间的通道，以及朝向海洋的地点。此后，学者们对波罗的海北部不同地区的堆石建筑进行了更准确、更细致的空间分析（如 Tuovinen 2002；Okkonen 2003）。虽然堆石建筑的具体地点及其他特征都存在着差异性，但在一般情况下，堆石建筑在空间与意义上都明显同海岸关系密切，这体现为有时堆石建筑正好建在海岸线之上（Forsberg 1999）。此外，史前时代的堆石建筑似乎也经常修建于近海岛屿之上，而且堆石建筑同岛屿的联系也为认识其与不断变化的海岸景观之间可能存在的文化意义关联提供有趣的视角。

彼岸世界的岛屿

在推测波罗的海北部地区堆石建筑传统的起源时，布拉德利（Bradley 2009：178）认为存在着这样的可能，即堆石建筑可能是在模仿铁器时代的冰川切割打磨而成的土墩形石岛，或是受到了土墩形石岛的启发。上述推断解释了为何堆石建筑总是在岛屿上修建，而且也在堆石建筑、景观和北极宇宙观之间建立起了富有深意的联系，因此十分具有吸引力。正如上文所述，波罗的海北部一带的大部分史前堆石建筑都用作墓葬，而且同死亡之间存在联系（即便是在很多情况下，堆石建筑最初并不是用作墓葬），这同北极文化中人们将岛屿看作是死亡之地、不同世界的交会之地以及超自然的地方相一致（如 Brink 2001：92 -98；Westerdahl 2005）。自中石器时代晚期至历史时期后期以来，北极社会中的岛屿一直都是用作墓地的（见 Bradley 2000：5，143；Rainbird 2007：12 – 15；Manker 1957；Westerdahl 2005：4 – 6；Broadbent 2010：196；Ruohonen 2010）。

　　岛屿不仅在视觉上同陆地以及人类生活的主要区域相分离，而且波罗的海北部海岸的动态变化也让岛屿同彼岸世界建立了联系，这种联系在史前时代尤为明显，当时，在堆石建筑中埋葬死者是一个常见的文化习俗。也就是说，我们可以认为，岛屿实际上是因陆地抬升而从水下出现的，这表明岛屿同萨满教地下世界（Underworld）的观念之间存在着联系。地下世界的观念同水下世界之间的联系已经在新石器时代与青铜时代的岩画中有所体现，而且后世的诗歌与民间传说（从陆地的视角看）依然将岛屿看作是彼岸世界中的地方。《卡勒瓦拉》史诗中最重要的神话主题之一就是"岛屿"——这个遥远而陌生的地方（Ahola 2014）。岛屿有时又被解释为位于芬兰与瑞典之间的奥兰岛（Åland islands），但即便如此，"岛屿"也很明显是一个神话传说中的地方。"岛屿"尤其会和英雄考克米利（Kaukomieli）（"富有远见卓识的人"）的英雄事迹联系在一起。考克米利从敌营中逃脱后，来到这座岛屿并引诱了岛上所有的女人（"睡过一百个女仆，结识一千个新娘"），最后被岛上的男人们流放。阿奥拉（Ahola 2014：64 – 65）指出，虽然流浪英雄在岛屿上冒险从事色情活动的神话主题在古北欧和中世纪欧洲的神话资料中都是极为罕见的，但这一主题在有关奥德修斯（Odysseus）和西塞（Circe）等地中海神话中是很常见的。

　　波罗的海北部的诸多岛屿实际上是从水面以下的另一个世界产生的。陆地抬升过程将海洋景观、海岸景观、陆地景观以及不同的时间范围联系在一起。由此，即便是在陆地高海拔地点修建的堆石建筑也可能同"固化的岛屿"（fossilized islands）有关联。布拉德利（Bradley

103

2000：136－145）认为，瑞典西南部博胡斯兰（Bohuslän）岩画上的船只形象与内陆地区的堆石墓遗址有关，而且这幅岩画图像旨在表明，即便堆石墓位于内陆地区，其周围亦被水环绕。

在北极宇宙观中，"死亡之地"（the Land of the Dead）被认为同时沿着垂直与水平两个方向分布，即它可以分布在"下部"（如湖底），但同时也可以分布在"上部的北方"，而且人们只要来到遥远的北方（如沿着河道或者漂洋过海）就能够到达。其中，"水平的宇宙观"产生了"死亡之岛"（an Island of the Dead）的观念。根据纳波尔斯基赫（Napolskikh 1992）进行的一项比较研究，"死亡之岛"观念是芬兰-乌戈尔宇宙观的元素，而这一宇宙观可以一直追溯到原乌拉尔时期（Proto-Uralic）（虽然原乌拉尔的年代一直饱受争议），甚至也可能上溯到遥远的新石器时代。在纳波尔斯基赫的研究中，原乌拉尔的"死亡之地"位于"世界之河"的河口地带，地处北极的高地。一些（虽然不是全部）最著名的石器时代墓地，如位于奥涅加湖的奥莱尼·奥斯特洛夫墓地（"鹿岛"）以及拉脱维亚的兹韦涅基墓地均分布在岛屿上。考古学证据显示，在岛屿埋葬死者具有悠久的历史。正如上文所说，在岛屿埋葬死者的传统一直持续到青铜时代的堆石墓，不仅如此，至少在内陆地区，这一传统一直持续到铁器时代，而且所谓的"拉普堆石墓"（Lapp cairns）以及火葬墓地通常都位于岛屿上（如 Saipio 2015）。

在历史时期，在岛屿上埋葬死者的活动一直在芬兰人和萨米人的生活区域内持续发生，尤其在教堂墓地少之又少的偏远地区最为明显（Ruohonen 2010）。这种埋葬活动之所以能够持续，部分原因是受制于必要性以及卫生条件。尤其到了春季和秋季，冰层较薄，路况条件差，将尸体搬运到遥远的圣地是不可能的。然而，正如马雷克·兹韦勒比尔（Marek Zvelebil 1997：45）在讨论奥莱尼·奥斯特洛夫墓地时所观察到的，历史时期的岛屿墓葬也可能同史前时期的岛屿墓葬以及可上溯至中石器时代的北极宇宙观遥相呼应。天主教会无疑会拒绝在岛屿上埋葬死者，认为这是一种"异教徒的可憎行为"，还会对这种行为进行惩罚（Ruohonen 2005：256）。

104

北极地区的海岸迷宫

考古学家在波罗的海北部沿岸发现了大量石头迷宫（或迷园[labyrinth]），其中，瑞典350座，芬兰200座，其年代跨度为中世纪到早期现代社会（Westerdahl 1995：267）。迷宫的尺寸差别很大，但一般来讲，迷宫的直径有几米，其中，已知最大的一座迷宫位于白海的博尔绍伊·扎亚茨基岛（Bolshoi Zayatskyi），直径有25米（图5.5）。一些学者将"迷宫"（maze）（有出入口）和"迷园"（labyrinth）（入口通向中心）进行了区分，但在本文中，两个词语的含义相同。一些

图5.5　位于白海博尔绍伊·扎亚茨基岛的一座石头草地迷宫。

资料来源：维托尔德·穆拉托夫（Vitold Muratov）/维基共享资源。

迷宫建在内陆地区，而且往往与铁器时代墓葬有关，但通常来看，迷宫是欧洲最北部海岸所特有的一种现象。更具体地说，迷宫一般同海上活动，尤其是捕鱼和航海活动的地点有关，也同历史上北欧国家自 13 世纪以来向芬诺斯坎底亚中部和北部的扩张（以及基督教化）有关（Westerdahl 1995：267–269）。北极的迷宫还见于北冰洋沿岸以及俄罗斯西北部白海地区的萨米人墓葬（Olsen 1991；Shumkin 2000）。因此，在多种原因的共同作用下，北极地区的石头草地迷宫考古遗址备受人们关注。

首先，尽管迷宫很常见且年代相对晚近，但目前人们还没有发现有关其建造目的的直接历史信息（Olsen 1991）。其次，迷宫通过各种方式将不同的时间与空间结合在一起，并将现实社会中不同的时间性、地域性维度交织在一起。众所周知，迷宫主题的年代背景跨越了新石器时代、青铜时代并一直延续到现代，其空间与社会背景则跨越了前古典时期的地中海世界、中世纪的基督教会组织并一直延伸到早期现代欧洲的最北端，不仅如此，迷宫在欧洲以外的世界也为人所知（Kern 2000）。虽然我们依然无法确定"迷宫"（maze）一词的起源，但它很可能起源于斯堪的纳维亚，其最初的含义指的是一种迷茫、困惑或者失去意识的状态（Russell and Russell 1991：77；McCullough 2005：15），这或许为我们了解迷宫的意义提供了线索。

在现代欧洲人的思维图景中，迷宫同克里特岛的关系最为密切。古典希腊作家们认为，代达罗斯（Daedalus）发明了迷宫，在迷宫中关押着弥诺陶洛斯（Minotaur）。不仅如此，古希腊作家们还将迷宫同克里特山的山洞系统联系了起来——的确，代达罗斯的发明设计以通往地下世界的迷宫为蓝本（Ingold 2007：53）。北极世界中并没有迷宫使用的历史信息，但迷宫确实在民间传说中经常出现，这表明迷宫一直保持着同地中海东部地区的联系。在瑞典语中，"Trojaborg"或"特洛伊城堡"是迷宫的一个流行称谓（在英语中，草地迷宫同样被称为"特洛伊城"），这一称谓在 17 世纪古物学家的记录中就已存在。与此同时，在芬兰讲瑞典语的沿海地区，迷宫又被称作"jungfrudans"或"少女之舞"。这一称谓很可能同民族志记录中的一个游戏有关。在这个游戏中，一个乡村男孩试图将一个少女从迷宫中心拉出来（Kraft 1985）。很明显，迷宫中的少女主题同有关忒休斯从弥诺陶洛斯迷宫中救出了阿里阿德涅（Ariadne）的希腊神话相呼应。

这种主题还见于芬兰西南部图尔库（Turku）群岛科尔普（Korppoo）教堂内的一幅 15 世纪的壁画，壁画中央表现的是一位女士。或许，迷宫同特洛伊之间的关联可以解释为，在特洛伊与克里特岛的迷宫中，都有英雄将"受困的少女"救出。因此，将迷宫与特洛伊相混淆是可以理解的，而且在任何情况下，迷宫和特洛伊城都指的是位于地中海的神话般的遥远之地。像耶路撒冷、耶利哥、巴比伦、维堡（Viborg）、特隆赫姆（Trondheim）甚至"法国的巴黎"这样的称谓也用来称呼迷宫（Pietiläinen 1999），遥远之地这样的称谓也就不足为奇了。然而，在欧洲大陆的教堂中，迷宫也被看作是克里特岛的神话迷宫（Russell and Russell 1991：78）。值得指出的是，克里特岛克诺索斯城（Knossos）铸造的古典与希腊化时期的钱币上通常会出现一个中心为十字形的迷宫，这一迷宫图案与科尔普教堂的壁画完全相同，而且在古希腊罗马时期就已经成为废墟的克诺索斯城米诺斯宫殿，其地面的设计也类似迷宫。中心为十字形的迷宫图案同样见于公元前 7 世纪的伊特鲁里亚花瓶装饰，花瓶上的迷宫图案同"特鲁亚"（TRUIA）一词有关。

认为北极迷宫仅有一个确定的意义和功能很可能是在做不切实际

的臆想（Olsen 1991）。这些北极迷宫的建造年代至少跨越了 500 年，

并且覆盖了广袤的地理区域。即便波罗的海地区的迷宫同地中海以及海洋有关联，但其建造目的与更北的北极迷宫相比也有很大的差异。施潘根（Spangen 2016：91－92）引用了早期的文字记载，认为萨米驯鹿饲养者以及北极地区瑞典农民在仪式活动中使用迷宫来保护驯养的动物免遭捕食者和邪恶神灵的伤害，同时，还用于"献祭和施展巫术"以影响其他族群的驯鹿群。

不同形式的旅行与运动是与北极迷宫有关的核心主题。举例来说，韦斯特达尔（Westerdahl 1995）在中世纪以及早期现代社会中瑞典向北扩张的背景下，探考了海岸地区的迷宫同航海之间可能存在的关联。从更具象征意义的层面来看，特洛伊及耶路撒冷这样的称谓虽然没有直接表明旅行本身，但却表明了这些称谓同遥远且（半）神秘的土地之间的联系，而像"少女之舞"这样的词语则表示运动。同样，迷宫的图案设计是表明运动的有效途径（Eichberg 2009）。艾希伯格（Eichberg）曾绘制地图表明人与迷宫的互动对人的可能性影响。他观察发现，迷宫的图案设计会给人造成视觉困扰，相比之下，"在蜿蜒曲折的迷宫中行走则会产生一种无意识韵律"，这反过来会改变人的意识状态（Eichberg 2009）。或者正如艾翠丝在记录他自己和他所观察到的与宗教有关的精神体验时指出的：

> 在迷宫中会发生一些小奇迹。我们可以通过流泪、感受愤怒和伤害等这些让我们无法体验到自己灵魂的方式来强化自身（第 75 页）。
>
> 在迷宫中的人们似乎更能够达到冥想的状态……我们进入了记忆与梦境（第 77 页）。
>
> ……它能够通过想象与感知，让我们意识到我们如何同自

身、同他人以及同神之间建立联系。

（Artress 1995：97）

　　所有的这些体验都同迷宫与困惑在词源学上的关联产生了共鸣（见上文）。由此可见，迷宫不仅仅是作为象征符号而存在，还是人们彰显精神信仰的工具。据推测，这解释了迷宫如何出现在基督教背景下并被人使用的。然而，作为精神信仰发生地点的迷宫同样与北极地区非基督教宇宙观之间存在重要联系，这使得海岸成为一个交界地带（liminal zone），即不同世界（尤其是陆地世界与彼岸海洋世界）的交会处（如 Westerdahl 2005）。位于挪威北冰洋沿岸的大量迷宫同萨米人的墓地有关，奥尔森（Olsen 1991：53）也认为，迷宫的意义同生存与死亡这两个领域的边界，或者同两者之间的转换状态有关。这一观念并非萨米人所独有，而且迷宫还同在亡灵世界中旅行有关联；迷宫是"能将行人送到不同地方的传送门"（Ingold 2007：56）。抑或正如奥尔森（Olsen 1991：55）指出的，"身处迷宫中的人们远离了正常的时间与空间，也远离了人类社会"。

　　在迷宫中移动能够改变人的意识状态，这反过来也同彼岸世界之旅有关，而在海岸的交界地带，彼岸世界同"此岸世界"近在咫尺。基于这一原因，人们认为，在海边发生的各种神奇的实践活动具有异常强大的力量（Westerdahl 2005；Cunliffe 2017：7）。就像在山洞中探险一样，人进入迷宫就意味着自身与世界融为一体，在对意识改变状态所产生现实的另类视角中，这是不可或缺的因素（见 Greenwood 2009；Luke 2010）。跨越不同世界的界限是萨满旅行至其他存在空间（planes of existence）或维度的基本构成要素。这里值得注意的是，正如"打通自然界与超自然界间的屏障"一样，在民间传说中，如环形

107

舞蹈这种一般意义上的运动，与在不同世界或者存在位面上移动有关，因此它打开了通往彼岸世界的大门（Menefee 1985：9）。

虽然我们有理由相信，北极迷宫同不同的世界（陆地世界与海洋世界，或者此岸世界与彼岸世界）之间具有重要联系，但迷宫的具体含义仍然让学界备受困扰。在一般意义上，迷宫在泛欧洲基督教和北极非基督教的信仰背景下都是有其意义的。当迷宫同朝圣之旅，或更一般意义上的"天路历程"（Pilgrim's Progress）相联系时，迷宫甚至很容易就适应了基督教的理念。这一切都是建立在人对迷宫鲜活的身体实践以及在迷宫之中运动的基础之上。由此，我们可以用第三章中所讨论的新石器时代陶器生产的相似方式解释迷宫，即人与迷宫的互动将人的身体实践同有关世界的抽象观念联系在一起。

很多有关迷宫的问题仍未得到解决，其中包括了为何迷宫在某些具体地点修建。不仅如此，人们对迷宫的任何事情都没有达成共识，这就是迷宫目前的研究现状。韦斯特达尔（Westerdahl 2014）对具有明确历史背景的沉船同人们在波罗的海北部的某些具体地点建造迷宫之间的关系进行了研究，但其研究结果至多仍是一种推测。然而，鉴于迷宫的修建地点确实（在历史事件层面上）有一些"特殊之处"，因此，韦斯特达尔的研究轨迹很可能是正确的。虽然迷宫的具体含义仍不为人所知，但它确实构成了一类考古遗址，并且与修建堆石建筑的传统一起，表明了海岸在更晚近历史时期同样具有重要的宇宙观意义。迷宫将诸多不同的世界联系在一起，有证据表明，迷宫同"欧洲"世界之间有着深层的联系，不仅如此，它也反映了北极社会的传统与世界观。

第六章　船只与航道

来自拉普兰沼泽的神秘物件

1955 年秋，芬兰拉普兰（Lapland）北极圈附近列托（Lehtojärvi）村的一名农场临时工正在列托湖的沼泽旁挖沟。在挖到 60 厘米深时，他的锹触到了一块很像驼鹿头的木雕。他挖出了这件木雕，发现木雕已经在挖的过程中被损毁——木雕的下颌骨和耳垂已经缺失，其余部分插进了泥土中。几天后，这位临时工所在的农场主人将木雕收集好，放到谷仓的阁楼里。木雕在这里放了好几年，直到 1957 年被芬兰国家博物馆收购。阿尔尼·埃雷-埃斯科（Aarni Erä-Esko 1958）在木雕发现地进行的小规模调查并没有发现与木雕相关的遗存，但根据沼泽沉积物的地层学信息，认为木雕的年代一定是中石器时代。随后的碳十四年代将木雕的年代缩小至公元前 5790 年。

虽然木雕在发现的过程中被损坏，看起来平凡无奇，但它着实是北极欧洲中石器时代最重要的发现之一。木雕以驼鹿头的形象示人而且涂有朱砂，因此，与位于俄罗斯西北部奥涅加湖附近年代大致为中石器时代晚期的奥莱尼·奥斯特洛夫墓地的那些著名考古发现一样，人们认为这件驼鹿头的木雕可能同宗教仪式有关。然而，这件木雕的细部特征和所有已知的驼鹿头雕刻都不同：驼鹿头部下凹，中间应该有柄插入，上面还有一个钻孔，很可能有绳子从中间穿过将木雕连接在某种更大的构件上面。鉴于这件木雕发现于欧纳斯河（Ounasjoki）水系的湖沼边，而欧纳斯河又是连接波的尼亚湾和芬兰内陆的主要交通路线，因此，列托湖发现的这件驼鹿头木雕应该是"驼鹿头船"（elk-headed boat）的头部装饰。

驼鹿头船是北欧岩画艺术中最具特色的风格元素。这一元素在很多最重要的狩猎采集岩画遗址，如挪威的阿尔塔遗址、瑞典的纳姆福森遗址以及俄罗斯西北部的奥涅加湖、维格河和卡诺泽罗湖都有大量发现（如 Gjerde 2010）。这种风格元素的分布并不局限在北欧，在西伯利亚乃至邻近白令海峡的楚科奇地区的岩画上也有零星发现（Devlet and Devlet 2005；Kulikova 2014；Lahelma 2017）。这些遗址的年代为中石器时代晚期至新石器时代晚期，跨度至少有 3000 - 4000年，其中，俄罗斯以及西伯利亚的一些遗址的年代要更晚，因此，上述的遗址年代跨度更长。考虑到驼鹿头船在广阔的时空范围内均有分布，它应该在北极狩猎采集群体中有着重要的符号与象征意义。

长期以来，人们一直都在猜测岩画中的驼鹿船刻画的是真实的船只还是神话中的船只，有关这一话题的热议从未停止。列托湖的驼鹿头木雕至今仍是个独特的发现，它表明这样的船只曾经真实存在过。尽管列托湖的发现证明驼鹿船可能是有形的物体，然而，岩画则为我们提供了截然不同的有关驼鹿船只的灵性或神话理念的证据（图 6.1）。举例来说，在某些情况下，我们看到的驼鹿船图像中，不仅有驼鹿头的形象，还发现有驼鹿腿（Lahelma 2007），这样的船只是否真的在沼泽中出土过值得怀疑。另一些驼鹿船则将包括鹿角在内的整只鹿同

船完美融合在一起，形成一个和谐的整体。这种驼鹿船的图像表明，
"真实"与"神话"之间以一种纷繁复杂的方式纠缠在一起。而且在北
极社会中，事实也的确如此。

图 6.1　一艘行驶在挪威北部阿尔塔峡湾的兽皮木筏复原
图。该木筏在船头装有驼鹿或鹿形象。

资料来源：阿尔塔博物馆世界遗产岩画艺术中心。

北极社会中的水域与彼岸世界

110

　　芬诺斯坎底亚北部的原始森林让人们横穿陆地变得异常困难，这
种情况在历史时期就已经存在。然而，由瑞典和芬兰境内的河流与错
综复杂的湖泊所形成的庞大的水路交通网让上述状况得到了缓解。人
们可以乘着轻便快捷的木筏沿着水路航线从波罗的海到达北冰洋、北
海、白海，以及瑞典、芬兰、卡累利阿境内的所有大型淡水湖泊——韦
特恩湖（Lakes Vättern）、瓦尼尔湖（Lake Väner）、派延奈湖（Lake
Päijänne）、塞马湖（Lake Saimaa）、奥涅加湖及拉多加湖（Lake Ladoga）。

人们拥有了更加适宜航行的船只，因此，相对宁静、狭长的波罗的海变成了内海，为人们进行远距离贸易与交流提供了无限可能。当没有办法狩猎到陆地动物时，捕鱼、捕海豹、捕鲸也为人们提供了可靠的生计来源。这样，我们也就不会奇怪，为何船只会成为北极石器时代狩猎社会中重要的象征符号，而且船只的这种象征性一直持续到青铜时代和铁器时代的农耕文化之中，并在某种程度上延续到了当代社会。

但为何石器时代的狩猎捕鱼者会选择用驼鹿这种陆地动物的形象挂在船头呢？这一问题一直困扰着海洋考古学家克里斯特·威斯特达尔（Christer Westerdahl），他指出，在晚近的斯堪的纳维亚的民间传说中，人们"严禁"在航海时提及大型陆地动物（尤其是马），也不允许用这些动物的名字给其他事物命名，但在航海中，人们依然会使用这些动物的形象以及名字命名一些危险的航路（如 Westerdahl 2005）。因此，航海中的驼鹿形象可以代表处在阈限状态的行动者，当它同木筏在一起出现时，具有驱邪、保佑平安和规避危险的作用。人们选择驼鹿作为要表现的动物形象表明驼鹿在北极宇宙观中具有极为重要的作用，即便如杰尔德（Gjerde 2010）指出，在某些情况下，人们也会表现野生驯鹿或者鸟。在斯堪的纳维亚南部的青铜时代岩画中，随着某些船只的船头出现了马的木雕构件，驼鹿的角色被马所取代（但另有一些构件可能依然表现的是驼鹿的形象）。虽然难以证实，但著名的维京时代"龙船"上的兽首形象可能依然持续着中石器时代以来的古老传统。

船只和河道为石器时代狩猎采集社会的人们带来了极大便利。但凡事都有正反两面，船只与河道在提供便利的同时也让人们陷入溺水身亡的风险之中。我们在探索船只的象征意义时不应该忘记这一点，人一旦登上了船就意味着站在了生与死的边缘。岩画上所刻画的远洋船只都是捕鲸船，有时船上多达二十几人，但最常见的船只还是独木舟或哈皮船（haapio-type）（在独木舟的一侧加几条模板）。这种船的船舷很低，即便一个小浪拍过来也很容易将船掀翻或者让船积水。虽然这种船积满了水也能继续漂浮，但人一旦突然跌入冰冷的海水或湖水中就会身陷体温过低的险境。考古学家在卡累利阿地峡发现的著名的安德里亚（Antrea）中石器时代早期遗存，包括埋在黏土质海底的一张渔网以及各种狩猎工具，再现的很可能就是船员溺水而亡的危险事故（Pälsi 1920）。即使是维格河和卡诺泽罗湖岩画上描绘的大型捕鲸船（可能类似于因纽特人的 *umiaks* 兽皮船），也可能会在捕猎的过程中漏水、抛锚，或者被突然出现的巨浪掀翻，这些都会酿成很多人溺水身亡的悲剧。但与此同时，水是所有生命的前提基础，湖泊与大海又给人们提供了宝贵的食物资源，这让水成为北极社会中的一个极具矛盾色彩的要素。

或许正是水的这种矛盾性且常常事关生死，使得水成为北极民族中不同寻常的意识边缘因素。尤其是"死亡之地"也位于水下，往往需要通过河流等可航行的水体才能到达。芬兰拉普兰的萨米人认为，某些湖泊的底部有一个洞可以直通死亡之地（*saivo*）（图 6.2）（Pentikäinen 1995；

111

图 6.2　位于芬兰拉普兰的帕卡赛沃（Pakasaivo）峡谷湖就是一个死亡之湖，萨米人认为，这座湖会通往下层世界。该湖泊水位极深（约 60 米），而且湖水清澈。

资料来源：维萨-佩卡·赫瓦。

146－149）。人们认为，很多日常现象支持上述观念，如在死亡之湖中，鱼会突然消失，从湖底的洞穴逃脱。

在芬兰-卡累利阿的《卡勒瓦拉》史诗中，人们为了到达死亡之地（*Tuonela*），需要穿过托内拉河（River of *Tuonela*）。《卡勒瓦拉》史诗中的主角智者维纳莫宁让自己变成了一条蛇并穿过了河中的渔网到达了死亡之地。传说中遥远的"北境之国"（Pohjola）——《卡勒瓦拉》史诗中英雄们的冒险之地，实际上也是另一个版本的"死亡之地"——可以通过乘船经海路到达。根据纳波尔斯基赫（Napolskikh 1992）的研究，在芬兰-乌戈尔族中，有关水背后的彼岸世界的观念是芬兰-乌戈尔宇宙观中最古老的那部分。虽然从这一方面讲，斯堪的纳维亚神话在描述各种群体（武士、航海者等）不同的来世境地（realms of afterlife）时的融贯性更弱，但水是反复出现的元素。举例来说，湍急的吉欧尔河（Gjöll）将赫尔（Hel）女神的领地与人间之地（the land of the living）分隔开。同托内拉河一样，人们一旦掉入河中，就会被海神（Rán）之网抓进她的水下世界。

像神鱼一样出行

水体的阈限特征体现在萨满出行的记录中，具体表现为萨满会将自己变成鱼或者借助"船歌"来完成出行。成书于 12 世纪的《挪威历史》（*Historia Norvegiae*）保留着现存有关萨米人萨满降神会（séance）的最早记录，其中就包括了萨满将自己变成了"水兽"的情况。这是一则一位萨米人萨满如何让一个女人复活的生动故事。这个女人正在举办一场挪威人与萨米商人的联谊会。女人在联谊会上突然身亡。萨米人丝毫不担心这种情况发生，开始通过萨满降神会救活这位女士，但随后试图招回这个女人灵魂的萨满在降神会的过程中腹部被撕开，口吐白沫，面色发黑，随即离世。为了弄清楚事情的原委，另一位萨满继续招魂做法，他告诉所有人：

> 由于这个突发事件，这位死去的巫师永远离开了我们：他的 112
> 神灵助手（*gandus*）变成了一头水兽同对手的神灵助手搏斗，对
> 手的神灵助手在快速游过湖泊时变成了一个锋利的木桩深深插在
> 湖中，巫师被木桩插破了胃而不幸离世。
>
> （Tolley 1994：136－137）

这条记录还记述了这位萨满曾用过的鼓，鼓上面刻画有"鲸鱼和 113
鹿的图案，它们都被绳子捆绑且穿有雪地靴，鼓上还刻有一艘带桨的
船，这些都是可怕的神灵助手用来穿过积雪、越过山坡或者渡过深水
的工具"（Tolley 1994：136－137）。正如托利（Tolley 1994）指出，
由于水上航行的活动是在淡水湖中发生，所以上文译作"水兽"或
"鲸"的拉丁词语 cetus 实际上可能指的是白斑狗鱼（*Esox lucius*），这
种鱼在晚期的文献中同萨满的关系尤为密切。在民族志文献中，人们
普遍认为萨米人的萨满能够变成鱼（Itkonen 1946：332－333）。萨穆
利·保拉哈尤收集整理的 20 世纪初的民间传说中就记述了一位名为
"佩尔托武奥马的佩维奥"（Päiviö of Peltovuoma）的杰出萨满，曾于
17 世纪居住在芬兰拉普兰的基蒂莱（Kittilä），是一位带有传奇色彩
的人物，为了去很远的地方经常将自己变成白斑狗鱼。据某些文献记
载，他曾像白斑狗鱼一样游过波的尼亚湾，去斯德哥尔摩给瑞典国王
治病。据说他在回来的途中被网捕获，差点淹死。据其他文献记载，
他变成白斑狗鱼在水中穿梭时，由于他的助手——一位年轻男子在萨满

降神会时睡着了，没有及时叫醒他，让他在鱼腹中送了命。

据一位曾在 18 世纪芬马克郡（Finnmark）的萨米人中积极传教的挪威人克尼德·莱姆（Knud Leem，1697－1774）证实，萨米人萨满的一个主要神灵助手是鱼神或者圣山鱼（*passevare guelie*），这使得萨满去往彼岸世界的途中呈现出鱼的形态（Leem 1767；另见Bäckman 1975）。根据《挪威历史》中的记载，上述观念可以追溯到1 000 年以前，但芬兰岩画中则表明萨满以鱼的形象出行的观念在很早之前就已经出现了。赫尔辛基附近的尤斯耶夫（Juusjärv）岩画刻画了一个呈 45°角倾斜姿态的人的形象，旁边的鱼很可能是白斑狗鱼。倾斜的人体姿态很可能同萨满进入迷幻状态（一种降神状态）有关，而白斑狗鱼则代表了被唤起的神灵助手（Lahelma 2008：53）。另一些遗址，如位于曼蒂哈尔尤（Mäntyharju）的豪卡沃里（Haukkavuori）遗址以及位于希文萨尔米（Hirvensalmi）的哈拉瓦洛里（Hahlavuori）岩画，都刻画了人倒立的形象，仿佛这个人正在潜入彩绘峭壁下的湖泊之中。芬兰的卡帕萨里（Kapasaari）遗址也展现了一个人被一群鱼（可能是白斑狗鱼）环绕的水下世界场景。综上所述，这些遗址可能描绘了萨满降神会的各个阶段，其目的是纪念萨满的一次远游或者向众人传递信息（Lahelma 2008：52－53）。

新石器时代以及更晚近的萨米人萨满在水中穿行的原因当然与北极宇宙观密切相关。在北极社会的宇宙观中，水下死亡之地的观念是非常普遍的。萨满在水中穿行的原因也可能同萨满进入迷幻状态时的普遍经历有关。一般认为，萨满进入迷幻状态具有一些普遍特征，如在视觉皮质中产生的几何形的视觉幻象（"内视现象"，即"entoptics"）（如 Lewis-Williams and Dowson 1988）。如果我们在史前艺术中发现了上述指征性的几何与变形图案，那么萨满教"神经心理学理论"（译者加）的支持者们就会认为，这或许表明了艺术品是在萨满进入迷幻状态时创作的。由于该理论被广泛使用甚至误用，其论证方式受到了一些学者的强烈批判（如 Bahn 2010）。批评者认为，神经心理学模型依赖临床医学测试，并需要使用 LSD 或者其他致幻剂，进而从药物产生的"视觉形象"出发解释史前艺术——这种研究模式仅以 20 世纪 60 年代完成学业的那一代学者为代表。

但不论萨满进入迷幻状态中所产生的视觉影像能否在艺术品中得到体现，我们都需要承认，迷幻状态不仅仅包括视觉幻象，还包括某些特有的身体体验。同时，我们还需要承认这种共有的感官体验也是由中枢神经系统产生的（Chippindale et al. 2000）。上述观察并不是基于药物诱发试验作出的。同意识改变状态有关的最常见的身体体验包括失重、窒息以及灵魂出窍。对上述体验的阐释深受文化影响，但人们几乎普遍认为，这种体验一般都被描述为同飞翔和潜水的感觉类似，而且在萨满教传统中通常也作此阐释。因此，在萨米人民族志和岩画中所描绘的水下之旅可能同萨满进入迷幻状态后身体体验的普遍特征有关。

蓝色驼鹿与飞船

有关水在北极宇宙观中的阈限性质，克尼德·莱姆还提供了第二条重要线索。他写到，挪威芬马克郡的萨米人萨满在降神会上唱道："驾驭着公驯鹿，将船推下水。"（Leem 1767：475；作者翻译）虽然公驯鹿神（*saiva sarva*）在民族志资料中总是占据重要位置，然而，在莱姆所引用的歌词中，作为神灵助手的船也扮演着重要角色。正如我们所看到的那样，成书于 12 世纪的《挪威历史》一书中已经描述了相同的情境：据说萨米人的萨满用鼓上面绘有驯鹿、水兽、雪地靴以及"带桨船只"等图像，而且所有这些图像都是"神灵助手远行的工具"。换言之，在萨米人皈依基督教前的传统宗教中，人们将所有这些用于远行的工具都看作是能够将萨满送至远方的神灵助手。在更晚近的历史资料中，萨米人有时也将萨满用鼓描述为一艘船（Itkonen 1946：121）。

通过骑着驼鹿和乘坐船只的形式前往彼岸世界的观念同样见于芬兰皈依基督教前的宗教传统。《卡勒瓦拉》史诗中的主要人物，维纳莫宁萨满在前往彼岸世界的途中常常骑着一头"蓝色驼鹿"或"稻草种马"（stallion of straw）。在一篇有关萨满战斗的史诗中，他骑着自己的驼鹿在海上航行时被萨米人伏击：

115

　　来吧，维纳莫宁

　　骑着你的蓝色驼鹿

　　飞奔吧

　　拍打着它的后背

　　轻抚着它的皮毛

　　坚定的老维纳莫宁

　　（萨米人）看到了海上的小黑点

　　一个在海浪中奔驰的蓝色斑点

　　来吧，维纳莫宁

　　他弯了一下弓

　　……

　　不要攻击维纳莫宁

　　去攻击他的马

攻击马的腋下

刺穿它温暖的躯体

（*SKVR* I：11，lines 19–29，35–38；*作者翻译*）

　　维纳莫宁骑着蓝色驼鹿出海的形象长期困扰着一代又一代的民俗学家，但从考古资料来看，这一形象似乎并不很让人费解。正如上文所说，挂有驼鹿头的船只见于岩画中，很可能也存在于真实的船只上，而且很多岩画遗址中也刻画了人骑着驼鹿和鹿的形象，如挪威的阿尔塔遗址、瑞典的谢尔翁恩（Skärvången）遗址以及芬兰的韦尔拉（Verla）遗址（Lahelma 2007）。正如费利克斯·奥伊纳斯（Felix Oinas）正确地指出，维纳莫宁的蓝色驼鹿应该是这位萨满的超自然坐骑，如同公驯鹿是萨米人萨满的坐骑。但为何驼鹿要在水上飞行？

　　在这里，莱姆有关萨满降神会的导论性文字再次为我们提供了有价值的线索：对18世纪的萨米人萨满来说，驯鹿和船具有相同的功能，因此从某种程度来说，二者可以互换。在《卡勒瓦拉》史诗中，维纳莫宁神奇的造船术是一个不断复现的主题。据描述，维纳莫宁的船是用鸟、鱼或者驯鹿的骨头做成的（Kuusi et al. 1977：532）——这同萨满以动物形象作为自己的神灵助手是一致的——而且维纳莫宁是通过自己富有魔力的歌声造船：

坚强的老维纳莫宁

用他的智慧造了一艘船

用他的歌声造了一艘船

深奥难懂的知识失传了

（Kuusi et al. 1977：183）

通过造访安特罗·维普宁（Antero Vipunen）这位神话中第一位萨满的墓穴，维纳莫宁获得了那些深奥难懂的失传知识（Haavio 1952：106-139）。起初，维普宁将维纳莫宁吞入腹中，但最终维普宁屈服了，告诉了维纳莫宁那些深奥知识，让他"将船造好"（Kuusi et al. 1977：185）。有一首诗暗示人们，这艘船不是普通的船而是通向彼岸世界的船。这首诗写道：

> 维纳莫宁唱着一艘铜底船的歌
>
> 跃入深海深处
>
> 到达大地母亲的怀抱
>
> 驶向上方的天际
>
> 驶入漩涡的咽喉

（Kuusi et al. 1977：279-280）

维纳莫宁总是在"岸边的岩石山或快乐石，有时也在音乐巨石或娱乐石上"唱歌跳舞（Haavio 1952：157）。值得注意的是，即便在乘船航行时，他也坐在一块巨石上面，这一相当奇怪的景象表明乘船航行并不是真实发生的，而是一个萨满式的隐喻。同样，与船有关的雕刻都是刻在悬崖、大山或者岩石山上（Haavio 1952：215）。如果我们据此认为这些地方是维纳莫宁的造船地点，那这将是个很难令人信服的解释，但如果将"造船"理解为萨满降神会的隐喻，那么就可以很好地理解为何船都雕刻在这些地点。维纳莫宁在巨石以及岩石峭壁上唱歌跳舞也让人联想到萨米萨满，他们有时会造访圣石或圣崖，在那里唱歌，并让自己进入迷幻状态。之所以这样做，是因为萨满的神灵助手就住在这样的地方（Bäckman 1975）。

船只在岩画中起到各种不同的作用，一些船只更像是日常生活所用。维格河遗址岩画所刻画的船只和船员共同合作猎杀白鲸的大场面，是纪念不同群体为了共同目标走到一起所产生的强大力量。这一场景颇具仪式性（Gjerde 2010），但所刻画的并不是有神性的船只而是日常生活中的船只。在维格河遗址的岩画中，大部分船只在船头都装有驼鹿头，这说明驼鹿和船只在语义上有关联性（具有萨满式宗教的思维基础），而非仅仅声称驼鹿头雕刻具有辟邪的作用（这同样可能是真的）。这同样很好地解释了一些更为奇特的岩画上的船只，如位于芬兰中部皮恩阿（Pyhänpä）遗址的大型岩画，上面刻画了一艘船、一个人和一头驼鹿（Lahelma 2007）。又如位于芬兰东南部若民卡皮阿（Ruominkapia）遗址的岩画刻画了一艘船沿着垂直方向上下移动，貌似表现的是一场航行事故，但这种可能性非常低，因为芬兰岩画从不描写维格河遗址的日常生活场景。更加合理的解释是一艘有灵性的船正驶向"漩涡的咽喉"或正走向"天堂"，这在卡累利阿诗人的诗歌中以及芬兰国家美术馆陈列的浪漫主义画作中均有体现（图6.3）。

同样，在挪威北部的阿尔塔遗址岩画上所刻画的一些船只正在进行狩猎捕鱼活动，但另一些

图6.3　芬兰国家浪漫主义艺术家阿克塞利·加仑–卡莱拉（Akseli Gallén-Kallela）创作的油画"维纳莫宁的启航"（1893–1894），在油画中表现的是智者维纳莫宁启动了飞船。

资料来源：芬兰国家美术馆。

117

船只则很容易同萨满教联系在一起。少数船只上面载着人,这些人一只手拿着一个圆形器物,另一只手高高抬起,像是在击鼓。而在阿帕那·加德(Apana Gård)岩画地点的一幅雕刻版画上则表现了一个人在船上飞的形象;飞行中和坐在船上的人的手是鸟翼的形态,他们的头则是鸟喙的形状。

剃须刀上与岩画中的太阳船

船只是此岸世界与彼岸世界中运动、行进与转变的绝佳象征。诚然,像萨满之船这种富有神性的船是北极社会的一种特有观念(Vastokas and Vastokas 1973;Lahelma 2017)。但由于船只是北极地区的主要交通工具,所以它也同天体尤其是太阳的运动相联系。宇宙中的"太阳船"形象同样也出自北极社会。

那些被人们阐释为太阳船的形象实际上在考古学中相当罕见,但却是斯堪的纳维亚南部青铜时代岩画中最著名的主题(Coles 2005)。典型的太阳船形象中包含有一个球状装置(有时也是十字环),由线将其系在船上或直接悬在船上。毫无疑问,这一主题得以享誉盛名是它为斯堪的纳维亚南部同更南部的欧洲古代文明之间的联系提供了线索,这让雕刻艺术享有一种同北极狩猎艺术品截然不同的威望。在近一个世纪的对北极雕刻艺术进行的研究过程中,奥斯卡·阿尔姆格伦(Oscar Almgren 1927)、弗雷明·卡尔(Flemming Kaul 2004)以及克里斯蒂安·克里斯蒂安森(Kristian Kristiansen 2010)一直都依赖这种岩画主题来构建有关青铜时代斯堪的纳维亚同地中海世界之间的关系。太阳船确实是广为人知的神话主题,其中,古埃及的太阳船神话尤为出名。在古埃及中,人们认为太阳神"Ra"坐着太阳船横跨天

118

际。这一主题常见于壁画等其他艺术形式中，而且考古学家还在一些埃及遗址中发现了被阐释为太阳之船的真实木船，其中，最著名的是公元前 2500 年的胡夫（Khufu）古船。

太阳船的形象除了见于在青铜时代的岩画外，还在当时的青铜剃刀上反复出现。在对剃刀进行大量细致的影像学分析后，弗雷明·卡尔（Flemming Kaul 1998）已经识别出了一则叙事，太阳同蛇、鱼或者马一起乘坐"日船"穿越天际，在黄昏时以"夜船"的形式落入海中，等到了黎明时分继续在天空中行走。起初，卡尔不愿意将这则神话同历史时期任何已知的神话联系起来，但克里斯蒂安森和拉尔森（Kristiansen and Larsson 2005）则将其同印欧神话中的元素，尤其在圣船上从夜魔手中拯救了太阳少女的双子神（古典神话中的狄俄斯库里［Dioscuri］）相联系。

尽管人们承认太阳船的形象同地中海世界的联系，但令人不解的是，在如此漫长的研究过程中，斯堪的纳维亚的学者为何不去（或不愿意）考虑这样一个可能性，即斯堪的纳维亚南部的岩画并不是由南方传入的，而是在自身古老的石器时代岩画基础之上发展而来的（Lahelma 2017）。对这一观点最明显的证据支持是大量船只形象的发现。虽然青铜时代岩画中所刻画的许多船只都是由木板制成的航海船只而非简单的独木舟，而且对船只的刻画方式也多种多样，但基本的图像结构是一致的。正如斯堪的纳维亚学者指出的，很难确定动物的具体种类，但有些船头的动物形象可能是马。这些动物形象也很简略，很多动物头部的口鼻部分弯曲严重，比起马来更似驼鹿。但不论事实怎样，有一点是清楚的，即船只在当时地中海世界的艺术传统中并不具有核心地位，而且在中欧与南欧的岩画艺术中，船只几乎没有出现过。因此，船只的形象是北欧岩画艺术中的特色元素。

至于太阳船，我们也没有必要在古埃及中寻找线索，这是因为同一般的船只形象一样，在岩画中，对太阳船形象的刻画是北极艺术的特色。这一论断已经由琼和罗玛斯·瓦斯托卡斯（Joan and Romas Vastokas 1973）在讨论加拿大安大略省的彼得伯勒（Peterborough）岩画时证实。这一岩画遗址的主要形象是一艘带桅杆的大船（105 厘米长，75 厘米高），桅杆顶部还有一个球形或太阳形状的装置。由于同斯堪的纳维亚南部的岩画形象相似，如瑞典布胡思（Bohuslän）地区博特纳（Bottna）遗址著名的太阳船形象，一些人认为是青铜时代的维京人到达了美洲并在彼得伯勒遗址雕刻了岩画（Vastokas 2004）。但正如瓦斯托卡斯（Vastokas）所观察到的，相似图像在北极圈内的岩画上到处可见，而且，我们可以从北极社会中所特有的萨满乘坐灵魂之船出行这一理念对该图像进行合理的解释。在萨满升天的宇宙轴线（vehicle）顶部可能是太阳的形象：“因此，灵魂之船也是太阳的工具。”（Vastokas and Vastokas 1973：127）

需要承认的是，船的形象在北极地区十分常见（如 Kulikova 2014），而且太阳船的形象在北极这片广袤的地区也有零星发现。虽然船和太阳的形象在卡累利阿以及科拉半岛的卡诺泽罗岩画中经常一起出现，但它们从未以一种元素的形式出现。然而，在西伯利亚西部的托木斯克·皮萨尼查（Tomskaya Pisanicha）大型岩画遗址确实发现了装配了球形装置的船只（Okladnikov and Martynov 1972），同样的发现还见于东西伯利亚的沙拉波利诺（Shalabolino）与什基诺（Shishkino）遗址（Devlet and Devlet 2005：216）。其中，最著名是奥廖克马河（River Olekma）遗址（Okladnikov and Mazin 1976），岩画上刻画了许多船只和其他天体共同在天空中飞行，而且至少有一艘船是和一个圆形物体融合在一起（更综合的回顾，见 Lahclma 2017）。这一形象在西伯利亚与北美极少发现（斯堪的纳维亚也同样如此），却为我们提供了充足的证据证明同船只相关联的太阳象征性可能起源于北极的文化传统。

死亡之船

如果船能够载着太阳航行，扮演宇宙的角色，那么它也能够与所有转换的基础——由生到死建立联系。同驼鹿船一样，死亡与船只之间关联的最早证据已经在中石器时代晚期的墓葬中发现，而且这一关联一直持续到现代。考古学家在丹麦莫勒加贝特Ⅱ号遗址（Møllegabet Ⅱ）进行的水下考古调查发现了一艘独木舟，里面放置了一位被桦树皮包裹的年轻男性遗骸，碳十四校正年代为公元前 4790 年（Grøn and Skaarup 1991）。这一发现最令人震惊之处在于船在埋葬之时就已经沉入水中：船用木桩固定住，沉入一个浅海湾的底部。包括两片残桨在内的遗存同船共出，这些与死者埋葬在一起的遗物仿佛是死者最后一次驶向死亡之地时所携带的。

相似的遗存还在丹麦的加德（Øgård）遗址发现，研究者在提取泥炭的过程中发现了一条新石器时代（碳十四校正年代为公元前 3360 年）的独木舟。船尾有一处小火塘，被安置在黏土层之中，而且船也被木棒固定。在船的前部发现了一具男性骸骨，遗骸应该最开始被安置在船舱内。考虑到这两座墓葬间隔 1 500 年，以及有证据证明船葬仪式流行的时间跨度与保存性质，这两座墓葬有着惊人的相似性。木船的发现需要极端的保存环境，所以我们不应该惊诧为何这样的发现非常少且年代跨度大，相反，这种船只应该很多。在诸如斯卡特霍尔姆（Skateholm）以及芬兰的几处石器时代墓葬遗址中（Ahola

120

2017a），考古学家在墓穴中观察到了发黑的土壤痕迹，这可能就是独木舟的痕迹。

这种传统以某种变体的形式一直延续到青铜时代早期。在丹麦就发现有大量早期青铜时代的船形墓坑修建在圆形的坟冢之下（Artelius 1996）。这些丹麦古坟是由泥炭制成的，因此保存得很好。另一些地方的石棺很显眼，如果船只被埋入石棺中，它们可能早已消失了。需要指出的是，即便如此，在瑞典的一些遗址中，船的形象同石棺共存，如斯莫兰（Småland）的 Hjortekrog 遗址就发现有十四艘船被雕刻在基岩上，而石棺是在石雕完成之后建造的（Bradley and Widholm 2007）。瑞典著名的希瑞克（Kivik）石棺（Goldhahn 2013）、挪威的梅耶特豪根（Mjeltehaugen）石棺（Goldhahn 2013）以及瑞典的萨拉霍尔姆（Sagaholm）古坟的石板雕刻上都发现了船只的形象。在某些遗址的石棺内部，也发现有船形的石头嵌入。

保存得更为持久的船形墓葬开始于青铜时代中期（蒙特留斯的阶段Ⅲ）。考古学家在瑞典南部发现了第一座青铜时代中期的船形大墓（瑞典语"skeppsättning"），在丹麦和挪威也有少量发现（如 Capelle 1986；Artelius 1996；Skoglund 2008）。从本质上讲，这种船形大墓是细长的船形石棺，除了形状之外，有时人们还会在船的两端放上高大的石块，塑造出船头与船尾的形象，使之从外观上更像船（如图6.4）。它们同农业社会中由土葬到火葬的转变过程极为相似，有时还有瓮棺葬。至少有一处墓葬的瓮棺上发现有船的装饰（Ballard et al. 2003：389）。到了铁器时代，船形大墓更加常见，此时，有些大墓已经具有了纪念性建筑的性质（丹麦的耶灵 [Jelling] 大墓有354米长）（Randsborg 2008），这种墓葬类型可能仅仅局限于埋葬等级最高的人。同样的墓葬还见于挪威著名的奥斯博格（Oseberg）和

121

格斯塔德（Gokstad）船形大墓，墓中出土了丰富的随葬品。尤其在挪威，在整个维京时期，船形墓的现象在各个社会阶层中都很普遍，船的种类多样，从适宜航行的大船到简单的划艇都有。

图 6.4 瑞典南部艾尔·斯特纳（Ale Stenar）铁器时代船形纪念性建筑。

资料来源：安蒂·拉赫玛。

随着基督教时期的到来，船形大墓在北欧皈依天主教的地区消失了，但在芬兰、拉普兰的偏远地区，尤其在希腊东正教的卡累利阿地区，船形墓葬的某些因素在基督教背景下一直保存到现在。在白海地区，19 世纪卡累利阿的平民在有时还在墓顶放置一整艘船或者船只的一部分。朱尼科夫（Zhulnikov 2006）指出，如果死者是女性，那么人们会在墓葬中放置船头；如果死者是男性，那么人们会在墓葬中放置船尾。民族学家奥沃·希尔斯耶维（Auvo Hirsjärvi）于 20 世纪

30 年代在卡累利阿的苏伊士达摩（Suistamo）乡村公墓所绘制的图片和拍摄的照片显示，人们会在墓顶放置一整艘木船，而且人们会在希腊东正教墓葬的十字架上放置一艘带船桨的小船（图 6.5）。甚至同芬兰语关系密切的卡累利阿语中还保留着对船形墓葬的记忆，在芬兰语中，*ruuhi* 一词指的是独木舟，但在卡累利阿语中却指的是"棺椁"（Siikala 1992：103）。

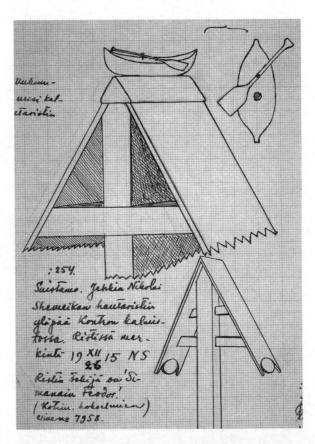

图 6.5　创作于 1935 年的一幅有关卡累利阿苏伊士达摩乡村公墓的希腊东正教十字架。十字架上装有带桨的小船。十字架上记录着墓主人杰金·尼古拉·谢梅卡卒于 1915 年 12 月 26 日。

资料来源：奥沃·希尔斯耶维、芬兰遗产局。

第七章 河口与中心聚居地

真实而神秘的河流

在北极的北方森林地带，遍布着冰川作用留下的无数湖泊。在这里，河流不仅连接着不同的湖泊系统，而且在地理和灵性意义上也是联结不同世界的纽带。河流让运动呈现出结构性特征，同样也塑造了北极人对世界的感知和体验（如 Korpela 2011）。北极民间流传着大量有关"水灵"（water spirits）的传说，这表明"水之景观"（waterscapes）在北极人生活环境中扮演着十分重要的角色，而且人类生活与水之间存在着千丝万缕的联系。瑞典地区就流传着有关 näcken 的传说，这种幽灵会在激流中拉着小提琴，而且有时会将人类抓入水下世界。颇具意味的是，《卡勒瓦拉》史诗中的主要神话人物智者维纳莫宁（Väinämöinen）（他弹奏的乐器不是小提琴，而是"芬兰齐特琴"[Finnish zither]或康特勒琴[kantele]）在词源上与河流景观相关联，因为"väinä"一词在古芬兰语中的意思是溪潭或河口。此外，北欧地区一些主要河流的名称，例如卡累利阿的德维纳河（Dvina）（芬兰语"Vienanjoki"）和拉脱维亚的道加瓦河（Daugava）（芬兰语"Väinäjoki"）都来自

"väinä"这个词源。尽管维纳莫宁的武器通常是一把剑，但奇怪的是，他却是用桨打败了神鸟科科①（kokko）（见第九章）。因此我们可以想象，在遥远的史前时期，维纳莫宁实际上可能是与河流有关的"水灵"，也可能是"第一桨手"，或者北极河流沿线行人的保护神。

河流的流动是意向和意志作用的结果，我们很容易看出河流被北极人看作是有生命和灵性的实体。河流处于不断变化的过程中：它们具有季节性的变化，并且会随着时间的推移而逐渐改道，其中洪水是最明显的例子。而且，正如野营者所知，当人们在河流或泉水边独处时，会发现河流和泉水开始说话了。生活在河畔以及河流附近，需要保持对河流的关切，还要深入了解河流的行为。自石器时代以来，在欧洲东北部河流中的斧、锛以及其他类型的人工制品等"仪式性"遗存反映了人类与河流之间在不同维度上的密切关系，尽管人们尚不清楚有关古人埋藏活动的具体原理，传统观点将这些"仪式性"遗存解释为"江河诸神"（river spirits）的祭品。此外，激流和瀑布也受到了人们的特别关注。瑞典北部的纳姆福森遗址不仅是主要的岩刻遗址，还是瑞典北部最大的新石器时代居住址之一（Baudou 1992）。考古学家在纳姆福森的急流中还发现了许多"脱离原始单位的"石制品。俄罗斯卡累利阿地区的洛塞沃（Losevo）急流和基瓦奇瀑布（Kivach）（图7.1）出土了数十件与石器时代类似的斧和锛，类似的现象在很多其他居址中都有发现（Seitsonen et al. 2016：123；Nordqvist et al. 2019）。

芬诺斯堪底亚的河口同样被赋予了文化意义，并成为持续的人类定居地点。河口有着丰富的生态环境，它不但将不同地区连接在一

---

① 科科是占芬兰神话中的一种巨鹰，也被称为"拉普鹰"——译者。

图 7.1　基瓦奇瀑布也许是位于地势相对平坦的卡累利阿地貌景观的同类瀑布中令人印象最深刻的一个。该瀑布的落差高达 11 米。

资料来源：旅游图片，俄罗斯/维基共享资源。

起，而且也象征着陆地和海洋交会之处的丰饶之地（Helskog 1999；Westerdahl 2005）。此外，河口还将沿海世界与内陆的遥远土地联系起来，成为完全不同的文化和自然环境领域的入口。例如，河口将波罗的海东部沿海地区与白海和卡累利阿州相连接；分布着拉多加湖的芬兰湾与俄罗斯的河流水系最终一路通向黑海，以及波罗的海南岸与中欧和地中海相连。自新石器时代到铁器时代乃至现代，这些河流联系已成为各种文化现象以及变革中不可或缺的一部分。河流在标志着公元前 4 千纪初从芬诺斯堪底亚到乌拉尔地区重大文化转变的"典型篦纹陶现象"（Typical Comb Ware phenomenon）（见第三章）中占有突出地位，并且是维京人向东扩张和从事商业活动的中心。

　　虽然俄罗斯这个强大国家的出现有效地遏止了斯堪的纳维亚人沿

着俄罗斯的河流行进，但是河流仍然是重要的行进路线，尤其在瑞典和芬兰内陆地区，河流连接着复杂的湖泊系统，并依然保持着自历史时期便已建立的同神话传说间的联系。有关杰逊王子（Jason）和阿尔戈英雄（Argonauts）冒险之旅的早期现代理论便是一个典型的例证。如果说维京人曾沿着诸如顿河以及伏尔加河等俄罗斯欧洲境内的河流水系到达黑海，那么古希腊人也可能会沿着同样的河道到达北极。这就是早期现代瑞典古物学家奥劳斯·鲁德贝克（Olaus Rudbeck）的理论基础，他认为杰逊王子寻找金羊毛（Golden Fleece）的水路冒险之旅并非神话，而是一个真实的历史事件，并将这位希腊英雄（阿尔戈）带到了波罗的海沿岸。

鲁德贝克偶然发现了希腊诗歌《阿尔戈英雄纪》（*Argonautica Orphica*），该诗歌可追溯到 5 世纪或 6 世纪，但在鲁德贝克的时代，人们认为其成书的年代早于荷马，而且实际上是由俄耳浦斯（Orpheus）本人写的（King 2005）。俄耳浦斯对杰逊王子冒险之旅行进路线的描述令鲁德贝克着迷，鲁德贝克相信自己可以在杰逊王子造访的地点中辨识出瑞典的地名。例如，"Leulo" 就是 Luleå（吕勒奥），"Pacto" 就是 Piteå（裴特奥），它们都位于瑞典北部。鲁德贝克甚至着手建造了三艘船，这些船除了用于商业客运之外，主要用来进行实验研究以证明他的假设。因为当人们从一条大河前往另一条大河时可能需要穿过陆地，这也是维京人的冒险者和鲁德贝克时代的俄国农民所做的事情，所以，为了计算这项任务需要花费的人力和时间，鲁德贝克尝试了各种跨区域运输大型适航船只的方法。我们若仔细阅读《阿尔戈英雄纪》可以算出阿尔戈英雄耗时十二天航程的大致距离。鲁德贝克进行实验研究的目的是确定人们是否有可能在上述时限内从地中海往返瑞典（事实证明是可以实现的）。

正如金（King 2005）所指出，尽管鲁德贝克的想法看似"疯狂怪诞"、荒唐可笑，但鲁德贝克的理论和他验证理论时所采用的方法率先践行了被我们现在称之为实验考古学的理念。尤其需要指出的是，虽然鲁德贝克的实验研究更早，但在许多方面都与 20 世纪挪威探险家索尔·海尔达尔（Thor Heyerdahl）的远洋航行相似，二者皆证明古人有能力完成那些我们现代人看似"不可思议"的航行。海尔达尔最广为人知的远洋航行是他乘坐各类木筏横渡大西洋，但他在 2002 年去世前的最后一个调查项目中，沿着鲁德贝克的行迹，通过俄罗斯欧洲境内的河流水系追踪黑海和斯堪的纳维亚半岛之间早期日耳曼人的联系。海尔达尔对当今阿塞拜疆境内的戈布斯坦（Gobustan）石刻非常着迷，他认为，该遗址中描绘的所谓"太阳船"与斯堪的纳维亚南部岩石艺术中的相似图像之间的关系尤为密切（Heyerdahl and Lillieström 2001；以批判的眼光对这一论证的详细审视，请参 Roggen 2014）。海尔达尔深信，中世纪的冰岛编年史家斯诺里·斯特鲁森（Snorri Sturluson）对古老北欧神话中诸神"家族"之一的阿萨神族（Aesir）从欧洲偏南部地区一个名为"阿塞尔"（Aser）的地方迁移到斯堪的纳维亚半岛的叙述，实际上是一个真正的历史事件。根据斯诺里的观点，阿萨神族由酋长奥丁（Odin）领导。海尔达尔（与斯诺里的观点一致）认为，奥丁并不是神或者神话中的人物，而是一位历史人物。海尔达尔与鲁德贝克研究的相似之处除了考古学和实验考古方面外，还表现为这两位学者在研究中都充分使用了词源学推测。例如，海尔达尔认为，位于黑海东部的亚速海（the Sea of Azov）的名字源自一个古老的北欧词汇 Ás-hof 或"阿萨族神庙"（temple of the Aesir），而且他将高加索地区的乌迪族人（Udi）与奥丁联系在一起。

　　鲁德贝克对杰逊王子冒险之旅的呈现以及海尔达尔对迁居的阿萨

126

神族的探索，都是在河流同神话元素之间存在更普遍的关联下进行的，还说明了河流如何连接或者穿越不同的时间和空间。最著名的"纯粹的神话的"河流可能是死亡之河，在古希腊神话和《卡勒瓦拉》史诗中分别被称为冥河（River Styx）和图内拉河（River of Tuonela），这条河将凡界与地下冥界分隔开（也将二者连接在一起）。但是，在北极文化中，沿着真实的河流移动与河流的神话维度密不可分，因此涉及人们与不同现实维度之间的互动。纳波尔斯基赫（Napolskikh 1992：7）的研究为我们提供了一个来自乌德穆尔特人（Udmurt）的民族志案例。乌德穆尔特人是一个生活在俄罗斯东部的卡马河（Kama）和维亚特卡河（Vyatka）两条大河附近的小型芬诺-乌拉尔民族。在乌德穆尔特人的仪式中，一对温顺的天鹅逆流而上载着祈祷者们前往上游的天神因玛（Inmar）处参拜。天鹅的脖子上会系上银币作为天神的祭品。但是，如果这些天鹅转头向下游游去，祈祷者最终会进入下层世界（被认为位于河流下游），这被当地人看作是不祥之兆。因此，维亚特卡河不仅是一条真实世界的河流，还充当了通向宇宙不同层次的通道的角色。

有关河流连接了凡界和死亡之地（the Land of the Dead）的类似观念，可能反映在与河流有关的新石器时代的埋葬活动之中。很多遗址都为这些埋葬活动提供了证据，例如，芬兰北部的泰尼耶罗（Tainiaro）新石器时代朱砂墓遗址，该遗址的墓葬沿西莫霍奇河（River Simojoki）沿岸分布；又如芬兰西南部库克卡科斯基急流（Kukkarkoski rapids）沿岸的墓葬遗址（Torvinen 1979）；以及在赫尔辛基附近的万塔河（River Vantaa）河口的约纳斯（Jönsas）墓葬遗址（Ahola 2017b）。以上仅列举出了当时埋葬活动的少量证据。此外，考古学家在乔纳斯（Jönsas）遗址的许多墓葬中都发现了古人从附近河床搬运来的鹅卵石，这些鹅卵石受到了河流的打磨冲刷，这显然是现实世界中流经墓葬附近的河流的宇宙观角色的象征。这一观念可能也偶尔出现在当代的岩画艺术中。杰尔德（Gjerde 2006）被卡累利阿奥涅加湖的贝索夫·诺斯（Besov Nos）岩刻中一幅装有小驼鹿头的船只图像所吸引。虽然该图像在其他方面并不出众，但在基岩中雕刻背景令这幅图像有了全新的意义：这显然是古人在形态上类似一条漩涡状河流的黑色火山岩上有意雕刻的。在该岩刻遗址以南的几百米处，有一条被称作切尔纳亚雷奇卡河（Chernaya Rechka）或"黑河"的河流汇入奥涅加湖。虽然这个名字是最近才出现的，但它源自该河流的河水颜色。这条河流流经沼泽地带，河水颜色异常暗淡。因此，火山岩的构造形态应该象征着这条河流，而行驶在河中的船只则象征着生灵在此岸世界和彼岸世界中穿行（见第二章）。

作为临界空间和中心地点的河口

一般来说，河流具有神话和宇宙观方面的意义，但河口尤其能够产生这样的意义。无论从字面上还是在隐喻上，河口都是通往神秘或超脱尘世的远方世界的门户（参 Helms 1988）。河口见证了公元前4000年左右波罗的海北部地区最早的新石器时代村落的形成，这一过程在本质上是欧洲"东部"新石器时代文化在欧洲最西端的表现，而不是欧洲"西部"或斯堪的纳维亚南部以及中欧新石器时代社会发展的反映。从那时起，河口一直是北极世界的中心地带，最终在铁器时代晚期成为北极的贸易"枢纽"，并在中世纪和近代早期成为主要的集市和城镇地点。河口是具有各种不同文化背景的人们进行交流互动的舞台。这样的集会场所在一定程度上已经超出了日常社会的规范，并且有大量的证据（包括岩画艺术）表明从新石器时代到近现代社会，北极人在河口地区进行仪式化的交换。

汇入波的尼亚湾北端的伊河（River Ii，据鲁德贝克的研究，这条河流以女神伊西斯 Isis 的名字命名）的古老河口充分体现了作为东西方长期交流影响通道的河流所具有的重要意义。自 20 世纪 90 年代以来，考古学家在该地区进行了大规模考古发掘，发现了丰富的器物组合，这表明伊河河口是新石器时代人类文化活动格外频繁的区域。其中，异常丰富的琥珀是伊河河口地区新石器时代器物组合的典型特征，表明当时社会存在着财富积累和琥珀贸易，以及该地区定居群体之间存在着广泛的交流网络（Núñez and Franzén 2011）。至少从古典时期开始（见第九章），琥珀在欧洲世界中被视为"北极"的象征，尽管从波罗的海北部的角度来看，琥珀起源于"南方"。有趣的是，虽然在整个北极圈以北的地方都能发现琥珀，但是伊河河口仍然因琥珀的发现异常丰富而引人注目（Franzén 2009）。相比之下，凯米河（River Kemi）作为延伸至伊河以北约 70 公里的第二条重要河道，其沿岸发现的遗址数量远远少于伊河。

我们目前还不清楚伊河河口（而不是北极其他一些主要河流的河口）为何能够发展成为芬诺斯堪底亚北部新石器时代聚落的特殊"枢纽"，但它仍然证明了河口在公元前 4 千纪至公元前 3 千纪作为中心区域的重要性。此外，某些分布在河口地区的考古遗址同遗址中遗迹遗物的出土情况之间似乎存在相当显著的差异。发掘于 20 世纪 60 年代的基里基萨里（Kierikkisaari）河岛遗址特别引人注目，而且考古学家在当时已经意识到了该遗址的反常和令人费解之处。考古学家在该遗址发掘的主要建筑遗存是一座新石器时代的木构"堡垒"，其尺寸约为 32 米×32 米，内院尺寸为 20 米×20 米（Koivunen 2002）。鉴于基里基萨里河岛在春季洪水期间被部分淹没，该"堡垒"显然是一处地上建筑。考古学家认为，该遗址发现的大量石镞为史前战争提供了证据，因为这些石镞代表了两种具有不同分布模式的石器类型（分别由燧石和板岩制成）。

此外，基里基萨里遗址还生产一种特殊类型的陶器，该类型陶器最初被称为"基里基陶器"（Kierikki Ware）（Siiriäinen 1967）。但是，莫科宁和诺德奎斯特（Mökkönen and Nordqvist 2018）的最新研究表明，在芬兰发现的这种陶器从根本上仅见于基里基萨里岛，而且它并不是一种独特的陶器类型，而是与该遗址特殊的性质和功能相关，反映了俄罗斯卡累利阿地区当地可称之为沃纳沃洛克陶器（Voynavolok Ware）或者（不严格地说）奥罗夫纳沃洛克陶器（Orovnavolok Ware）的类型特征。尽管这项研究目前仅仅得出了一些推论性而非确定性的结论，但研究中所应用的数据资料表明，在基里基萨里曾生活着一个新石器时代群体，而今天的俄罗斯卡累利阿地区构成了该群体的文化根源。因此，基里基萨里遗址可能是某个沿着北部河道迁徙的族群在波的尼亚湾附近的伊河河口建立的一个定居村落。这个族群具有不同的文化背景并对外界入侵者明显怀有敌意。

如前所述，河流在地理意义上将不同的世界联系起来，但是正如许多重要的岩画遗址所表明，从形而上学的角度上来讲，河口也是不同世界之间的连接点。事实上，芬诺斯堪底亚北部大部分重要的狩猎采集者岩画遗址——挪威的阿尔塔遗址、瑞典的纳姆弗森遗址、科拉半岛的卡诺泽罗遗址、卡累利阿的维格遗址和奥涅加遗址——都与主要河流有关，并且可能都是周边地区的人们每年举行集会的场所。这些遗址大多是大型居址，而且阿尔塔遗址依然是历史时期的萨米人每年进行集会的地方。格德哈恩（Goldhahn 2002）在他的那篇关于纳姆弗森岩刻

遗址（该遗址在新石器时代位于奥格曼［Ångerman］河的河口）的
"声音景观"的重要论文中指出，河口是不同世界之间的"自然"入口
或门户，部分原因在于河口具有非同寻常的感知和体验的特质。像纳姆
弗森激流所发出的震耳欲聋的流水声，让人们产生了一种与"此岸世
界"的疏离感，并像击鼓和其他改变人意识的技术一样，让人进入一
种意识改变状态——在萨满教背景下，萨满得以进入彼岸世界。激流
有节奏地"呼吸"，会与岩刻有节奏的琢击声产生共鸣，并且岩刻遗
址的阈限本质（一些位于河口这个中心地带的遗址险象环生，难以到
达）进一步加剧了诸如纳姆弗森和维格等遗址的特殊性。

　　进入公元前 3 千纪末，随着芬诺斯堪底亚北部社会复杂化和远距
离贸易的迹象逐渐减少，河口作为贸易场所和人口中心的地位也随之
减弱。我们仍然不清楚上述现象是否反映了人口数量的显著减少，能
否表明人们采用了更加趋向流动的生活方式或其他重大变化。北欧青
铜时代在公元前 2 千纪的上半叶迎来了它的第一次繁荣，但除了波罗
的海沿岸一小段狭长地带外，芬诺斯坎底亚北部大部分地区都被排除
在了这一文化圈之外。尽管与斯堪的纳维亚半岛南部同时期的青铜时
代社会相比，学界对芬诺斯坎底亚北部青铜时代社会的研究更为薄
弱，而且人们对其知之甚少，但来自俄罗斯欧洲境内的社会影响似乎
继续在芬诺斯坎底亚东北部地区发挥着重要作用，如纺织陶器
（Textile Ware）在该地区的传播流行就是明显的例证（Lavento 2000）。
现有资料数量有限且考古学家也难以对其做出解释，但有迹象表明，
芬诺斯坎底亚北部的这些地点同该地区庞大的关系网络相连，而且河
口在某种程度上依然是非常重要的地点。

　　考古学家在位于当时的奥卢约基（Oulujoki）河口附近的哈罗森
特奥尔马（Halosentörmä）遗址发现了芬兰最早的青铜制品的证据

（其年代大致为公元前 1800 年）。哈罗森特奥尔马遗址出土了丰富多样的遗物，其中从外地进口的石料最具特色，但该遗址没有发现建筑遗迹，以致遗址的性质仍然无法确定（Herva and Ikäheimo 2002）。诚然，这是芬诺斯坎底亚东北部的青铜时代和铁器时代遗址的共同特征：该地区目前已经发现了数以百计的遗址，但考古学家对这些遗址的研究相当有限，发掘所获的考古资料通常也难以解释。芬兰西部和南部沿海地区受斯堪的纳维亚的影响尤为明显，而汇入波罗的海的河流谷地发展成为当地的社会中心。这些中心遗址具有一些社会复杂化的标志，有时会发现极高比例的石棺，而且斯堪的纳维亚南部风格的青铜器也偶有发现。但是，这些中心遗址仍然是塔皮奥·塞格（Tapio Seger 1982）所说的"新兴酋邦"，它们在物质财富或人力资源方面的积累从未达到丹麦中部地区和瑞典南部的规模。

到了青铜器时代末期，芬诺斯坎底亚北部河口出现了大量的炊煮坑，这可能与海豹油的周期性生产和（或）宴飨活动有关（Kuusela 2013），但我们对这种现象的更广泛的社会文化背景依然知之甚少。同样，凯米河河口的拉卡纳玛基（Rakanamaki）遗址作为一个孤例，也表明河口在这一时期具有特殊的意义。大约在公元元年至公元 400 年之间，拉卡纳玛基岛上存在人类活动。此时，拉卡纳玛基岛是一座近海岛屿，已经出现了金属加工和贸易的迹象，有证据表明，该岛屿与瑞典玛拉伦（Mälaren）湖地区有联系。此外，考古学家在该岛的最高点还发现了石棺墓。但是，拉卡纳玛基遗址上没有发现人类在此永久性定居的遗迹，因此，考古发掘者认为，它可能是一个早期的市场。在随后的铁器时代晚期和中世纪早期，这种分布在河口的市场已成为波罗的海北部世界的中心，其地位再次得到显著提升（Kuusela et al. 2016, 2018；Kuusela 2018）。

史前时代晚期的神话王国

到了公元1千纪后期，北部河口的重要性日益增加，这与西罗马帝国灭亡后欧洲世界大范围的重组有关。在铁器时代晚期和中世纪早期，人们从历史学和考古学证据中早已知道波的尼亚湾周围出现了独特的中心和市场。然而，这一过程的性质、意义和影响最近得到了重新评估，这一方面有望为北极在整个欧亚大陆社会转型中的地位提供新的洞见，另一方面也有助于对当地神话、民间传说、历史学和考古学产生新见解。

有史以来，真实和想象中的北极世界一直让欧洲人心驰神往。这种吸引力表现在人们总是在北极世界中寻找各种虚构的或半神话的（semi-mythological）国度，这些国度从遥远的古典希腊时期的许珀耳玻瑞亚（Hyperborea）到被现代人描述为圣诞老人故乡的拉普兰，无所不包。对希腊人来说，许珀耳玻瑞亚是理想中的富饶之地，在那里，过着宁静幸福生活的人们总是沐浴着温暖的阳光，但到了早期基督教时期，人们则将北极想象为撒旦的黑暗国度，这里到处是异教徒和魔鬼（Andersson Burnett 2010）。类似主题在中世纪后期重新出现，当时，斯堪的纳维亚半岛通过建立早期国家并皈依基督教的方式开始融入欧洲世界。正是在这种背景下，被称作11世纪"北方使徒"的不来梅的亚当（Adam of Bremen）在其著作《汉堡大主教史》（*Gesta Hammaburgensis Ecclesiae Pontificum*）（汉堡-不来梅教区的主教事迹，1075年）中写道，在波罗的海沿岸瑞典王国的东部、距离爱斯特兰岛（Aestland）不远的地方有一片"女性国度"（Terra Feminarum）（或亚马逊人的国度）。亚当在书中还记述了一些简短的轶事，这些

131

图 7.2 奥劳斯·马格努斯在《海图与北境志》（*Carta marina et descriptio septentrionalium terrarum*）（Olaus Magnus 1539）中描绘的芬诺斯坎底亚北部地区。《海图与北境志》是第一部比较准确地表现北欧世界地理的地图。书中还包括大量地名以及以"民族志"的方式记录北极文化的丰富信息。

轶事如果不是因为同芬诺斯坎底亚北部历史之初大量晦涩难懂的文献资料和观察资料有关，很可能早已被人遗忘。

中世纪挪威人和盎格鲁-撒克逊人的历史叙述中还提到了比亚马兰（Bjarmaland，古英语"Beormaland"）和克文兰（Kvenland）这两个令人难以理解的民族和地域。几个世纪以来，学者们一直关注着这两个民族的性格、领地以及历史实在（historical reality）。尽管人们一直不确定比亚马兰的实际位置，但在奥劳斯·马格努斯绘制的 16世纪的北欧地图中，比亚马兰依然占有重要的位置（图 7.2）。北欧的民间传说中也记录着一些神话之地或神话国度，芬兰的《卡勒瓦拉》史诗中描述的"英雄之地"（Kalevala）和"北境之地"（Pohjola）就是其中的典型代表。即使在这样的背景下，古典的和北极的地理文化

132

反复融合本身就很耐人寻味也很重要，但民间传说中的一些地方显然是虚构的。这表明，在北极世界中，不同世界和时代是如何汇集在一起从而将现实和幻想融为一体，构成了人们对欧洲北极地区认识的一般特征。与此同时，一些研究北极地区的学者也对此产生了一些推断。奥劳斯·鲁德贝克便是一个绝佳的例子，他曾就克文兰和比亚马兰的历史实在性这一问题进行过研究，但是真实与幻想相融合的传统一直以各种形式延续至今。例如，自从《卡勒瓦拉》史诗的编撰者——生活在白海以东的波赫尤拉（Pohjola）的埃利亚斯·隆洛特（Elias Lönnrot, 1802 - 1884）的时代开始，芬兰学者便一直就《卡勒瓦拉》史诗中提到地点的历史真实性争论不休，直到 20 世纪 80 年代，马蒂·克林奇（Matti Klinge 1983）和科斯蒂·朱尔库（Kyösti Julku 1986）等著名历史学家仍在大量研究文章中探讨这个问题。即使这场争论在学术界中已经逐渐消退，但是它依然以各种形式的（伪）历史推断活跃在各大互联网论坛上。

历史学家仅凭史料无法得出太多确凿的结论。历史学家科斯蒂·朱尔库对克文兰的研究很好地证实了这一点（Julku 1986）。朱尔库搜集了不同时期与克文兰有关的所有档案资料，并对这些资料进行了细致的学术分析。朱尔库对亚当（Adam of Bremen）将克文兰看作一处北极的女性王国（Terra Feminarum）的观点进行分析，认为亚当的认识可能是对古挪威语单词"kven"（"女人"）的错误解读造成的。为亚当提供信息的人们说的可能并不是"女性国度"，而是"克文人的国度"（Land of the Kvens），因为 9 世纪曾到访过韦塞克斯（Wessex）阿尔弗雷德大帝（King of Alfred）宫廷的名为奥塔尔（Ottar）的挪威海员的记述中提到了"cwenas"（克文）这个词。这是一个生活在瑞典以北名为克文（cwena）的土地上的民族的名字。亚当的解释也与罗马历史学家塔西佗的类似观点相呼应。塔西佗在《日耳曼尼亚志》（大约成书于公元 98 年）中坚称，虽然生活在苏伊奥尼人（sueones）（可能是瑞典人 svear）附近的西顿人（sithones）在其他方面同他们周围的族群相类似，但西顿人已经"堕落"到由女性统治的程度。《卡勒瓦拉》史诗中同样将波赫尤拉或挪威（Northland）描述为女巫王后洛希（Louhi）统治下的"母权制"状态，这可能与波赫尤拉作为死亡之地的神话角色有关，在北极神话中，这一地区通常是被诸如古老的北欧冥界女神海拉（Old Norse goddess Hél）（Mistress of the Dead）所监管的。即便如此，这似乎同史料记载惊人地相似。

　　无论由女性统治的女性王国背后究竟有着怎样的故事，朱尔库（Julku 1986）都认为克文兰可能确实是波的尼亚湾北部原史时期一个真实存在的王国，但他也留下了许多关于克文兰性质和特征的问题没有解决。除了历史资料外，朱尔库同样将可能与之相关的考古资料纳入自己的研究范畴，其中就包括了当时考古学家在北部河口地区最新发掘的一些中心遗址，如托尔尼奥河（River Tornio）河口铁器时代的拉卡纳玛基遗址。不过，朱尔库也承认考古资料是不充足的，并且在某些方面同有关克文兰的历史信息相矛盾。考古学家最近在河口地区发现了更多铁器时代晚期和中世纪早期的遗址，这促使人们从根本上重新评估河口遗址的特征，以及思考这些遗址如何同各种带有一定神话色彩的（semi-mythical）北极国度和历史现实相联系（Kuusela 2013，2018；Kuusela et al. 2016，2018）。

　　后殖民主义思潮以及与之相关的对南方视角①的反思，改变了人们对北极的看法。作为一种学术传统，这种南方视角一直主导着人们

133

---

　　① 欧洲北极以外的欧洲人看待北极的视角——译者。

对北极历史的理解。自近代早期以来，北欧国家不仅实现了对北极土地和民族的殖民化，而且这种殖民化过程还体现在对北极民族历史的构建之中，这一过程塑造了自 17 世纪古物学家的时代以来，人们理解与表达北极历史和史前史的方式（如 Herva et al. 2017，2018）。人们一直将芬诺斯坎底亚北部地区，或者说集约化农业和中世纪城市化范围之外的大部分地区，看作是南方发达地区的附庸。实际上，人们认为，几乎所有北极史前及历史时期的社会文化变化都被动地反映了南方发生的事件，甚至是由南方人主导的事件迫使北极的社会文化变化得以发生。而且在传统上，我们也是以这种方式理解北极河口地区的考古遗址。

至今仍占主流的传统观点认为，北极河口中心聚居地出现的原因是南方人被这里富饶的天然渔场及丰富的皮毛资源所吸引，更为频繁地来到北极这个"蛮荒之地"获取资源。第二种解释认为，尤其自 13 世纪以来，瑞典王国向北极的扩张让北极河口出现了中心聚居地。但最近的研究表明，波的尼亚湾的中心聚居地可能在瑞典王国向北扩张的很久之前（可能是在 9 世纪左右）就已形成，正如本章前文所述，这一聚居地的根源可能一直上溯至新石器时代。北极河口中心聚居地的出现大约与维京人第一次劫掠以及诸如丹麦的里伯（Ribe）和海泽比（Hedeby）等维京贸易中心的出现大致同步，这表明上述与维京人有关的两个社会现象可能都与欧亚大陆中更广泛的社会进程有关。

比卡尔人的"商人王国"

比卡尔人（birkarls）这个控制着中世纪北方贸易（或者至少是中世纪北方贸易重要的中间人）的神秘且历史上真实存在的族群，同样被认为是起源于当今芬兰西南部的商人。他们享有瑞典国王授予的同萨米人进行贸易的专属特权。但自相矛盾的是，他们也代表国王强行向萨米人征税，这似乎破坏了贸易活动所必需的诚信关系。然而，比卡尔人最初可能并不受瑞典国王的控制，这一族群在体制上最初更可能是中世纪独立的、从事北方贸易的本土"组织"，而作为国王的税收征管人和代理人的比卡尔人可能是后期历史发展的结果（Bergman and Edlund 2016）。

在瑞典的早期文献中记载着比卡尔人的事迹，而且在 17 世纪的文献中也曾提到比卡尔人，但这个族群在考古学上却鲜为人知，部分原因无疑是我们尚不清楚"比卡尔的物质文化"面貌。考古学家仅发掘了一处居住址，经认定，该遗址同历史上著名的比卡尔酋长有关。这个遗址位于靠近托尔尼奥（Tornio）河口的奥拉维森森岛（Oravaisensaari），曾是 16 世纪瑞典拉普兰地区的商人兼执政官尼尔斯·奥拉瓦因（Nils Orawain 或 Niilo Oravainen，约 1520‑1597，参 Niskanen 2007）的宅邸。最近，英格拉·伯格曼（Ingela Bergman）和拉尔斯·埃德隆德（Lars Edlund）（Bergman and Edlund 2016）从各个方面深入分析了比卡尔人的贸易活动以及贸易组织的特征。他们的研究表明，由社区选举产生的比卡尔人分工明确，在波罗的海北部海岸地区和内陆之间开展业务，并负责建设和维护贸易所需的基础设施。在带有一定神话色彩的（semi-mythical）克文人统治之下的铁器时代，这个贸易体系大概以相似的方式开始运转了（另见 Kuusela et al. 2018）。

芬诺斯坎底亚北部铁器时代晚期和中世纪早期的考古发现表明，该地区同周边地区乃至更远的地方存在交流互动。虽然传统的观点认为，这些考古遗存是在北极地区活动的外地人留下的，但或许我们更应该认为这些遗存是在一个庞大的贸易网络中从事交换活动的北极人

134

留下的。无论比卡尔人或更难理解的克文人的族属背景如何（尽管萨米人最可能与他们有联系；参 Bergman and Edlund 2016），他们显然都以传统的非农业经济为生，且与北方其他本土社群是一种相互依存的关系（见 Kuusela et al. 2018）。还应该指出的是，比卡尔人和克文人可能是同一个群体；不论事实如何，曾亲临拉普兰地区的 16 世纪瑞典主教兼编年史家奥劳斯·马格努斯都持这样的观点。

13 世纪瑞典文献中首次提到了比克文人的贸易体系，但实际上，该贸易体系产生的年代要更早，这需要我们重新审视有关克文人和克文兰的资料来源，而这些资料给人的印象是克文人控制着芬诺斯坎底亚北部的大片领土。最近，库瑟拉的学术团队（Kuusela et al. 2016）根据考古学证据提出，在公元 2 千纪初的几百年时间里，瑞典和"北方"领土之间存在着明确的界限，这表明确实存在着一个地方政权控制着北极地区。斯诺里·斯图卢森（Snorri Sturluson）的《埃吉尔萨迦》（*Egil's Saga*）讲述了挪威人如何与克文人达成协议，以便组织一支队伍去袭击卡累利阿人。根据这一传说记载，克文人曾召集了一批数百名武装人员组成的庞大队伍，由一位名叫法拉维德（Faravid）的"国王"领导。尽管《埃吉尔萨迦》强调了克文人的军事力量，但实际上，他们的军事力量可能蕴含在有关芬诺斯坎底亚北部广阔内陆地区的环境、条件和人民的知识之中，这也使他们无法被武力所征服。这些知识使克文人和后来的比卡尔人有能力组织和经营北极商品（诸如毛皮之类）的贸易。

在欧洲最北端历史的宏大叙事中，关于上述内容的关键内涵是，芬诺斯坎底亚不仅是瑞典与诺夫哥罗德两个新兴国家之间进行权力争斗的角斗场，而且还是铁器时代晚期和中世纪时期北极本土的"第三个政权"。虽然这个政权最终被不断向外扩张的瑞典王国所取代，但它在亚当关于亚马逊人的国度的论述，以及北欧和其他地区的文献中提及克文人和克文兰的地方依然隐约可见。这一案例再次表明，真实的北极世界总是以一种引人入胜的方式同人们长期对北极世界的文化想象和幻想相融合。分布在河口地区的遗址是这个"贸易王国"不可或缺的组成部分，因为它们标志着通往北极内陆地区的门户。目前，我们从河口地区已经发掘的"中心"遗址的考古材料中仅能大致了解到当时的人类活动情况，但值得注意的是，这些遗址往往也有墓地分布。因此，在中心聚居地通常有祖先的存在，而且在这里分布的集市同样具有超脱尘世的意涵。例如，人们会用新鲜的白桦树枝勾勒出集市的边界，象征性地将集市与"正常的生活空间"分隔开。这种将此岸世界的世俗空间同超脱尘世的异界空间相融合的基本理念一直延续到中世纪至近代早期，当时，北极最早的教堂都是在古代的市场中修建的。

市场

在不同时期，贸易一直是北极文化和社会的重要组成部分，但是在铁器时代晚期及中世纪早期，甚至任何时期，贸易都不仅是一个与实际生活有关的经济问题，而是同更广泛的文化和宇宙观问题交织在一起，这些问题包括交通的重要意义、跨文化交往以及在异域商品的交换中积累的象征性资本等。我们可以将北极人看作是"与生俱来的"商人，因为他们的传统生活方式便涉及长距离移动，并且与无数生灵共同生活在他们的世界中，可见，北极人的生活就是同"他者"进行互动和谈判。因此，与贸易有关的各种活动将很容易与北方文化的那些更普遍的特征产生共鸣。

　　河流将不同的世界分隔开的这种观念或许也在某些特定历史时期遗址的空间组织中得到反映，赫德奈斯－卡凯努恩基拉（Hedenäs-Kainununkylä）建筑群（有关该遗址的详细信息，参 Wallerström 1995）就反映了这一观念。这个中世纪和早期现代社会的遗址位于托尔尼奥河沿岸，即现在的托尔尼奥河河口和托尔尼奥镇以北约 40 公里。该遗址在现代芬兰与瑞典国界线的两侧均有分布。自古以来，托尔尼奥河就是从波罗的海到拉普兰内陆和北冰洋的主要路线，它至今在当地仍被称为"航道"（The Route，芬兰语"väylä"），因此也是当地非常重要的景观要素。赫德奈斯－卡凯努恩基拉遗址从公元 2 千纪初到现代社会早期一直有人居住，该遗址在年代上代表了芬诺斯坎底亚南部的农业群体对北部地区进行殖民的早期阶段。在这种情况下，特别引人注意的是，不同类型的人类活动与河流的不同河岸之间存在相关性：人们实际居住的房屋位于河流东岸，而坟墓、市场以及 1617 年修建的第一座社区教堂则位于河流西岸。坟墓和集市相邻分布的格局乍看上去似乎颇为奇特，因为市场可能会嘈杂不堪、喧闹无比，而身处墓地则需要人们保持敬畏和克制。但这种分布格局是很合理的，因为这两种人类活动空间共享同一种"阈限"关联（"liminal"association），而且不论在具体的事实层面（分布在河边）还是在抽象的象征层面，这两类空间都远离日常生活。

　　虽然考古学家对铁器时代和中世纪的沿海中心枢纽发生的具体活动所知甚少，但是学者从后代有关北极市场和定期集市（fairs）的历史文献中能够查阅到这些早期贸易活动特征的一些记载。最重要的是，历史记载表明，定期集市是季节性的特殊活动，将芬诺斯坎底亚和波罗的海世界周边以及更远地方的、带着各地不同文化背景的人们聚集在一起。除了商业和经济目的外，北极的集市还兼具行政、社会

136

和宗教职能（Ylimaunu 2007：26-28；Symonds et al. 2015），通常能够和特乌斯（Theuws 2004）称作"一种整体的社会现象"的中世纪早期的中欧集市相媲美。奥劳斯·马格努斯（Magnus 1973［1555］：XX.1）对16世纪托尔尼奥的重要市场和集市（图7.3）作了简要的介绍，突出表现了托尔尼奥市场的繁华热闹和多元的文化氛围，相比之下，雅各布·费尔曼（Jakob Fellman 1980）和马蒂亚斯·卡斯特（Mathias Castén 1954）则生动地叙述了19世纪的凯米集市上的不良行为和酗酒行为，并对此予以谴责。

图7.3 托尔尼奥市场位于托尔尼奥河口的一个岛屿上，是一条从波罗的海途经拉普兰内陆最终到达北冰洋的重要路线。

资料来源：奥劳斯·马格努斯《北方民族史》中的插图（Olaus Magnus 1555）。

上述历史记录以及许多其他类似的历史记载表明，正常的社会秩序无法在集市上维系，或者并不适用于集市。人们除了在集市上建立和维持人际关系外，还从事酗酒等恶习活动，总之，人们在集市上的行为通常与一般日常活动截然不同（Cleve 1955；Ylimaunu 2007：27-28）。换言之，集市上囊括了特定时空范围内的特殊活动，这些活动具有阈限和"超脱尘世的异界"维度。因此，北极的集市通常分布在靠近河口的岛屿上可能并非巧合。长期以来，岛屿一直同北极文化中的阈限性以及超脱尘世的异界性相关联（见第五章），这可能使得岛屿特别适合成为特殊活动发生的场所，而且市场内或市场附近修建的墓地和教堂则进一步体现了集市所具有的超脱尘世的异界维度。

第三部分
天 空

第八章　鸟类与宇宙观

候鸟与变化的季节

人们在世界各地都能够看到候鸟的迁徙，但是没有任何其他地方和北极地区一样，能够让人如此真切而又敏锐地感受到它们的存在。鸟类之所以迁徙是因为寒冬降临后食物资源短缺，尤其是一些水鸟和涉禽会因湖泊和海洋的结冰而被迫离开。因此，对人类来说，候鸟的离开预示着秋天以及一年中最艰难时期的来临，这时，持续数月的寒冷和霜冻使人们面临饥饿甚至死亡的威胁（Zvelebil and Jordan 1999：199）。这方面的威胁如今已不复存在，但每逢夏日离去，鸟类的大规模迁徙也会令人心生敬畏、忧郁伤感。在史前时期，鸟类的数量要比今天多得多，而且鸟类是当时人类重要的食物来源，因此，候鸟迁徙对史前人类的影响必然更加明显。

候鸟的归来则象征着春天和生命。具体来说，回归的候鸟不仅为以鸟类和鸟蛋为生的生物提供重要的食物资源，同时，鸟类的求爱仪式和鸣叫也象征着新生和繁衍。因此，成群结队的候鸟（如野鸭、天鹅以及鹤等）便与生命的周期性特征联系在一起，这在高纬度地区尤其引人注目，它反映出人们对北极这样一个非常极端且对比强烈的世界的感知。一些北方民族，例如恩加纳桑人（Nganasan）、叶尼塞人（Nenets）和多尔干人（Dolgans）会在春季举行特殊的仪式，欢迎迁徙归来的野鸭和天鹅（Napolskikh 1992：9）。甚至鸟类的迁徙路线可能在一定程度上将南方与生命、北方与死亡联系在一起，这种关联的思想在北极宇宙观中无处不在。这一观念的历史根源体现在芬诺斯坎底亚北部地区史前时期的墓葬朝向上，具体而言，几乎整个史前时期，该地区的墓葬均大致呈正南北向，只有当基督教在铁器时代晚期出现后，东西向的墓向才成为定制。

142 　　但是，并不是所有候鸟都能在经济或象征意义上激发人类的兴趣。候鸟的象征意义存在着巨大的地域性差异。在某些地方，松鸦（jays）和鱼鹰（ospreys）具有重要的象征意义（Mannermaa 2013），但更重要的是那些成千上万的、集结成群并排列成 V 字形进行大规模迁徙的野鸭、大雁、鹤和天鹅等。从南方的视角来看，天鹅尤其被视为北方的象征。在可以追溯到荷马和赫西奥德关于许珀耳玻瑞亚之神阿波罗（Hyperborean Apollo，即起源于北方的阿波罗）的神话中，记载着光明之神在秋天离开希腊，在极北之地（the Far North）度过冬季后，在春天乘坐着绘有北方天鹅的战车返回希腊（图 8.1）。

　　出土动物骨骼遗存的研究表明（如 Mannermaa 2003；Mannermaa and Lõugas 2005），捕鸟在波罗的海北部地区整个史前时期都有着重要意义。尽管难以证明当时人们猎食鸟蛋，但民族学资料表明，鸟蛋也是人们饮食中的重要组成部分。在出土的动物骨骼遗存中，以各种野鸭、野鸡（如松鸡和雷鸟）以及天鹅等鸟类的遗骸为主，它们似乎是当地猎人所偏爱狩猎的物种。但是，这些鸟类形象也同样出现在各种图像和仪式场景中，这表明，人类与鸟类之间除了猎人和猎物的关系外，还存在着更深层次的联系。

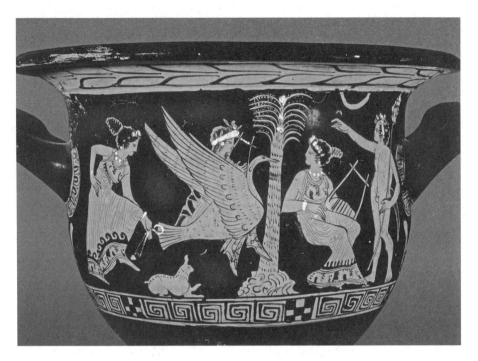

**图 8.1　古希腊时期一件红色人物纹饰的双耳杯（krater）
上刻画着阿波罗骑着天鹅飞行的形象。**

资料来源：大英博物馆。

　　正如我们已经看到的（见第五章），水鸟是芬诺-乌拉尔的宇宙创
世神话的重要特征，而且奥涅加湖的新石器时代岩画艺术中可能也有
刻画。值得注意的是，对水鸟的描绘主要局限在芬诺斯坎底亚东部的
岩画艺术中，在这一地区，鸟的形象也出现在同期的典型篦纹陶时期
的陶器纹饰中（见图3.2）。此外，水鸟在空中飞行、在旱地行走以
及在水下潜行的能力同环北极地区的三重宇宙的观念相统一，这使得
水鸟成为杰出的信息传递使者，它们可以在真实世界和虚幻世界，或
者自然世界和精神世界等不同层次的宇宙空间之间自由穿行。

　　在萨满教的宇宙观中，上层世界的旅行通常以超自然的鸟类的形
式发生（Bäckman 1975），萨米人将这种鸟称为 *sáiva leddie*。相比之

下，像鹊鸭（*Bucephala clangula*）这种潜水鸟类则与水下的下层世界有关（Napolskikh 1992）。担任神灵助手的超自然神鸟通常是一种松鸡（*Tetrao urogallus*），而且在拉普兰地区流传着一则与"狩猎事故"有关的故事。故事中，一位猎人射中了一只飞翔的松鸡，当他前往那只鸟掉落的地方查看时，发现的却是一个死掉的萨满。这类主题的民间传说似乎有很长的历史，因为在阿尔塔地区伯格布克滕岩刻群的 1号岩刻上有一处岩画场景（碳十四校正年代为公元前 4200 年）可能描述了类似的事件。这幅岩画展现了一组由八个人构成的图像，他们一个挨一个排成一排，其中，最后一个人触摸着倒数第二个人的头部并朝向不同的方向（图 8.2）。

图 8.2　位于挪威北部的阿尔塔岩画中的一个场景，可以将其阐释为一次被弓箭手干扰的萨满飞行。

资料来源：安蒂·拉赫玛。

正如杰尔德（Gjerde 2010）所述，这可能是一系列具有时间顺序的动作，而非一群正在行走的人。在人群附近还有一些驯鹿图像，杰尔德将这个场景阐释为一个正在飞行的萨满，他从驯鹿变形而来，随后又变成了驯鹿。然而，我们很难确定这两个驯鹿形象是否与该场景有关，但是因为"飞行"人群中的第五个人似乎在腹部嵌有一支箭，所以可以确定，面对着"飞行"人群且挥舞着弓和箭的大人物实际上是该场景的一部分。因此，这组图像似乎描绘了一个人正持箭射向另一个在空中飞行的人，这个飞行的人中箭后从天上掉落的场景。

作为人的鸟类

在丹麦中石器时代厄特布时期（Ertebølle）的遗址中，不论在废弃堆积中还是墓葬背景出土的动物遗存中，天鹅骨骼的数量都是最多的。鉴于阿戈松（Aggersund）遗址内出土的所有动物遗存均为大天鹅（Whooper swam）的骨骼，考古学家认为该遗址是专门用于狩猎天鹅的营地（Møhl 1978）。此外，在芬兰中石器时代和新石器时代的遗址中也发现有天鹅遗存（Ukkonen and Mannermaa 2017）。这一现象的发生似乎不足为奇。天鹅作为一种大型鸟类，它们的行动速度缓慢并且不那么惧怕人类，因此很容易被人类抓住。一只成年大天鹅能够产出 5 千克的肉，在 20 世纪初大天鹅被猎杀殆尽之前，它们是拉普兰地区人们的重要营养来源（Leinonen 2000）。萨米人还用天鹅骨骼和皮毛制作各种器具。与此同时，很多迹象表明，人类与天鹅和松鸡等鸟类之间的关系同第四章中所讨论的人类与驼鹿之间的关系一样复杂，而且人与这两类动物之间的关系在许多方面都存在相似性。

韦德布克·布热巴肯（Vedbæk Bøgebakken）是丹麦著名的中石

器时代墓地，其大致与阿戈松（Aggersund）遗址同时。有证据表明，在该墓地中，人与天鹅之间存在着非比寻常的或者"超越经济层面的"关系（Albrethsen and Brinch Petersen 1976）。在 8 号墓葬中，考古学家发现了一座双人合葬墓，墓主为一个大约 18 岁的女性和一个新生婴儿，他们被放置在天鹅的翅膀上。欧威顿和哈米拉基斯（Overton and Hamilakis 2013）在他们的社会动物考古学"宣言"中以丹麦的遗址为例，讨论了两个具有情感和自主性的不同物种之间在感官和情感层面的关系，这试图超越将动物看作人类专属的营养资源或象征媒介的理念。两位学者认为，给死去的天鹅剥皮是一件极富情感色彩的事情，它涉及人类的感官体验，例如，人们会亲眼看到洁白无瑕的羽毛上沾染了鲜红的血液，亲手触摸到天鹅那被剥掉的柔软洁白的皮肤，总之人们会同已经死去动物发生一系列的互动（Overton and Hamilakis 2013：218）。然而，将死去的婴儿放在动物的翅膀上则意味着一种养育和保护的关系。

奥涅加湖的新石器时代岩刻以水禽图像为主，其中，至少有 44% 的岩刻表现的是天鹅或鹅（Poikalainen 2004）。很明显，这些雕刻的"含义"会因创作背景、制作细节以及岩石物理特征的区别而大不相同（参 Lahelma 2012a），但是，其中有一些图像似乎暗示了天鹅与人类之间存在着共同的本质。波伊卡莱宁（Poikalainen 2006）已经识别出一系列图像，这些图像表达了从具有人类特征的天鹅（例如人类的脚而不是有蹼的足）变形到具有天鹅特征的人类（例如暗示天鹅脖子的鸟喙和弯曲的形状）的不同阶段，这意味着天鹅与人类两个物种在本体论层面上是相互流动的。朱尼科夫（Zhulnikov 2006：42）还引用了一个卡累利阿地区新石器时代遗址的例子，在该遗址中，一具完整的天鹅骸骨被单独埋葬在一个灰坑中，相比之下，所有其他动物的骨骼则散乱地堆放在同一个垃圾坑中，这说明当时人们对天鹅进行了妥善地安葬。

正如猎杀驼鹿是一种带有性意味的行为一样，身体变形也是一种一直都在使用的威胁，猎鸟可能同样涉及模仿和引诱猎物。在中石器时代和新石器时代的遗址中，考古学家都发现了被认为是骨笛的管状骨制品。目前对这些人工制品的解释尚不确定，但是雷尼奥和曼多马（Rainio and Mannermaa 2004）对瑞典哥特兰岛阿吉维德（Ajvide）新石器时代中期狩猎采集遗址中发现的穿孔制品进行的实验研究证实，至少在这个案例中，它们确实构成了一个两部分构件组成的骨笛。来自北美地区的使用痕迹分析和民族志资料表明，这种类型的骨笛被用来模仿鸟类的叫声。

研究者认为，阿吉维德骨笛通过吸引鸟类接近猎人来帮助猎人捕鸟，但也考虑到了人们在宗教仪式中模仿鸟类的可能性（Rainio and Mannermaa 2014：96），这在西伯利亚采食者人群中很常见（如 Siikala 1978：134－136、167－170）。但是，这些功能和用途并不是互相排斥的。事实上，用天鹅骨骼制作骨笛意义重大，因为它能够让骨笛演奏者在感官上同鸟类遗骸进行亲密接触。对鸟类的模仿可能是萨满祭祀、仪式性的舞蹈或戏剧表演的一部分，也可能是在捕鸟时向动物"求爱"。在科拉半岛卡诺泽罗的一个著名岩画遗址中便描绘了这样的求爱场景，在该场景中，一个性欲被唤起的男子挥舞着驼鹿头牧杖面对着一只雷鸟（Kolpakov and Shumkin 2012）。

向导鸟和灵魂鸟

在大多数印欧语系的语言中，银河（the Milky Way）的命名都将这些构成光带的恒星与牛奶之路（如拉丁语"Via Lactaea"）抑或是白雪之路

（瑞典语"Vintergatan"，意为"冬季之路"）联系在一起，但芬兰-乌戈尔民族却将银河看作是一大群候鸟（Kuperjanov 2002）。这些民族认为，银河系中的每一颗恒星都代表了一个人类灵魂，它们化作鸟身，越过地平线，飞向"鸟之路"（"Pathway of Birds"，芬兰语"Linnunrata"）西南端尽头的彼岸世界。爱沙尼亚民俗学家安德烈斯·库珀雅诺夫引用了一条记录塔林（Tallinn）附近的柯拉（Keila）教区的民间传说，将作为"鸟之路"的银河描述如下：

> 这群鸟是由一只类似于天鹅的白鸟带领，这只白鸟的头部是一个年轻貌美的少女，会让所有的鸷鸟望之胆寒。鹰隼见了它会躲避在云层之中。白鸟夏季会生活在北极的一块巨石上观看午夜太阳，大鸟们会给它投喂甜美的北方浆果。我祖母的第三任丈夫尤里·纽伯格（Jüri Nõmberg）是一位有着多年出海经验的老水手，他曾看到过这只白鸟如何带领一大群鸟穿越海洋，飞向陆地。这只白鸟飞行得很低，低到人们可以看到它年轻的少女之脸，而一只体形矫健却疲惫不堪的大鹰见此则在恐惧中飞离了船桅。
>
> （Andres Kuperjanov 2002：52）

值得注意的是，天鹅星座（constellation of Cygnus or Swan）位于银河系的平面上，上述故事中提到的长有少女之脸的"头鸟"可能指的就是该星座。天鹅星座呈十字形或鸟形，人们用肉眼很容易辨识，而且天鹅星座的恒星在夜空中格外明亮。虽然人们现在对天鹅星座的称谓以及将该星座同天鹅联系在一起均来自古典世界，不过芬兰-乌戈尔人对此似乎也有着相似的认识，并同样将天鹅星座阐释为长颈水鸟。而且，有趣的是，在古希腊和芬兰-乌戈尔世界中，人们同样以相似的方式理解作为第二大星座的大熊星座（见第四章）。海基·西莫拉（Heikki Simola 2001）指出，天鹅星座的朝向似乎在为候鸟"指引方向"，因为奥涅加湖北极鹅（Arctic geese）的迁徙路径便是从西南向东北。在4月的夜空中，天鹅星座靠穹顶，"飞"往西南方向。

在乌拉尔语中，水鸟既是灵魂的象征，也是往来于此岸世界与彼岸世界之间的使者。例如，乌德穆尔特人（Udmurts）会让捕获的天鹅游过维亚特卡河（the River Vyatka），将祈祷者们送至尊神（Supreme Deity）处祈祷（Napolskikh 1992：7），而汉特人（Khanty）则将木制鸟的雕像放在坟墓中，来指引死者前往彼岸世界（Zvelebil and Jordan 1999 fig. 6.11）。朱尼科夫（Zhulnikov 2008：41）描述了当代汉特人（Khanty）的另一种死亡仪式：汉特人首先会修建一座小屋来安放死者的木制雕像；他们随后会杀死一只鸭子并将它放在小屋门前，让鸭子的头朝向死亡之地所在的北方。最后，在仪式结束之后会将小屋和木雕烧毁，并将鸭子煮熟吃掉。

奥涅加湖南部地区的维普森人（Vepsian）始终信奉着天鹅和野鸭是"灵魂鸟"（soul-birds）的信念，而且恪守着捕杀这两种鸟的禁忌（Vinokurova 2005）。当一个人睡觉时，这个人的"自由灵魂"（free-soul）以鸟的形态自由飞翔；当一个人死亡后，其灵魂也是以鸟的形式逃离肉身。维普森人和卡累利阿人（Vepsian and Karelian）墓地的东正教木制十字架上，有时仍可以看到代表死者灵魂的鸟形木雕（图8.3）。在现代的芬兰公墓中，鸟的形象与基督教的象征符号毫无关系，但鸟（通常以麻雀或燕子的小型青铜雕塑的形式出现）依然是墓碑上最常见的符号之一。现代北极社会中鸟类符号的使用可能部分源于民族国家的浪漫主义意象，扎克瑞斯·托佩利乌斯（Zachris Topelius，1818 -

图 8.3　卡累利阿苏斯塔莫村公墓的希腊东正教十字架，上面有鸟或"灵魂鸟"的符号。

资料来源：奥沃·赫希尔维（Auvo Hirsjärvi）/芬兰遗产局。

1898）曾创作了一首广为传诵的诗歌——《圣诞节早晨的麻雀》（*sparrow at Christmas mornin*），该诗歌讲述了一个女孩已故的小弟弟化身麻雀重现人间的故事，但即便如此，现代北极社会中鸟类符号的使用依然同古代有关灵魂鸟的信念和实践一脉相承，而这种有关灵魂鸟的信仰与实践则是 20 世纪初芬兰民间文化的组成部分（Haavio 1950）。

从考古学的角度来看，维德贝克（Vedbæk）、兹韦涅基和奥莱尼·奥斯特洛夫等遗址的墓葬表明，与水鸟有关的类似观念在中石器时代就已出现。考古学家们认为，在上述墓葬中发现的各个部位的鸟类遗骸（某些墓葬中还出土有完整的鸭骨架）反映了鸟类在引导死者前往"彼岸世界"的过程中发挥着重要作用（如 Zvelebil 2003；Mannermaa 2006）。在维德贝克的戈恩赫斯韦伊（Göngehusvej）7 号遗址的中石器时代墓葬中所发现的鸟类翅膀和鸭脚掌等遗骸可能也具有类似的含义（Brinch Petersen and Meiklejohn 2003）。正如阿杰维德（Ajvide）遗址发现的大部分鸟骨遗存都来自水鸟的翅膀（Mannermaa 2008）所表明，这一趋势似乎一直持续到新石器时代。除了鸟类骨骼之外，在新石器时代墓葬中偶尔也发现有象征着鸟类的小型雕像（Antanaitis 1998），如在爱沙尼亚的塔穆拉（Tamula）

遗址的墓葬中，考古学家在一名孩童的双手附近发现了一枚鸟类雕像和两根鹤的翼骨（Jaanits et al. 1982；Kriiska et al. 2007）。

该地区新石器时代早期和晚期各式陶器风格也同样借用了水鸟的元素。最典型的例子是典型篦纹陶时期的陶器装饰上偶尔出现有成排的天鹅或鸭图案（Utkin 1989；Pesonen 1996）。在少数情况下，鸟类和人的形象一起出现，如在俄罗斯诺夫哥罗德附近科洛姆西（Kolomcy）遗址出土的陶片上（Äyräpää 1953），发现有头长角的类似人形的图像，这会让人联想到与之高度相似的芬兰岩画中的图像。虽然在随后的晚期篦纹陶阶段，人们在陶器上不再装饰鸟类和拟人形态的图案，但这种关联似乎仍然存在，因为晚期篦纹陶阶段的陶器在制作时有时会加入羽毛和蛋壳碎片作为羼和料（Huurre 1998）。不仅如此，典型篦纹陶阶段和晚期篦纹陶阶段的陶器形态很像鸟蛋。我们很难猜测陶罐和水鸟涉禽究竟为何会产生联系，也不知道这种联系是如何建立的，但值得注意的是，驼鹿和水鸟的图案也出现在当代的木勺手柄上，在伊莫宁（Immonen 2002）看来，这种木勺是在狩猎之后的公共食物分享仪式上使用的。或许，饰有水鸟图案的陶罐同样是在与鸟类相关的集体宴飨活动中使用，如当代西伯利亚地区庆祝首批鸭群和鹅群到来的仪式（Napolskikh 1992：9）以及前文所述的汉特人丧葬仪式。

新石器时代结束后，水鸟的重要意义不仅体现在铁器时代的珠宝上，如鸭子和天鹅（特别是它们的脚掌）是整个芬兰-乌戈尔地区普遍的主题；还体现在各种民族志资料上，在这些资料中，我们可以发现卡累利阿传统刺绣（köspaikka）上绣有双头水鸟图案。人们认为，这种水鸟的图案源自遥远的过去，甚至可能追溯到奥涅加湖地区的新石器时代岩刻（Séppi Oino 2010）。

鹤与矮人

在芬兰-乌戈尔的宇宙观中，有一座被称作"鸟之家"的（芬兰语"lintukoto"）天堂般的岛屿，坐落在银河通向的西南地平线之外。这个栖居着大量候鸟的彼岸世界在芬兰人、科米人（Komi）、汉特人和曼西人（Mansi）等族群中广为人知，这里似乎是乌拉尔神话中最古老的一层世界（Napolskikh 1992）。天与地在此交会，显得这个地方特别低矮，以至于成人在这里难以挺直身躯。正因如此，这里居住着类似人类的小型生物（芬兰语"lintukotolaiset"）。在某些神话中，这些生物还因偷走了鸟蛋而与鹤发生战争（Berezkin 2007）。在古希腊神话中记载着矮人族俾格米人（Pygmies，希腊语"πυγμαῖοι"）与迁徙中的鹤进行的战争，这场战争被称为 Geranomachy，它首次出现在《伊利亚特》一书中（Book Ⅲ：5）。在芬兰-乌戈尔神话中也存在类似的记述。根据荷马的描述，俾格米人每年冬天都会在陆地南岸的家园，即海洋之神俄刻阿诺斯（希腊语"Gκεανός"）所在的世界之河河岸与鹤对峙。后来，希罗多德、亚里士多德和老普林尼（Pliny the Elder）等学者将这则神话看作是民族志事实而进行了详细记载，而且这则神话在古希腊罗马艺术中也占有重要地位（Dasen 1993；Ovadiah and Mucznik 2017）。在 16 世纪，奥劳斯·马格努斯在重新记录这场战争时，将战争发生的地点设在了人间世界的最外缘（图8.4）。

根据奥瓦迪亚和穆兹尼克的观点（Ovadiah and Mucznik 2017：152），古希腊罗马学者似乎从未就俾格米人与鹤的异国神话做出任何解释，而且现代学者也未能做到这一点。在人们看来，俾格米人与鹤的战争是"一个披着神话的外衣，但却在古希腊罗马世界中真确发

图 8.4 矮人与鹤在格陵兰岛上的争斗。

资料来源：奥劳斯·马格努斯《北方民族史》（Olaus Magnus 1555）中的插图。

生的事件，在这场战争中，俾格米人猎杀鸟类的目的是食用鸟肉"
（Ovadiah and Mucznik 2017：165）。也就是说，这场战争描述的是非
洲地区以鹤为食的真实的狩猎采集部落。它作为一个民族志的事实，
也许被生活在埃及的希腊人所见证，后经流传成为神话。然而，正如
贝雷兹金（Berezkin 2007：68）所指出的，"古典的古物研究未能很
好地融入人类学的主流研究中，所以很多学者认为，俾格米人与鹤的
神话主题是古希腊所独有的"。芬兰语言学家伊尔约·托伊沃宁
（Yrjö Toivonen 1937）早在 20 世纪 30 年代就已证明，芬兰、西伯利
亚和北美都流传着这个神话主题，而且这样一个广为流传的神话主题
也不可能起源于古希腊。如果这个主题有起源，它更有可能起源于北
极地区。

这一观点得到了下述若干事实的支持。首先，俾格米人身材矮小，
这与人们认为"（从地平论的宇宙观来看）有一个民族生活在地平线之

150　外的低矮世界"的观念非常契合。重要的是，希腊学者通常认为俾格米人生活在尼罗河上游，即同希腊南部隔海相望，也就是人们所知世界的最远端，而斯特拉波（Strabo）则指出，"世界之河（Oceanus）沿着整个南部海岸延伸，而且鹤在冬季迁徙到整个滨海区，因此我们必须承认，神话将俾格米人置放于世界最远端的整个沿海地带"（Ovadiah and Mucznik 2017：155）。换言之，斯特拉波认为，俾格米人只是大致在南部地平线边缘而不是某个特定地理位置生活的民族。这表明，古希腊神话也可能与银河的神话有关，在某些神话中，银河是通往地平线之外神秘国度的必经之路——古希腊人认为，这片神秘国度位于南方，而在北极地区，人们则认为这片神秘国度位于银河东北方的尽头。

　　灰鹤（Grus grus）不再是一种普通的鸟类。灰鹤有着异常纤长的腿部和喙部，因而从鹤群中脱颖而出。正如罗素和麦高文（Russell and McGowan 2003）在关于恰塔霍裕克遗址（ÇatalHöyük）中鹤的象征意义的研究中所指出的，鹤在许多方面都与人类相似。它们双足站立，身形高大（成年的鹤可高达120厘米），寿命长（有时可超过40年），而且在社会结构上也与人类相似。最重要的是，鹤会跳舞。鹤在跳舞时通常会排成整齐的队列。鹤群在跳舞时既可以由鹤发起，也可以由模仿鹤的人类发起。不仅如此，鹤天生就是好奇的生物，可以与人类建立联系。这一点被媒体称为"鹤语者"的芬兰鸟类研究者朱科·阿尔海宁（Jouko Alhainen）所证明。阿尔海宁为受伤的鹤建立了一座"救助站"，该"救助站"已经运营了三十余年（Saarinen 2008）。

　　在芬兰-乌戈尔神话中，鹤在宇宙观上也起到了重要作用。人们可能认为，鹤的身材高大，站姿挺拔，因此，鹤能将天空托起

（Lehikoinen 2009）。例如，支撑木构房屋屋顶的横梁在当代芬兰语中仍被称为 kurkihirsi 或"鹤梁（crane beam）"。因为所有建筑物，无论是锥形帐篷还是矩形房屋，在形态上都复制了当地的宇宙观（见第三章），鹤与房屋横梁的关联让鹤处在宇宙的最中心。由此，我们或许可以将鹤与宇宙最外层的"矮人族"之间的冲突视为中心与边缘、生与死或秩序与混乱之间的冲突。矮人与鹤的战争（Geranomachy）这一神话主题，可能既不是滑稽的模仿，也不是被转化为神话的非洲部落的民族志观察，而是反映了被改编成古希腊罗马背景的古老北方民族的宇宙观。正如达森（Dasen 1993）所说，虽然矮人与鹤的战争这个神话主题可能是后人根据来自上尼罗河或非洲西海岸探险家的报告阐发的，但在荷马时代，这些探险家的经历几乎无法到达希腊，而这则神话却已经在当时的古希腊人中广为流传。

　　尽管鹤在神话层面具有重要的意义（或许正因为这一点），在北极地区石器时代丰富的骨骼遗存和岩画材料中，除了在科拉半岛和卡累利阿的岩刻上刻画一些鹤的图像外（Kolpakov and Shumkin 2012），几乎没有发现鹤的痕迹。这让克里斯蒂娜·曼纳玛（Kristiina Mannermaa 2008：67）感到困惑，她认为"这些物种在考古资料中很少见的原因可能是当时人们在狩猎方面存在限制约束或者禁忌"。确实，尽管拉普兰地区的人们经常猎杀天鹅，但在历史时期更南的地区似乎存在着某些禁忌，尤其在芬兰东部和卡累利阿地区，人们要么将天鹅尊为神明，要么对其厌恶至极。一些民间传说中，人们会将杀死天鹅与杀害天使相提并论，而且生活在奥涅加湖畔的维普森人也将天鹅奉为"神鸟"（jumalanlind）（Vinokurova 2005）。这种禁忌的出现可能是由于天鹅与冥界或死亡之地之间存在关联，而天鹅之所以会和冥界建立联系，是因为天鹅纤长的脖子使它可以触及冥界。

151

魔鬼的天鹅

除了纯白色的羽毛外，天鹅最明显的特征或许是它出奇纤长的脖子。顺带提及的是，这也是天鹅与鹤的共同特征（如一夫一妻制、寿命长、呈 V 字形队列飞行）之一。纤长的脖子令天鹅可以触及水生植物及其深处的根部，而相比之下，其他鸭亚科（Anatinae）家族的鸟类则无法触及这样深的水底。但在北方民族中，正是天鹅纤长的脖子使它同水下的冥界联系在一起。芬兰作曲家让·西贝柳斯（Jean Sibelius，1865－1957）在一首名为《图内拉的天鹅》（*the Swan of Tuonela*）的音诗中将这种联系固定了下来。在这首音诗中，天鹅是在生者之地与死者之地之间的界河中游走的一种颇为凶险的鸟类（图内拉"死亡之地"在芬兰语中诸多的神话称谓之一）。天鹅同死亡之间的关联以及作为不同世界相联系的使者似乎已体现在古典文献《斐多篇》（*Phaedo*，84D－85B）中，柏拉图写到，苏格拉底曾说过，尽管天鹅在早年会唱歌，"但在濒临死亡时，作为阿波罗神（the god［Apollo］）奴仆的天鹅将要去见阿波罗神，它们会唱得格外动听"。由此可见，"天鹅之歌"（swan song）与死亡有联系。并且，作为阿波罗神的鸟，天鹅被赋予了预言的天赋，它们"事先已经知晓地狱王国的一切都是美好的，所以不会悲情歌唱，而且在濒临死亡的那天，会以不同以往的方式享受前所未有的欢乐"。

很明显的是，奥涅加湖畔的新石器时代先民对天鹅的脖子非常痴迷，他们有时会在岩画中以荒诞的方式描绘天鹅纤长的脖子。此外，天鹅的脖子和头部与基岩中的裂缝和裂隙有着特殊的联系。在贝索夫·诺斯角（the cape of Besov Nos）（又叫"魔鬼角"［Devils' Cape］）岩画地点，两条脱离天鹅身体的脖子从裂隙中伸出，仿佛是从地下进入我们的世界。在卡列茨基·诺斯（Karetskyi Nos）岩画地点，一只脖子是身体七倍长的天鹅掉进了岩石的裂缝之中。一些刻画天鹅的岩画甚至会出现一条裂缝，因此这样一条天然裂缝就构成了天鹅的脖子（Lahelma 2012a）。

尽管生灵们可以通过潜入湖底或向北远行等各种方式到达芬兰-乌戈尔的彼岸世界（Otherworld），但在芬兰-卡累利阿的萨满教民间传说中，岩石中的裂缝通常是通往死者之地的门户（见第二章）。这反映在很多芬兰语的表达之中。例如，"陷入裂缝"在芬兰语中表述为"langeta loveen"，这在传统的芬兰-卡累利阿民间诗歌《卡勒瓦拉》中指的是萨满进入迷幻状态。因此，进入裂缝或从裂缝中出来的天鹅似乎象征着（死者或萨满的）灵魂在人间与地下世界之间不断穿越。

天鹅与地下世界联系在一起，而基督教将地下世界看作是地狱（Hell），因此，中世纪的基督教传教士可能将天鹅的形象视为异教甚至是"罪恶"的象征。天鹅在基督教中的象征意义由如下事实所证明：除了奥涅加湖岩画群的核心图像（当地人称贝斯［Bes］或"魔鬼"的大型人像）外，贝索夫·诺斯岩画地点的天鹅岩刻叠加着一个希腊东正教十字架的雕刻图案（图 8.5）。这种十字架的风格可以追溯到 14 或 15 世纪，而且有学者认为，这些十字架是由附近穆鲁木斯克（Muromsk）修道院的僧侣制作的。

太阳天鹅？

除了天鹅外，奥涅加湖岩画中最具象征意义的一类图案就是所谓的月亮和太阳符号。这些图案大多呈新月形、圆形或半圆形，从圆形图案中会投射出一两条直线，有时会形成一个环形。尽管这些符号形

图 8.5 奥涅加湖新石器时代的天鹅岩刻可能在中世纪
晚期被希腊东正教十字架雕刻所叠加。
资料来源：安蒂·拉赫玛。

态多样（目前至少可以识别出 25 种不同的类型），学术界也曾就这些
符号的阐释展开讨论，但是拉夫多尼卡斯（Ravdonikas 1936）将这些
符号同太阳和月亮联系在一起的观点如今已被大家广为接受。这些符
号并非在岩画遗址分布区域随处可见，而是集中出现在佩里·诺斯
（Peri Nos）等特定的岩画地点。这促使朱尼科夫（Zhulnikov 2006）
认为，这些发现有太阳和月亮符号的地点是专门用于观测天文现象的地
方。符号中"直线投射"的方向同样不是随机的。在佩里·诺斯岩画
地点，射线的方向可以划分为三组，一组朝北，一组朝东，还有一组朝
西南，这可能指示着宇宙天体运行的方向。东方无疑是日出的方向，北
方则是芬兰-乌戈尔地区死亡之地的方向，西南可能已经成为银河的走
向，而且正如前文所述，迁徙的水鸟是从西南方向到达奥涅加湖。

153

太阳也影响着人们观察岩刻的方式。正午时分，人们几乎无法用肉眼观察到岩刻，但在斜射的光线下，岩刻的形象会越来越清晰，而日落时分则是一天之中观察岩刻的最好时机。从某种意义上讲，光线让岩刻富有生机和活力。随着太阳位置的改变，一些新的图像映入眼帘，而另一些图像则消失不见。此外，奥涅加湖的花岗岩经冰川的不断打磨而变得异常光滑，而且正如紧邻湖岸的岩画地点的岩石一样，当没有地衣覆盖时，花岗岩会发出璀璨夺目的光。由于亮度和光泽在不同的文化中都与超自然的力量有关，悬崖本身可能与光和太阳存在着某种联系。

贝索夫·诺斯岩画地点最著名的天鹅岩刻与其他岩刻的区别在于，这幅岩刻的天鹅脖子上明显有意刻有一个太阳的符号（Zhulnikov 2006）。这就向我们提出了一个问题，即天鹅是否也与太阳相关。正如布尔肖伊·古里（Bolshoy Guri）的构图所暗示的（见第五章），它们似乎与创世纪（the Creation）的神话有关。根据民间传说，在创世纪的过程中，宇宙之蛋（Cosmic Egg）的蛋黄形成了天空中的太阳。遍布整个奥涅加湖岩刻区、身体由三个同心半圆组成的所谓"宇宙天鹅"（cosmic swans），可能就是有关天鹅和宇宙起源的主题形象。但是，贝索夫·诺斯岩画地点的岩画图像也可能指的是我们早已遗失的神话和联想。一种用鹿角载着太阳的太阳鹿或者太阳驼鹿的神话形象在北极诸民族中广为人知（Jacobson 1993），而且这个神话形象可能在其他太阳生物出现之前就已存在。有趣的是，正如前文所述，在古典神话中，与太阳关系密切的阿波罗神乘坐在天鹅拉着的战车上；而且在某些神话故事中，太阳神赫利俄斯之子法厄同与天鹅星座密切相关。虽然上述关联可能仅仅是一种模糊的对应关系，但或许也值得我们深思，因为北极宇宙观和希腊罗马神话之间有着惊人的相似之处。

第九章　日·光·火

太阳的子民

至少自古典时代以来，太阳一直与北极和北方原住民关系密切，有关许珀耳玻瑞亚（Hyperborea，北方乐土、极北之地）、天涯海角（Ultima Thule）和其他北方异世界的希腊神话证明这种联系是确实存在的。公元前 4 世纪，希腊探险家来自马西利亚的皮西亚斯（Pytheas of Massilia）首次记录了北方世界（"天涯海角"）午夜太阳和冬季海水结冰等北极世界的诸多现象。虽然这些看似难以置信的说法让人们普遍认为他是一个谎话连篇的人，但是皮西亚斯的记述（没有保存下来）给古典地理学留下了深刻印象，并被诸如柏拉图和老普林尼等后世学者引用。在这些描述中，北极是一个奇特的地方，在这里，即使诸如日出和日落这样最可靠的现象也会一反常态，变得离奇怪异，不同寻常。

中世纪晚期和现代早期，北方人撰写的关于北极的文学作品开始进入中欧和南欧人的视野，其中瑞典主教和历史学家奥劳斯·马格努斯（Olaus Magnus, 1490－1557）的著作是中欧与南欧学界了解北极

社会最重要的途径。马格努斯百科全书式的著作《北方民族史》
（1555）被翻译成欧洲大多数主要语言。这种对北方奇特现象的叙述
给许多文艺复兴时期的学者和作家留下了深刻印象，塞万提斯发表的
最后一部小说《贝雪莱斯和西吉斯蒙达历险记：一段北方的历史》
（*The Travels of Persiles and Sigismunda: A Northern History*）（1617）就
是有关"图勒王子"（Prince of Thule）和弗里斯兰公主（the Princess of
Friesland）在北方的英勇事迹。从18世纪开始，欧洲学者和贵族们开
始纷纷前往北极的某些地方，如芬兰北部的阿瓦萨克萨（Aavasaksa）
和挪威最北部的诺德卡普（Nordkapp）观赏午夜太阳这一奇特现象
（图9.1）。

155

图9.1　斯凯尔德布兰（A. F. Skjöldebrand）于1799年6月绘制的阿瓦萨克
　　　　萨山（Avasaxa）的午夜太阳。刊发于朱塞佩·阿尔斯比
　　　　（Giuseppe Acerbi）的《风景如画的北极之旅》（*Voyage
　　　　pittoresque au Cap Nord*）（1801–1802）。

资料来源：芬兰遗产局。

奥劳斯·马格努斯坚称，萨米人崇拜并供奉午夜太阳，是因为当人们冬天忍受着黑暗和"难以想象的霜冻"时，午夜太阳给他们带来了光明和温暖（Ⅲ，2）。在萨米神话中，太阳（Beaivi）确实是一个主要神明，这体现在太阳在许多萨米人的萨满鼓中占据着中心的位置。有些神话认为，萨米人是太阳神（the sun-god）的后代，这是 20 世纪萨米诗人尼尔斯-阿斯拉克·瓦尔凯帕（Nils-Aslak Valkeapää）在其广受赞誉的作品《太阳，我的父亲》（*Beaivi, Áhcázan*）（1988）中强烈推崇的观念。北方人是太阳崇拜者的观念的持续存在是可以理解的，即使这在某种程度上是由"观察者"的客位视角进行的构建，但它也同北方的现实环境相一致。太阳的重要性还体现在北方的仲夏节（Midsummer Eve）庆祝活动中，仲夏节目前仍然是民间文化的重要组成部分，不仅如此，在史前考古的记录中，太阳的特殊意义有时也很明显，尤其见于青铜时代斯堪的纳维亚的图像之中。

与太阳一样，火对北方人的生存至关重要，这就解释了史前时代和历史时期的火塘所具有的象征和仪式意义。正如火塘同支撑着宇宙的世界树或世界之轴（the world-tree or pillar）之间存在联系，火塘连接着现实世界的不同维度。因此，地上的人间之火正是天上太阳之火的表亲。青铜时代晚期太阳图像的出现可能与火工技术和火引发的社会变化（即冶金技术的兴起和斯堪的纳维亚火葬的引入）日益重要有关。社会变化确实是一个与太阳和火有关的重要主题：它与北方的变形思想、萨满教实践以及与之相关的社会变化密切相关。

琥珀与阿波罗

北极除了是一片荒凉、黑暗和野蛮的土地之外，人们还将其看作是一个充满光明、阳光普照和埋有珍宝的地方，其中就包括了一种奇特珍贵的物质——琥珀（Davidson 2005：25）。数千年以来，琥珀一直让人们为之着迷，除此之外，它还被用来给电命名（琥珀在希腊语中是"ἤλεκτρον"，即"电"的意思），这是因为当琥珀与羊毛摩擦时，会产生大量的静电电荷。此外，琥珀也一直与太阳联系在一起，并在许多不同的文化背景下被赋予了神奇和疗愈的力量（Ragazzi 2016）。这些在荷马史诗中有所体现，而且数位古希腊和罗马学者都对此进行过论述和探讨，他们都证明了琥珀这种特殊物质的魅力。在欧洲，自古以来人们便认为琥珀是一种"北方"的独特物质，事实上，琥珀或许是欧洲北方边陲地带最古老的物质符号。

　　具有重要意义的是，琥珀、太阳和北极这些元素在古希腊罗马神话的主题中相结合。正如罗马文献中所记载的，法厄同与太阳战车的故事解释了希腊神话中琥珀的神话渊源。法厄同说服他的父亲太阳神赫利俄斯（Helios）让他来驾驶太阳战车，但因法厄同没有能力驾驭太阳战车，导致大地化为焦土，宙斯（Zeus）不得不击落了战车，也将法厄同杀死。法厄同死后，坠入波江座（river Eridanus）。法厄同的姐妹们悲痛欲绝，最后化身为树，她们的泪水被太阳晒成琥珀落在了波江座，而根据某些传说，波江座位于遥远的极北之地（Olcott 2013：6-7）。琥珀、太阳和北极之间的关联还体现在阿波罗（Apollo）的雕像上。阿波罗是一个复杂多面的人物，但在某个起源于古代悠久传统中将阿波罗视为许珀耳玻瑞亚之神（Hyperborean deit）。太阳神阿波罗的"北方"身份体现在汇集了琥珀和大天鹅（the whooper swan）这两种元素的象征物之中（参见图8.1），大天鹅因在亚欧大陆次北极地区生存繁衍，往往同北极地区联系在一起（Ahl 1982）。

欧洲最富饶的琥珀矿床位于波罗的海东南海岸，俄罗斯加里宁格勒（Kaliningrad）地区的大部分琥珀矿已得到开采，人们在丹麦的海岸地区也可以发现琥珀（Butrimas 2001）。史前时期，海浪的作用会将琥珀碎块从海底的矿床中剥裂下来，冲到波罗的海南部海岸的沙滩上。自新石器时代以来，琥珀已在波罗的海地区广泛分布。此后，考古学家在特洛伊（Troy）、迈锡尼（Mycenae）和其他地中海东部青铜时代晚期遗址中也发现了琥珀，在这些遗址中，琥珀自公元前16世纪中期开始突然出现（Hughes-Brock 1985；Kristiansen and Larsson 2005：125），而且人们对琥珀的热切需求一直延续到古典时代及以后（如 Vīķis-Freibergs 1985：324）。

157　　长期以来，考古学家们一直对"琥珀之路"和琥珀交换机制很感兴趣，认为人们从琥珀的交换中能够认识到古代文化和社会的方方面面。然而，琥珀除了向南流向到地中海地区之外，在新石器时代，琥珀还从波罗的海的东南海岸向北到达北欧地区（包括北极圈北部）。考古学在北欧地区大约自公元前4千纪以来的考古材料中发现了琥珀（Zhulnikov 2008；Núñez and Franzén 2011）。此外，我们应将史前琥珀分布在现今芬诺斯堪底亚北部的现象视作更广泛关系网络的一部分，这些关系网络也将波罗的海琥珀带到了俄罗斯的欧洲地区（Beck 1985：207；Nordqvist 2018）。

三十多年前，马克利·托德（Markley Todd 1985：188）发现，东西方的关系往往主导着对人们对史前和古代欧洲跨文化关系的理解。对琥珀的研究将注意力集中于南北轴线的重要性上，这可以平衡以研究东西向交流为主的局面，这"迫使学者们提出有关文化交流的新问题"（Markley Todd 1985：188）。努涅斯和弗兰森（Núñez and Franzén 2011）确定了三条新石器时代琥珀流向北极的可能路线：第一条路线沿着波罗的海东部海岸抵达北极；第二条路线横跨芬兰湾，沿着内陆水道向北延伸；第三条路线穿过拉多加湖和奥涅加湖沿着维格河（River Vyg）一路经白海到达北极地区。考古学家在一些位于北极深处的遗址中发现了数量众多的琥珀遗物，在位于波的尼亚湾北海岸伊河（river Ii）河口的基里克（Kierikki）新石器时代遗址群中，考古学家在公元前4千纪至公元前3千纪的多个遗址中发现了约200件琥珀遗物（Núñez and Franzén 2011：13，16）。

在典型篦纹陶时期的墓葬中，琥珀是一种相对常见的随葬品，而且在芬兰西南部的库卡科斯基（Kukkarkoski）等遗址中，在少数墓葬内集中出土了大量琥珀遗存，这表明琥珀与墓主人的社会等级和威望有关（Ahola 2017a）。考古学家在芬兰中部阿斯图万萨尔米（Astavansalmi）岩画前的水下考古发掘中发现了人形的琥珀小雕像，这些雕像显然是作为祭品出现在遗址中（Grönhagen 1994）。因此，在新石器时代的芬诺斯坎底亚北部地区，就像后来的地中海地区一样，琥珀显然被人们视为一种特殊且珍贵的物品，当然，琥珀在上述两种情境下的具体含义可能有所不同。

更重要的是，在这种背景下，马克利·托德（Markley Todd 1985：188）注意到琥珀是一种"将符号、神话和宗教崇拜实践的研究与现代科学研究联系起来的物质"。这为理解琥珀及其在古代世界中的魅力提供了重要线索。琥珀由于自身独特的物质属性，以及它通过从遥远北极的未知海域进口而获得的"神话资本"，对于希腊人和罗马人来说，与琥珀有关的大部分事物都存介于神话、现实和想象之间。琥珀是神话世界的物化。琥珀除了具有产生静电的能力外，作为一种物质，它的物理性质还包括光泽、硬度、半透明状和一般宝石的常规特征。但是，这种矿物般的品质却与琥珀区别于其他宝石的特质相矛

158　盾：琥珀摸起来令人感觉温暖，它十分轻巧别致，摩擦时会散发出松树香，有时我们还可以在琥珀内发现昆虫和植物的残骸，将琥珀置于火中还会燃烧。

在前现代社会的背景下，琥珀的这些物理属性使它成为一种极具矛盾性并且不同寻常的物质，这使得琥珀同许多神话和魔法发生联系。举例来说，公元前5世纪的雅典政治家尼西亚斯（Nicias）将琥珀描述为"落日光芒的'汁液'或精华，它凝结在海洋中，随后被冲上海岸"（Kunz 1971［1913］：56）。对于古希腊哲学家泰勒斯（Thales）来说，琥珀是一种"有灵魂的石头"，因为它具有将物体吸引过来的能力（即电）（Markley Todd 1985：185），而笛摩斯特拉都斯（Demostratus）则认为琥珀源于猞猁的尿液。琥珀与哀伤女子（即希腊神话中法厄同的姐妹赫利阿得斯，Heliades）泪水的神话的联系令人感兴趣，在波罗的海和斯堪的纳维亚神话中都有类似的情节。据说，挪威象征着爱与生育的女神弗蕾亚（Freyja）非常想念自己不在身边的丈夫（奥德神，the god Óðr），当她思念的泪水滴入大海里时，就会变成琥珀。立陶宛也同样流行着关于海洋女神朱拉特（Jūratė，立陶宛语中是"jūra"，意为"海"）和一个凡人卡斯提斯（Kastytis）的传说，据说雷神珀库诺（Perkūnas，雷雨）将卡斯提斯杀死之后，海洋女神流下了琥珀般的眼泪。此外，一些民间传说似乎都将琥珀与波罗的海南岸的太阳神话联系在一起（Vīķis Freibergs 1985）。

进入公元纪年以来，这种神话的解释开始在古典世界中消失。罗马博物学家老普林尼（Pliny the Elder, 23－79）在其《自然史》（*Naturalis Historia*）一书中指出，要纠正"关于琥珀的许多谬误"，并"揭露希腊人琥珀的轻率行为和谎言"。他详细介绍了琥珀的性质和可能的来源，并得出结论，认为"琥珀毫无疑问产自北方海洋诸岛"，而且"是由松树属树木排出的精华产生的"，这种精华逐渐变硬并被冲刷到海边（老普林尼《自然史》11，3）。然而，他也用了整整一章的篇幅阐述"琥珀疗法"，据他书中记载，琥珀可以治疗发烧、耳部疾病和胃病，而且能够预防谵妄。有趣的是，考古学家发现，许多波罗的海的新石器时代琥珀都被雕刻成双刃斧（labrys）的形状，这与米诺斯世界（在米诺斯世界，labrys 是一个反复出现的符号）和迷宫相一致（见第五章）。

正如老普林尼的研究所表明，尽管人们充其量只能大致确定北极的实际地理位置，但是人们对于古代琥珀起源于北方地区还是有一定认识的。希腊探险家皮西亚斯在公元前 4 世纪写到，一个名为古托斯（Gutones）的日耳曼民族（有时被称为哥特人）在北方海域一个叫阿巴卢斯（Abalus）岛屿的岸边收集琥珀，在那里，琥珀会被海浪冲刷上岸。他们将琥珀燃烧制成燃料，也会将其卖给条顿人。老普林尼也认同琥珀由日耳曼人收集并出售至潘诺尼亚（Pannonia）（今匈牙利），然后由威尼斯人从潘诺尼亚运送到亚得里亚海沿岸和地中海世界。塔西佗对琥珀贸易进行了最详细的记录，他在公元 98 年记述了一个叫埃斯蒂（Aestii）的族群：

他们在深海中不断搜寻，在所有的［日耳曼部落］族群中，他们是唯一收集琥珀的人群。他们将琥珀称为 glesum，并在浅滩和海岸发现了它。但是，野蛮的埃斯蒂人一向无知愚昧，对世界缺乏好奇心，他们既不知道也不曾探索琥珀的属性以及琥珀产生的动因。事实上，长期以来，琥珀一直被人们所忽略，仅将其看作是一种海洋中的排放物，直到它成为一种奢侈品后才获得了名声和价值。对埃斯蒂人来说，琥珀是毫无价值的：他们只是将琥珀粗略收集起来，并不对其进行打磨，只是保留着琥珀原始的粗

159

糙表面，以此获得惊人的收入。

（塔西佗《日耳曼尼亚志》45，4）

如前文所述，琥珀除了与北极和北方地区有关联之外，还与太阳存在着广泛的联系。对于荷马来说，琥珀"像太阳一样闪耀"（Gimbutas 1985：248），琥珀是与北极和许珀耳玻瑞亚息息相关的太阳神阿波罗的象征。来自米利都的希腊地理学家赫卡塔提斯（Heritateus of Miletus）宣称，许珀耳玻瑞亚是一座位于遥远北极世界的岛屿，那里的居民把阿波罗奉为太阳神（Davidson 2005：23–24）。

北极与太阳的联系看起来似乎有些奇怪，但是从古希腊的视角来看，这种关联是有道理的。古希腊人认为，随着夜幕的降临，太阳会越过里皮山脉（Ripaean Mountains，一座大致位于北方的神秘山脉），当太阳没有照耀在地中海世界时，它会在北方人生活的某个地方驻足（Davidson 2005：23–24）。尽管太阳与北方人之间的这种特殊关系建立在希腊人想象的基础之上，但这种联系一直延续到现代，并融合了南方人对北方现实世界的想象。因此，虽然太阳和北方世界之间错综复杂的联系同未知且神秘土地的异域风情有关，但它也与北方人围绕太阳这一主题的实际活动与思想观念出奇地一致。

北方太阳的崇拜

大约到了新石器时代中期，北方地区发现有大量琥珀与其他多姿多彩的外来物品（Herva et al. 2014）。现代考古学之父奥斯卡·蒙德留斯（Oscar Montelius，1843–1921）认为，斯堪的纳维亚发现的石器时代小型琥珀石斧（miniature amber axes）是"太阳神的象征"

（Montelius 1910：68）。在波罗的海沿岸诸国发现的琥珀圆盘（amber discs）也同样被解释为与史前太阳崇拜有关（参 Ahl 1982：395）。吉姆布塔斯（Gimbutas 1985：251）认为，与中欧地区新石器时代的球形双耳罐文化（Globular Amphora culture）有关的琥珀圆盘"无疑充满了'闪耀天神'的神圣力量"，而且是"天空和太阳之光的化身，这在印欧比较神话学和语言学中众所周知"（Gimbutas 1985：248）。尽管将此类圆盘同太阳崇拜相联系并非毫无道理（图9.2），然而现有的认识表明，球形双耳罐文化可能并不属于印欧文化。因此，有关琥珀的最早的神话传说可能已经消失在史前史的迷雾之中。琥珀和太阳之间的早期联系大致与岩画艺术中最早出现太阳的图像相吻合。奥涅加湖地区新石器时代岩画中

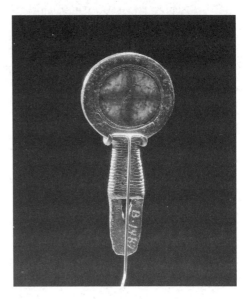

160

图9.2　丹麦青铜时代的"太阳盛装器"（sun-holder）（具体发现位置不明），由青铜框架和琥珀圆盘组成，当光线照射器物背面时，会出现太阳的"车轮十字"（wheel-cross）。

资料来源：罗伯托·福图纳（Roberto Fortuna）和基拉·乌尔塞姆（Kira Ursem）/丹麦国家博物馆。

刻有大量球形和新月形符号，拉夫多尼卡斯（Ravdonikas 1936）将其阐释为与天体崇拜特别是太阳崇拜和月亮崇拜有关。

　　在朱尼科夫（Zhulnikov 2006）看来，这些符号中发出的"射线"表明了天文学上的重要方向，而奥涅加湖地区一些半岛的岩画群可能确实记录了人们对天文现象的观察。它们的风格与后来斯堪的纳维亚南部的岩画图像非常相似，而且可能与太阳有关，哈尔斯特罗姆

161 （Hallström 1960）据此认为，这些岩画群应该被视为青铜时代斯堪的纳维亚南部地区新石器时代可能同"太阳崇拜"有关的先例。

在青铜时代，太阳的象征符号在斯堪的纳维亚视觉文化中极为常见，这表明太阳在古代北方的社会和意识形态中占有重要地位（图9.3）。太阳的图像既出现在金属制品中，也出现在岩画艺术中，并同马和船等各种其他图案相联系（参 Bradley 2006）。最著名的复合图像是在丹麦发现的特伦德霍姆（Trundholm）"太阳战车"，该图像一面镀金（可能代表太阳），另一面未镀金（代表月亮）。上述图像在当代青铜剃刀和岩画艺术中得到了复刻（Kaul 1998；Kristiansen 2010）。这些图像还汇集了数量众多、范围更广的文化现象——包括青铜、长途旅

图 9.3　瑞典塔努姆（Tanum）的阿斯伯格贝格（Aspeberget）
岩刻刻画了太阳以及两个长发的"太阳崇拜者"形象，
岩刻中还出现了狍子和戟等其他形象。

资料来源：安蒂·拉赫玛。

行、马以及战车等事物的象征意义，它们是贵族的象征，也是掌握了长途旅行和金属冶炼等深奥知识的标志，而这些现象正是青铜时代社会及其贵族精英们不可或缺的一部分（如 Kristiansen and Larsson 2005）。

我们可以用太阳的运行轨迹来解释太阳与战车、船的联系，以及与"神话之都"的远距离航行之间的关系。太阳白天乘坐战车划过长空，夜晚则会乘船前行并消失在苍茫大海中。夜晚太阳降落到地下世界，即海洋和水下的死亡之地，到了清晨会再次出现在"此岸世界"（this world）中（Kaul 1998；Kristiansen and Larsson 2005）。这则神话甚至可以在古诺尔斯语的资料中找到，例如冰岛诗歌《瓦夫鲁尼斯马尔》（*Vafþrúðnismál*）中提到了日夜兼程的马匹——斯金法西（Skinfaxi）和赫里姆法西（Hrímfaxi）（分别是"闪亮鬃毛"和"雾凇鬃毛"），它们白天拉着太阳的战车"达格"（Dagr）划过天空，夜晚则拉着月亮的战车"诺特"（Nótt）（Ellis Davidson 1964）。太阳与船的关联可能更为古老，"太阳船"的概念似乎是以北极圈为背景的（Lahelma 2017）。

青铜时代的开启标志着斯堪的纳维亚南部发生了重大的社会和文化变革，其中包括与庞大的欧亚大陆关系网络以及相关的文化影响力发生联系。然而我们目前尚不清楚为什么太阳及其象征符号会在青铜时代变得如此多见，推测可能同青铜时代的火和用火技术在冶金和火葬等中扮演的新角色有关。尽管如此，随后阶段的考古材料并没有像青铜时代的材料那样表现出人们对太阳的偏好。但是长期以来，有关太阳在北极文化中具有重要意义的观点确实在某种程度上是有道理的，因为身处北极的人们尤其会体验到太阳带给人的强烈反差：太阳在夏季格外显眼，在极昼期间，太阳会照亮夜空，而在极夜期间，太阳基本不见踪影。如同青铜时代的岩画艺术描绘的那样，太阳的运行轨迹使太阳在北极地区具有如此特殊的重要意义。

162

瑞典 17 世纪学者奥劳斯·鲁德贝克在创作代表作《亚特兰蒂卡》时，原设定的主旨是要阐明瑞典是文明的发源地，但他在瑞典北部位于北极圈以北的荒野之地发现了一块神秘的石碑。这是一块"神符之石"（runestone），在地域上比任何已知的石碑都更靠北（图 9.4）。据鲁德贝克回忆，这一发现最令他振奋之处是石碑位于"我们的始祖观测日月运行的地方"（引自 Pekonen 2005：24，作者译文）。他认为，这一地点位于北极圈，或者在纬度上标记了真正极地日的南部边界（在这里，太阳在夏季会正对地平线上方），因此，古人在这一特殊地点举

图 9.4 位于北极圈以北约 200 公里处的瑞典拉普兰的梵萨瓦拉（Vinsavaara）神符之石（正面）。这块石头不同侧面形态奇特的凹槽被解释为古老的文字（古符文），但实际上是自然营力形成的。奥劳斯·鲁德贝克认为，这块石头是古代人观测日月运行地点的标志物。

资料来源：维萨-佩卡·赫瓦。

行过与太阳崇拜相关的活动（Enbuske 2011：101）。令鲁德贝克激动不已的是，在后来的调查中发现，这块形态离奇古怪的石碑竟是天然形成的（Herva et al. 2018）。尽管在古典时期和早期现代社会中，那些有关太阳在北极文化中具有重要意义的观点都带有推测性质，当然，这些观点更多的是（欧洲）南方人对北极世界的看法，但仍有迹象表明，太阳是史前时代北极世界的显著特征。

土与火的结合

在芬兰的传统疗愈术中，巫师在治疗与火有关的伤口时会背诵一段有关"火的起源"的咒语（如 *SKVR*：Ⅶ 3，1388）。了解疾病的"起源"对于疗愈至关重要，在《卡勒瓦拉》诗歌中，对火的起源最常见的解释是与至尊神明乌科（Ukko，"Old Man"）有关。乌科用石质武器或科科（Kokko）的羽毛击打出第一道火光，这是一个在环北极地带广为流传的神话母题。自第一道火光起，火苗"穿过六重天"后掉入了神话中的阿洛湖（lake of Alue），火焰使湖水沸腾，最终被一条鱼吞噬——这不禁让人联想到弗雷明·卡尔（Flemming Kaul 1998）重构的日耳曼青铜时代的太阳神话，在神话中，夕阳同鱼相伴而生。

爱沙尼亚历史学家、后来成为爱沙尼亚共和国总统的伦纳特·梅里（Lennart Meri）认为，这则神话故事同人们对新石器时代或青铜时代曾有流星撞击爱沙尼亚的萨雷马（Saaremaa）的历史记忆有关。这次流星撞击形成了卡利（Kaali）陨石坑（图9.5）以及附近至少八个陨石坑（Meri 1976）。如今，主陨石坑是一个直径约110米的小池塘。人们普遍认为，这个陨石坑是由一块重达20－80吨的铁陨石撞击该岛后形成的。虽然有关陨石撞击年代的看法有很多，但人们一般认为，撞击发生在公元前 1500 年左右（Losiak et al. 2016）。不论确切年代如何，撞击似乎发生在相对晚近的史前时期，民间传说中保留的关于陨石撞击的一些历史记忆似乎也是可信的。池塘周围环绕的石墙推测是史前时期的，而且可能与流星撞击相关的祭祀活动有关。梅里认为，皮西亚斯在描述"极北之境"（the extreme North）时使用的 Thule（极北之地）一词直到 16 世纪之前曾被无数学者引述（该词并不存在被普遍接受的词源），该词是从波罗的海的芬兰语单词"tuli"中派生出来的，意为火，这在有关法厄同和他的火之战车的古希腊神话以及有关火的起源的芬兰-乌戈尔神话中都有体现。

图 9.5　爱沙尼亚萨雷马岛的卡利陨石坑。
资料来源：韦诺·波伊卡莱宁（Väino Poikalainen）。

人们有关火之起源的观念似乎因不同生计方式而异。对狩猎采集者而言，第一团火是由雷鸟之类的非人生命体从天空中射向地球的，这种观念源于环北极地区的神话。而在早期农民的宇宙观中，神话中的烈火是由人格化的神灵点燃的（Sarmela 1994：306 – 307）。芬兰考古学家安托·萨洛（Unto Salo 1997）将后一种观念与人们对印欧雷神（thunder-god）的崇拜联系在一起。在文献资料中，希腊的宙斯（Greek Zeus）、罗马的朱庇特（Roman Jupiter）、立陶宛的帕克纳斯（Lithuanian Perkūnas）和斯堪的纳维亚的索尔（Scandinavian Thor）都被冠以雷神之名。萨洛认为，雷神最早出现在新石器时代的穿孔"战斧"等遗物中，芬兰的民间传说将这种战斧称为"瓦嘉"（vaaja），并认为它可以保护家人免受雷击。萨洛认为，"瓦嘉"一词可能源于印欧语系，与吠陀经文中的"金刚"（vajra）或与因陀罗神（the god Indra）神秘的霹雳武器有关。

在后来的（铁器时代）考古资料中，萨洛认为，雷神是以石英岩制成的椭圆形打火石（strike-a-lights）形式存在的。从公元 1 世纪至 8 世纪①，这些器物在北欧地区广泛分布，鉴于这类打火石呈椭圆形，并带有垂直状的刃口，许多考古学家将其同女性的性器官联系在一起。萨洛（Salo 1997）认为，它们象征性地表达和再现了火在神话中的起源：天神与大地女神以"神圣婚姻"（*hieros gamos*）的方式相结合，于是天神的闪电使大地变得肥沃——由此看来，打火石形象地复制了火是如何产生的。在萨洛看来，火诞生于天堂，每当芬兰神话中的天神乌科（Ukko）与妻子劳尼（Rauni）交合时，闪电就随之产生。这一观点在 1555 年芬兰主教米凯尔·阿格里科拉（Mikael Agricola）对芬兰异教信仰的描述中得到了一定的支持，他将乌科和劳尼同丰收联系在一起（Harviainen et al.

165

---

① 原文误作"8 千纪"——译者。

1990）。这个观点也体现在 16 世纪的瑞典历史学家、曾造访拉普兰的奥劳斯·马格努斯主教的记录中（Ⅳ，7）（图 9.6）。

图 9.6　以打火石为特色的萨米人结婚典礼。

资料来源：奥劳斯·马格努斯《北方民族史》（Olaus Magnus 1555）中的插图。

奥劳斯指出，萨米人通过一场焰火仪式来缔造他们的婚姻：

> 在亲朋好友面前，父母们通过击打燧石和钢铁产生火焰来缔造子女的婚姻。在当地人看来，以此缔造的婚姻要比其他任何习俗更能预示吉祥，而且这种婚姻习俗已经广为确立并被普遍认可，以至于有人认为它也可能起源于希腊或意大利。……由于自身的性质使然，燧石以火的形式（只有当撞击时才会燃烧）保存着自己生命的特质。男性和女性也同样如此，他们的体内也蕴含着一种生命特质，当两性结婚后，他们体内的生命特质也随之结合，最终孕育了鲜活的后代生命。
>
> （Olaus Magnus 1973：51；作者译自芬兰语）

166　　　但是，历史资料并不能真正解释这种椭圆形打火石的分布及其考古背景。这类椭圆形打火石往往发现于那些在传统上被视为永久居住区之外的"荒野"之中。出土背景表明，这些打火石是被人故意放置在一些有水或潮湿的地方。这与北欧人长期以来，普遍会在饱水潮湿的沉积环境中保存仪式性器物的实践活动相一致。

不论放置打火石的具体含义是什么，我们通常可以将这种做法理解为北欧人将火同土地或环境中的特定地点融合的一种手段。这呼应了北欧人在有水和潮湿的地方存放器物的文化传统（如 Bradley 1993），也同北方世界中有关象征之火和魔幻之火的传统相一致。值得注意的是，在欧洲环北极地区，不同形式的湿地构成了一个与非凡之光和奇特之火的现象相关的常见自然景观。因此，湿地一直是各种文化想象的对象，尤其在北方的精神世界中占有极为重要的地位。湿地在北极地区自然与精神世界中的重要意义也体现在民间传说中。沼泽在民间传说中被看作是离奇古怪而又超越尘世的环境，这里汇集了各种非同寻常的事件、经历和生命体（Meredith 2002）。

北方文化中的火与火塘

在芬兰的民间诗歌中，火被描述为"太阳之子"（Sarmela 1994：303）。从更普遍的意义上来看，火和太阳可以同北极人赖以生存的、确保生命体征存续的温暖联系在一起（Westerdahl 2002：195）。戴维·安德森（David Anderson）认为，"在整个北极圈地区流传着一个常见的习语，那就是火塘在社会生活中占据着核心地位，而且同家庭的生命之火休戚相关"（Anderson 2013：262）。在寒冷的气候条件下，虽然从现实层面来看，火塘让生命体征得以存续，但它在北方文化中的核心地位已超出了简单的"实际"层面。在北极宇宙观中，火塘也与世界之树或世界之轴紧密相连，将不同层次的宇宙联系在一起

（Anderson 2013：272）。因此，在韦斯特达尔看来（Westerdahl 2002：184），"处在不断修建过程中的火塘本身可以看作是微观世界不断更新（再造）或者一个反复创造的过程"。此外，他还指出，火塘中采集到的木炭是古人在特定地点举行仪式活动后的堆积遗留，可能是在以象征的或者魔幻的方式强化农庄的边界。

人类学家和历史学家有时会想象北方民族的"用火仪式"。然而，即使火明显在同宇宙观有关的各种重要实践中发挥了重要作用，却仍没有任何迹象表明火本身会被人"崇拜供奉"（Sarmela 1994：307）。人们将火视为一种强大的自然力量，在不同的情境中若想控制和使用火，需要一种专门的技术将火在"实践""仪式"或"灵性"层面的意义整合在一起。准备刀耕火种、点燃铁匠的炉子以及保护建筑物免于火灾等与火有关的实践活动会涉及特定的文化背景和意义（Sarmela 1994：307）。例如，人们相信，为防止房屋再次毁于大火，在以前被烧毁的地方建造房屋是不明智的。而且石斧和石锛等新石器时代的石器曾以雷霆万钧之势撞击大地，将这类石器藏匿在建筑物中有时可以保护房屋免受大火或雷击的伤害（Hukantaival 2016：51，102）。这种在欧洲社会普遍存在的斧与闪电之间的关联在根源上与古老的印欧雷神有关。其中，雷神的后代包括因陀罗神、宙斯和索尔，以及芬兰的乌科。这些神灵在民间诗歌中通常以石斧作为武器。

正如火自身的超自然力量或"väki"所暗示的一样，火的特殊力量和属性表明，火是一种具有能动性（agency）、意志力和神性的事物，这让人与火之间在社会性和互动性层面发生联系。在北方文化中，火被认为是一种类似人的实物，这一点今天仍然反映在诸如"火需要人精心照管"之类的观念中，这表明将火点燃不仅是燃烧可燃物这样简单的事情。相反，人需要给火"投喂"某些特定的物质，例如向火中投放特定种类的木材，或者像因纽特人食用脂肪一样，给火"投喂"脂肪（Anderson 2013：272）。这反映出人们对人与火之间相互关系的认识：人们为火提供食物来维持火的燃烧，而火通过带来温暖和光明供养人类。这可能从某种角度解释了为何考古学家在芬诺斯坎底亚中石器时代到铁器时代早期遗址的火塘中经常发现烧过的动物骨骼。然而，从铁器时代早期开始，动物烧骨的数量越来越少。这些骨骼即便燃烧得并不充分，但依然可以用作燃料，而烧骨产生的另一个原因可能是人类用自己吃剩下的食物残骸来投喂火。

在史前和历史时期，火除了通常的"显性"形式外，还可能以其他形式同人发生联系。人们认为，由于石英和燧石具有引火和生火的能力，它们体内蕴含着"隐性"的火（如 Olaus Magnus 1973：51）。燧石和石英与铁撞击时会产生火花，不仅如此，石英在遭受撞击时，会在体内产生电火花。燧石与火之间的这种关联——"石头体内蕴藏着火种"，显然在新石器时代就已经被人们所认识，这也许可以解释为什么燧石制品有时被有意暴露于火中（Larsson 2011：76–77）。尽管火可能始终带有文化含义，但新石器时代可能标志着人们对火的认识、理解以及与火的关系（包括火的使用方式）发生了重大变化。陶器制造彰显了火的改造能力——把黏土变成石头一般坚硬物质的力量（见第三章）。冶金技术和火葬的引入对文化和宇宙观产生了深刻意义和影响，将火的改造能力进一步放大。

火与改造

168

火改造其他物质的属性为人所用是新石器时代的重要特征之一。除了上文中制陶与火葬的案例以及燃烧燧石的活动外，有学者认为，新石器时代的房屋在其文化生命的特定阶段——使用的最后阶段，会被人以故意烧毁的方式进行改造。特斯瓦托诺维奇（Stevanović 1997）认为，将涂抹泥的房屋改造成类似陶器的材质充满象征意味，因为陶器是新石器时代最具象征意义的物品。在欧洲东北部，我们同样发现了新石器时代烧毁房屋的证据（Zhulnikov 1999；Katiskoski 2002），这可能是当时人们故意毁弃的结果，因此与欧洲东北部北方森林地带新石器时代化中火的文化意义发生变化有关。也有学者提出了其他解释（诸如地方性战争，见Sipilä and Lahelma 2006），就目前来看，很少有人真正从这一视角对北欧地区新石器时代房址进行调查和研究（但也有例外，如 Herva et al. 2017）。

孢粉记录表明，自公元前 6 千纪陶器引入芬诺斯坎底亚以来，火渐渐成为芬诺斯坎底亚北部地区人们改造自然景观的手段，其中，新出现的刀耕火种农业对景观的改造尤为明显（Alenius et al. 2013，2017）。用火活动的增加很可能是由人为因素造成的。它除了开拓自然景观之外，还进一步凸显了火的地位，让火成为人类自然景观和思维图景中的一部分。因此，火在新石器时代北方人的生活中发挥着新的作用并产生新的意义，而初期的火工技术使得人们对景观、黏土和人类尸体等物质的改造成为贯穿整个新石器时代最为重要的文化主题。

青铜时代，火更明显地融入仪式实践中，并且还与各种"世俗"（即仪式色彩不太明显的实践）联系在一起，将不同的任务场景（taskscape）相结合。金属制造和火葬仪式构成了最明显的仪式场景以及与火相关的宇宙观的焦点事物，它们同岩画艺术一起证明了火在青铜时代的中心地位（如 Østigård and Goldhahn 2008）。人们已经发现，铁器时代与火有关的实践活动同样体现了不同社会文化领域间的相互关系以及意义上的复杂性。由于火和铁具有可再生性和危险性的双重性质，它们还与诸如生殖和繁衍等与生命有关的意义相关（Giles 2007：

409）。因此，斯堪的纳维亚和芬兰的雷神索尔和乌科都与生育有关。在 16 世纪，芬兰主教米凯尔·阿格里科拉（Mikael Agricola）曾抱怨芬兰人为纪念乌戈庆祝五月盛宴（May feasts）（Harviainen 1990）。盛宴（"Ukon vakka"）以大量饮酒为特色，所以发生了"许多可耻的行为"。

当代芬兰的五月节（May Day）或瓦尔普吉斯之夜（Walpurgisnacht，芬兰语"Vappu"）与阿格里科拉主教的描述完全一致，因为芬兰人庆祝的五月节并不是国际工人运动纪念日，而是一个大家在一起饮酒社交的狂欢节。火的象征性和仪式性同样延续到了现代，人们会在一年中某些特定的时间用火和熊熊燃烧的篝火"净化"景观中的某些地点（Hukantaival 2016：144）。五月节篝火是芬兰西部沿海地区的一种传统，而芬兰其他地区的篝火则大多在仲夏节点燃（图 9.7）。描述

169

图 9.7　2011 年在赫尔辛基郊区皮特雅玛基（Pitäjänmäki）举行的传统仲夏节庆祝活动，人们在节日中燃起篝火。

资料来源：安蒂·拉赫玛。

篝火的芬兰语"kokko"一词颇有意味地反映了与火有关的古老信仰，因为"kokko"也指代与火起源相关的雷鸟（见上文）。

北极空中的奇异之光

"北极"一词源自北极星，北极星自古以来被称为大角星（Arcturus）（希腊语"Ἀρκτοῦρος"，意为"熊的守护者"，在天文术语中被称作"αBoötis"），它是北方夜空中唯一的固定点，其他恒星都围绕着它旋转。北极的地理位置特殊，自最早的史前时代以来，人们便在全球的环北极和北极文化中赋予了北极各种宇宙观层面的意义。除了北极星和午夜太阳外，北极光（Aurora Borealis）一直是"遥远北方最典型的象征"（Friedman 2012：115），也是极地地区最著名的奇观之一。数百年来，北极光现象一直没有得到科学的解释，在欧洲人的眼中，极夜黑暗中的这些光明之纱"宛如梦境，在世间没有任何事物与之相似"（Falck-Ytter et al. 1999：9）。有关北极光性质和特征的理论不胜枚举，然而，其起源在 20 世纪前一直成谜（Friedman 2012）。

在很长时间里，人们对北极光的一切都难以得出定论。北极光为什么只发生在极地地区？北极光发生在多高的天空中？北极光的光线和色彩来自何处？北极光为什么以自身的方式运动（Falck-Ytter 1999：15 - 16）？据报道，北极光会发出声音，这一现象让北极光更具神秘感，而极光的声音连同天空中的火光让北极的夜空充满了奇幻色彩（如 McCorristine 2016）。因此，从 18 世纪开始，北极光的奥秘是拉普兰地区成为科学探索的对象和场景的原因之一（Pihlaja 2012）。

如今，人们对北极光已经相当了解。但北极的天空中依然还有很多谜团，挪威中部地区所谓的"赫斯达伦之光"（Hessdalen lights）

就是其中之一。这些在空中飘浮着或舞动着的宛如"不明飞行物"一样的幽灵之光依旧无法用科学进行解释。

　　它们可以和汽车一样大，而且最多可以漂浮两个小时。其他时候，它们沿着山谷慢慢变小，然后突然消失；一些蓝白相间的光在眨眼之间时隐时现；在白天的天空中还会出现一些像金属一样的物体。毫无疑问，在20世纪80年代初，当赫斯达伦之光开始每周出现多达20次时，不明飞行物的研究者们就将赫斯达伦山谷誉为通往异世界的门户，他们蜂拥而至，在这里欢庆。

（Williams 2014：40）

　　不管赫斯达伦之光的科学解释是什么，数百年来，它们都使得人们将北极看作是光明与黑暗共舞、反差与含混并存的地方。无论是透过琥珀看到的光线，还是石英或燧石中的"闪电"，无论是在沼泽之上盘旋的火焰般的磷光（will-o'-wisps），还是午夜太阳或北极光，北极始终与太阳和来历不明的神秘之光联系在一起。

第十章 尾 声

充满生命的世界

如果本书有一个中心思想的话，那就是在不同的背景中不断重新审视现代主义（"笛卡尔二元论"）将现实世界划分为物质和精神、人类和非人类、有机物和无机物的二元对立这一做法。如若有学者应用这种二元对立的思想去研究前现代的北极世界，将会极大地误导读者。相反，当我们以考古学、历史学、民俗学和人类学为指导，仔细审视芬诺斯坎底亚北部的前现代历史时，我们会看到一个万物皆有生命力和感知力的世界。在这样的世界上，没有"非此即彼"的事物：任何事物都可以具有生命，即使不是所有的事物，至少可以说大部分事物在大多数情况下都有生命。但这也不意味着我们走进了一个由巨魔、鬼魂和会说话的树组成的混乱的幻想世界，正如伯德-戴维在灵性论背景下所描述的：

> "与一棵树交谈"……就是当你朝它走去的时候，感知树的行为，感知自己和树的变化。你会期待树的反应并作出回应，渐

渐地，你会和树进行交流，甚至会对彼此负责。

（Bird-David 1999：77）

将灵性论思想（或被一些学者称为"新灵性论"概念）应用到对民族志材料或考古材料的研究中既不新奇，也非首创。欧文·哈洛韦尔（Hallowell 1960）和蒂姆·英戈尔德（Ingold 2000）等人类学家早在几十年前就提出过类似的观点，许多考古学家也接受了人类学理论家的"关联式本体论"，并从这个视角对考古材料进行全新的阐释和解读（如 Watts 在 2013 年出版的论文集）。如果说我们的方法有哪些创新之处，那就是我们聚焦于北极这一区域，并以该区域的考古材料为基础，始终坚持从关联式本体论的视角对北极地区的历史进行长时段的精细化研究。

以前关于这一主题的大多数研究都是在大范围的时空尺度下进行的个案研究。尽管这些个案研究为本书的研究提供了重要的数据材料，但这些研究也产生了针对个别"特殊案例"的零散的碎片化观点。相比之下，我们的研究试图对北极地区中石器时代以来的考古材料进行全面解读。正如本书序言所述，欧洲北方地区为关联式本体论的研究提供了得天独厚的条件：欧洲北方地区以往的考古学研究是无可挑剔的（毕竟斯堪的纳维亚是科学考古学的发源地；见 Trigger 2006），该地区有着长达一千多年的文献资料，民间传说和民族志资料也十分详细，并且经过细致研究。

本书的很多论证很可能会引起那些首次接触到我们论证思路的读者的反对。同量子物理学一样，本书的论证与我们对世界基本的"常识性"理解背道而驰。本书的大多数读者很可能是接受过"西方"思维方式训练的学者，而西方学者从小就被教导要根除灵性论并将其视为愚昧无知的迷信，即使心理学家让·皮亚杰（Jean Piaget 1928）已经证明了"灵性论"是每个孩子成长和体验世界过程中必须经历的自然阶段。

关联式本体论打破了有机体与环境、主体与客体之间的界限，从而挑战了现代主义有关世界运作模式的基本假设。因此，我们并不会真正接受灵性论，也不会在史前的情境中思考其全部后果。我们很难想象生活在过去的人真的认为石头或者河流是像你我一样的人类，也很难想象这种观念对古人日常生活会产生怎样的影响。我们或许会认为，当时的人们在某种程度上只是假装将万事万物看作人，他们只是在认真表演但并不坚信自己的行为能够代表现实世界。在某些方面，情况可能确实如此。关联式本体论并不是一种哲学信念，而是建立在观察以及特定关联语境基础上的一种在世存在（being-in-the-world）。它不需要对事物的"真实本质"有深刻的信念：它可以涉及表演，可以前后不一致，是的，它也可以是活泼有趣的。当然，这并不意味着我们要对灵性论付之一笑。丹麦人类学家勒内·威勒斯列夫指出：

> 严肃对待"灵性论"意味着认真对待人们自己所认真对待的东西。这在人类学中并不常见。尤卡吉尔人（Yukaghir）认为，世间存在神灵（spirits），他们同人类和动物一起生活，而且人与动物不论在清醒时还是在睡梦中都能与神灵互动。但是，人类学家普遍不会接受这样的观点，他们认为，这种所谓的神灵只是一种心理表征，它不具有任何实在性，只是本土原住民们在自身所信奉的由文化建构的世界观框架下，将自己的观念强加到世界中，以此在观念中理解世界并以象征的方式将世界符号化。
>
> （Willerslev 2007：181）

对考古学家而言，"严肃对待灵性论"为我们研究物质文化提供 173
了新的视角，从而让我们彻底重新审视各种遗迹遗物的意义。这也是
我们在书中努力去做的事情。无论我们研究的是新石器时代绘有驼鹿
或熊的岩画，铁器时代农民的葬礼，还是那些 17 世纪的陶器残片和
陶管碎片等看似"平凡无奇"的人工制品，灵性论是整个芬诺斯坎底
亚北部考古记录中不可分割的组成部分（参 Herva 2009）。正如一些
学者所言（如 Harvey 2005），对于整个人类来说，认真对待灵性论能
够让我们进行自我批评、反躬自省，反思在当前这样一个环境危机的
时代，我们应当如何同动物、植物、树木以及我们的地球家园和谐
共处。

北方与南方

在着手撰写之前，我们对本书的结构和主题有着非常清晰的认
识。其中大部分内容是建立在我们多年研究的基础上，但写作终究是
一个创造性的过程，在这个过程中，我们会产生很多新想法和新见
解。所以，这本书所呈现出的一些内容是我们未曾想到的。例如，读
者们阅读时可能会发现，我们的核心问题似乎是要"展现"地中海世
界与波罗的海世界之间，或者说欧洲北部边缘地区与古典世界之间的
联系，但这绝不是我们最初的意图或目的，也不是我们刻意追求的效
果，一切只是自然而然地发生了而已。

恰恰相反，拉赫玛的最新观点认为，从某种程度来说，几个世纪
以来，人们试图在地中海世界寻找与斯堪的纳维亚考古学（特别是斯
堪的纳维亚南部的岩画艺术）某些方面的相似之处是出于政治目的，
甚至带有种族主义色彩。尽管这些相似之处和联系无疑是存在的，克

里斯蒂安森和拉尔森的杰出著作就是例证（Kristiansen and Larsson 2005），但我们认为，他们的立场太明显了。他们遵循这样一条学术路径，即将斯堪的纳维亚南部的农业文化视为"我们的传统"，属于一个宏大的欧洲叙事，认为这个传统是通过直接或间接与欧洲南方古典文明的接触发展而来的。有时，人们明确地将斯堪的纳维亚南部的农业群体认定为"雅利安人"，或是证明"北欧种族"具有优越性的证据（Pringle 2006）。这种叙事模式以更为隐蔽的形式维持着一种封闭的南北方对立的二分法，在这种二元对立的框架下，文化影响可能是南方影响北方，但绝不存在（或者极为少见）北方影响南方的现象。在这一观点之下，北方已经"与原始的他者联系在一起，人们明里暗里地将北方认定为萨米人的生活空间"（Lahelma 2017：166-167）。北方一直是"更高级"文化或"文明"的接受者，这种现象与其说是文化原因所致，倒不如说是自然原因所致。

然而，当我们探索北极宇宙观时，却发现北极宇宙观与很多希腊神话，如阿波罗和天鹅的神话，阿里亚德涅和迷宫的神话，法厄同和太阳战车的神话，赫利阿德斯之泪，以及有关俾格米人和鹤的荷马神话等存在很多相似之处。至少可以说，在理论上，北方和古典世界之间的联系似乎是出人意料的。那么，我们是否下意识地通过寻找芬诺斯坎底亚与古典传统的联系点来证明这个边陲地带的重要性？对于那些无意间成为老奥劳斯·鲁德贝克追随者的学者来说，欧洲最北端的边缘地带是否是欧洲文明的发源地？尽管我们都非常尊重和敬佩老奥劳斯·鲁德贝克学术研究的广度，以及这位北极古物学研究"奇才"（参 King 2005）留下的持久的学术遗产，但在我们的研究中，老奥劳斯·鲁德贝克的杰出之处在于另一个奇特的意外之举——这些南方和北方的关联之处并不是有意选择的，它体现的是古代北极与南部欧洲之间广泛的联系网络。

进入现代社会早期，欧洲最北部的古物学研究是在殖民主义背景下开展的，在这一背景下，北极被视作一片拥有物质财富和象征资本的土地。例如，人们有机会发现古代的物质遗留以重现远古之荣光，并再现古典世界与北极世界之间的关系；老奥劳斯·鲁德贝克就在发现北极的亚特兰蒂斯这个所谓文明发源地的宏大愿景指引下，努力寻找拉普兰地区最古老的文字证据。这些观点都建立在古人对北极的古典式想象基础上，并在之后的时代通过在波罗的海世界再现荷马史诗中的故事对这些观点进行复制。

然而，这些受到古典和《圣经》影响的学术观点并不是以北极特有的方式来评价北极的文化和历史，而是有效地使用"南方"的模式来描述北极世界，书写北极历史，并通过将北极社会历史同化到"欧洲"文化领域和叙事中对北极的社会文化进行征服和殖民。古物学以及随后的考古学叙事看似更关注北方，实际上更多是在关注南方（或"欧洲世界"）。例如，鲁德贝克在论证北极地区的文字起源时，关注的是瑞典在宏大历史叙事中的作用，而拉普兰的作用只是在欧洲的地域、过去和现在这样的时空范围内重新定位瑞典的媒介。欧洲北部边缘地带是一个遥远、神秘且充满异国情调的国度，是一个可以进行猜测和幻想的舞台，并可能会有奇妙和意外的发现。

高流动性是北极圈文化的典型特征之一。正如 20 世纪初一些学者（如 Gjessing 1944）所指出，流动性让北极地区在石器时代就已经形成了绵延数千公里、很有可能东西横跨整个北极世界的交换网络（Westerdahl 2010）。如果事实果真如此，那么文化的影响可能沿着纬线方向，由古典世界影响北极地区，也很有可能沿着相反的方向传播扩散，我们对此不应感到奇怪。即便当代考古学叙事（如 Scarre

2005）通过将北极排除在主体叙事之外来表明南方与北方不存在联系，但如果南方与北方真的不存在联系，这才是更令人惊讶的。

从这个意义上讲，也许这本书确实延续了由 16 世纪的瑞典大主教奥劳斯·马格努斯（在许多方面鲁德贝克都是其追随者）和其他北极古物学家所开创的学术路径，他们认为，中欧世界对于北极的认识存在着缺陷，并试图通过自己对北极风土人情的全景式研究来纠正这种认识。马格努斯在《北方民族史》中对几乎所有的北极事物进行了全方位的、百科全书式的记录，而鲁德贝克的《亚特兰蒂卡》（Atlantica，1679－1702 年出版了四卷）则采用了一种巴洛克风格将北极阐述为所有民族和国家的发源地。本书在对北极宇宙观与本体论进行研究时虽然没有设下马格努斯著作中那样宏大的目标，但同样旨在强调北极对整个欧洲次大陆的影响。

我们认为，对北极世界的研究有助于理解整个欧洲大陆的史前史和历史进程（例如新石器时代化和现代化），还会对当前的考古学理论研究作出重大贡献。芬诺斯坎底亚北部地区是一个可以从长远角度研究关联式本体论和认识论性质与意义的绝佳区域，考古学家可以使用"民族志信息植入的方法"（ethnographically informed approaches）来追溯数千年来文化和宇宙观的延续与演变。长期以来，北极文化为关联式本体论和认识论的研究提供了人类学研究案例，但这些案例往往没有结合考古学、历史学、民族学和民俗学研究成果，也缺乏深度的时间视角。这些不同学科之间的对话，以及它们所使用的研究材料构成了本书的核心。出于同样的原因，本书深入研究了神话和现实中的北极世界，而神话和现实则以许多奇怪甚至是令人惊讶的方式纠缠在一起。

无论是从文献资料还是本土视角来看，欧洲北部边缘地带都是一个充满神奇和魔力的魔幻世界。我们希望读者通过阅读本书，在了解北极世界的风土人情后，也能保留住这种奇幻的感觉，并带着这样的感觉更好地理解欧洲北极社会——北极社会并非脱离欧洲次大陆而孤立存在，它一直同更南部的欧洲社会保持着积极的文化交流。

参 考 文 献

Ahl, F. M. 1982. Amber, Avallon, and Apollo's singing swan. *The American Journal of Philology* 103 (4): 373 – 411.

Ahola, J. 2014. The other island: Kalevalaic epic and history. In J. Ahola, Frog, M. and J. Lucenius (eds.). *The Viking Age in Åland: insights into identity and remnants of culture.* Helsinki: Academia Scientiarum Fennica, pp. 55 – 82.

Ahola, M. 2017a. The material culture of Finnish Stone Age hunter-gatherer burials. *Fornvännen* 112 (4): 201 – 215.

Ahola, M. 2017b. Memory, landscape & mortuary practice: understanding recurrent ritual activity at the Jönsas Stone Age cemetery in southern Finland. *Acta Archaeologica* 88 (1): 95 – 120.

Äikäs, T. 2015. *From boulders to fells: sacred places in the Sámi Ritual landscape* (translated by S. Silvonen). Helsinki: Archaeological Society of Finland.

Ailio, J. 1909. *Die steinzeitlichen Wohnplatzfunde in Finnland.* Helsingfors: Akademischen Buchhandlung.

Akkerman, A. 2001. Urban planning in the founding of Cartesian thought. *Philosophy and Geography* 4 (2): 141 – 167.

Alberti, B. 2012. Cut, pinch and pierce: image as practice among the early formative La Candelaria, first millennium AD, Northwest Argentina. In I. -M. Back Danielsson, F. Fahlander and Y. Sjöstrand (ed.). *Encountering imagery: materialities, perceptions, relations.* Stockholm: University of Stockholm, pp. 13 – 28.

Albrethsen, S. E. and Brinch Petersen, E. 1976. Excavation of a Mesolithic cemetery at Vedbæk, Denmark. *Acta Archaeologica* 47: 1 – 8.

Alenius, T., Mökkönen, T., Holmqvist, E. and Ojala, A. 2017. Neolithic land use in the northern boreal zone: high-resolution multiproxy analyses from Lake Huhdasjärvi, southeastern Finland. *Vegetation History and Archaeobotany* 26 (5): 469 - 486.

Alenius, T. , Mökkönen, T. and Lahelma, A. 2013. Early farming in the northern boreal zone: reassessing the history of land use in southeastern Finland through high-resolution pollen analysis. *Geoarchaeology* 28 (1): 1 - 24.

Almgren, O. 1907. Nordiska stenålderskulpturer. *Fornvännen* 2: 113 - 125.

Almgren, O. 1927. *Hällristningar och kultbruk: Bidrag till belysning av de nordiska bronsåldersristningarnas innebörd.* Stockholm: Kungliga Vitterhets Historie och Antikvitets Akademien.

Anderson, D. G. 2013. Home, hearth and household in the circumpolar North. In D. G. Anderson, R. P. Wishart and V. Vaté (eds.). *About the hearth: Perspectives on the home, hearth and household in the circumpolar North.* New York: Berghahns, pp. 262 - 282.

Andersson Burnett, L. 2010. Abode of Satan: the appeal of the magical and superstitious North in eighteenth-century Britain. *Northern Studies* 41: 67 - 77.

Anfält, T. 2002. Bilden av ett bruk: bruksbor och brukspatroner i vallonbruket Lövsta under 1700-talet. In A. Florén and G. Ternhag (eds.). *Valloner-järnets människor.* Uppsala: Gidlunds förlag, pp. 95 - 106.

Antanaitis, I. 1998. Interpreting the meaning of East Baltic Neolithic symbols. *Cambridge Archaeological Journal* 8 (1): 55 - 68.

Artelius, T. 1996. *Långfärd och återkomst: skeppet i bronsålderns gravar.* Kungsbacka: Riksantikvarieämbetet.

Artress, L. 1995. *Walking a sacred path: rediscovering the labyrinth as a spiritual practice.* New York: Penguin.

Arukask, M. 2017. The personal rituals of the Finnic peoples with forest trees. *Anthropology and Archeology of Eurasia* 56 (1 - 2): 167 - 185.

Asplund, H. 2005. Puikko puhki pilven? In V. Immonen and M. Haimila (eds.). *Mustaa valkoisella: ystäväkirja arkeologian lehtori Kristiina Korkeakoski-Väisäselle.* Turku: Turun yliopisto, arkeologia, pp. 19 - 27.

Aupers, S. 2009. ' The force is great': enchantment and magic in Silicon Valley. *Masaryk University Journal of Law and Technology* 3 (1): 153 - 173.

Äyräpää, A. 1953. Kampakeramiikan linnunkuvat. *Suomen Museo* 60: 34 - 44.

Bäärnhielm, G. 1976. *I Norrland hava vi ett Indien: gruvdrift och kolonisation i Lappmarken under 1600-talet.* Stockholm: Ordfront.

Bäckman, L. 1975. *Sájva. Föreställningar om hjälp-och skyddsväsen i heliga fjäll bland samerna.* Stockholm: Almqvist & Wikséll.

Bahn, P. 2010. *Prehistoric rock art: polemics and progress.* Cambridge: Cambridge University

Press.

Bailey, D. 2007. The anti-rhetorical power of representational absence: incomplete figurines from the Balkan Neolithic. In C. Renfrew and I. Morley (eds.). *Image and imagination.* Cambridge: McDonald Institute for Archaeological Research, pp. 111 – 120.

Bailey, D. 2014. Touch and the cheirotic apprehension of prehistoric figurines. In P. Dent (ed.). *Sculpture and touch.* London: Ashgate, pp. 17 – 43.

Ballard, C., Bradley, R., Nordenborg Myhre, L. and Wilson M. 2003. The ship as a symbol in the prehistory of Scandinavia and Southeast Asia. *World Archaeology* 35 (3): 385 – 403.

Bankson, M. Z. 2008. *The soulwork of clay: a hands-on approach to spirituality.* Woodstock: Skylight Paths Publishing.

Bat Or, M. 2010. Clay sculpting of mother and child figures encourages mentalization. *The Arts in Psychotherapy* 37: 319 – 327.

Baudou, E. 1968. *Forntida bebyggelse i Ångermanlands kustland: arkeologiska undersökningar avångermanländska kuströsen.* Stockholm: University of Stockholm.

Baudou, E. 1992. Boplatsen vid Nämforsen. *Arkeologi i norr* 3: 71 – 82.

Beck, C. W. 1985. Criteria for ' amber trade' : the evidence in the eastern European Neolithic. *Journal of Baltic Studies* 16 (3): 200 – 209.

Berezkin, Y. 2007. 'Earth-diver' and 'emergence from under the earth': cosmogonic tales as evidence in favor of the heterogenic origins of the American Indians. *Archaeology, Ethnology and Anthropology of Eurasia* 32 (1): 110 – 123.

Berezkin, Y. 2010. The Pleiades as openings, the Milky Way as the path of birds, and the girl on the moon: cultural links across northern Eurasia. *Folklore: Electronic Journal of Folklore* 44: 7 – 34.

Bergman, I. and Edlund, L. -E. 2016. Birkarlar and Sámi — inter-cultural contacts beyond state control: reconsidering the standing of external tradesmen (birkarlar) in medieval Sámi societies. *Acta Borealia* 33 (1): 52 – 80.

Bird-David, N., 1999. ' Animism ' revisited: personhood, environment, and relational epistemology (with comments). *Current Anthropology* 40, Supplement: 67 – 91.

Blier, S. P. 1983. Houses are human: architectural self-images of Africa's Tamberma. *Journal of the Society of Architectural Historians* 42 (4): 371 – 382.

Bock, I. 1996. *Bockin perheen saaga: Väinämöisen mytologia (edited by Juha Javanainen).* Helsinki: Synchronicity Publications.

Boivin, N. 2004a. From veneration to exploitation: human engagement with the mineral world. In N. Boivin and M. Owoc (eds.). *Soils, stones and symbols: cultural perceptions of the mineral world.* London: University College of London Press, pp. 1 – 29.

Boivin, N. 2004b. Mind over matter? Collapsing the mind-matter dichotomy in material culture studies. In E. Demarrais, C. Gosden and C. Renfrew (eds.). *Rethinking materiality: the engagement of mind with the material world.* Cambridge: McDonald Institute for Archaeological Research, pp. 63 - 67.

Boriç, D. 2002. The Lepenski Vir conundrum: reinterpretation of the Mesolithic and Neolithic sequences in the Danube Gorges. *Antiquity* 76 (294): 1026 - 1039.

Bradley, R. 1993. *The passage of arms: an archaeological analysis of prehistoric hoards and votive deposits.* Cambridge: Cambridge University Press.

Bradley, R. 2000. *An archaeology of natural places.* London: Routledge.

Bradley, R. 2006. Danish razors and Swedish rocks: cosmology and the Bronze Age landscape. *Antiquity* 80 (308): 372 - 389.

Bradley, R. 2009. *Image and audience: rethinking prehistoric art.* Oxford: Oxford University Press.

Bradley, R. and Widholm, D. 2007. Bronze Age cosmology in the south-west Baltic: a framework for research. In D. Widholm (ed.). *Stone ships: the sea and the heavenly journey.* Lund: Lund University Press, pp. 13 - 48.

Breilin, O., Kotilainen, A., Nenonen, K. and Räsänen, M. 2005. The unique moraine morphology, stratotypes and ongoing geological processes at the Kvarken Archipelago on the land uplift area in the western coast of Finland. *Geological Survey of Finland Special Paper* 40: 97 - 111.

Brinch Petersen, E. and Meiklejohn, C. 2003. Three cremations and a funeral: aspects of burial practice in Mesolithic Vedbæk. In H. Kindgren, L. Larsson and D. Loeffler (eds.). *Mesolithic on the move.* Oxford: Left Coast Press, pp. 485 - 493.

Brink, S. 2001. Mythologizing landscape: place and space of cult and myth. In M. Stausberg (ed.). *Kontinuitäten und Brüche in der Religionsgeschichte.* Berlin: De Gryter, pp. 76 - 112.

Broadbent, N. 2010. *Lapps and labyrinths: Saami prehistory, colonization and cultural resilience.* Washington D. C. : Smithsonian Institution Scholarly Press.

Butrimas, A. (ed.). 2001. *Baltic amber. Baltic amber in natural sciences, archaeology and applied arts.* Vilnius: Vilnius Academy of Fine Arts Press.

Cameron, E. 2008. Indigenous spectrality and the politics of postcolonial ghost stories. *Cultural Geographies* 15 (3): 383 - 393.

Capelle, T. 1986. Schiffsetzungen. *Praehistorische Zeitschrift* 61: 1 - 63

Carpelan, C. 1977. Älg-och björnhuvudföremål från Europas nordliga delar. *Finskt Museum* 85: 5 - 67.

Carpelan, C. 1999. Käännekohtia Suomen esihistoriassa aikavälillä 5100 - 1000 eKr. In P. Fågelberg (ed.). *Pohjan poluilla: suomalaisten juuret nykytutkimuksen mukaan.* Helsinki:

179

Suomalaisen Kirjallisuuden Seura, pp. 249 – 280.

Carsten, J. and S. Hugh-Jones (eds.). 1995. *About the house: Levi-Strauss and beyond.* Cambridge: Cambridge University Press.

Castrén, M. , 1954 [1802] . *Luontoa ja taloutta kuvaava kertomus Kemin pitäjästä vuodelta 1802.* s. n. : Kemi.

Chauvet, J. -M. , Brunel Deschamps, E. and Hillaire, C. 1996. *Dawn of art: The Chauvet Cave.* P. G. Bahn (Foreword) , J. Clottes (Epilogue). New York: Harry N. Abrams.

Chippindale, C. and Smith, B. and Taçon, P. S. 2000. Visions of Dynamic Power: Archaic Rockpaintings, Altered States of Consciousness and ' Clever Men' in Western Arnhem Land (NT) , Australia. *Cambridge Archaeological Journal* 10 (1): 63 – 101.

Clark, A. 1998. *Being there: putting brain, body and world together again.* Cambridge, MA: MIT Press.

Clark, A. 2004. Clark's Law. (https: //www. edge. org/response-detail/11133) (Accessed 28. 9. 2018)

Clark, A. 2010. *Supersizing the mind: embodiment, action, and cognitive extension.* New York: Oxford University Press.

Clark, S. R. 2009. Material matters: representation and materiality of the Harappan body. *Journal of Archaeological Method and Theory* 16 (3): 231 – 261.

Cleve, N. 1955. Kemin Haminasaaren markkinapaikka. *Jatuli* 5: 3 – 17.

Cloke, P. and Jones, O. 2002. *Tree cultures: the place of trees and trees in their place.* Oxford: Berg.

Clottes, J. and Lewis-Williams, D. 1998. *The Shamans of Prehistory: Trance and Magic in the Painted Caves.* New York: Harry N. Abrams.

Coles, J. 2005. *Shadows of a northern past: rock carvings in Bohuslän and Østfold.* Oxford: Oxbow Books.

Conneller, C. 2010. *An archaeology of materials: substantial transformations in early prehistoric Europe.* London: Routledge.

Costopoulos, A. , Vaneeckhout, S. , Okkonen, J. , Hulse, E. , Paberzyte, I. and C. Wren 2012. Social Complexity in the Mid-Holocene Northeastern Bothnian Gulf. *European Journal of Archaeology* 15 (1): 41 – 60.

Cunliffe, B. 2017. *On the ocean: the Mediterranean and the Atlantic from prehistory to AD 1500.* Oxford: Oxford University Press.

Curran, B. A. 2007. *The Egyptian Renaissance: The afterlife of Ancient Egypt in early modern Italy.* Chicago, IL: University of Chicago Press.

Curran B. A. , Grafton, A. , Long, P. and Weiss, B. 2009. Obelisk: a history. Cambridge, MA: The Burndy Library.

Dasen, V. 1993. *Dwarfs in Ancient Egypt and Greece.* Oxford: Clarendon Press.

Davidson, P. 2005. *The idea of North.* London: Reaktion Books.

Davies, P. and Robb, J. G. 2004. Scratches in the earth: the underworld as a yheme in British prehistory, with particular reference to the Neolithic and earlier Bronze Age. *Landscape Research* 29 (2), 141 – 151.

Devlet, E. and Devlet, M. 2005. *Mify v kamne: Mir naskalnogo iskusstvo Rossii.* Aleteia: Moscow.

Diffrient, D. S. 2006. For the love of film: cinephilia in Cicely and the cross-media intertextuality of Northern Exposure. *Critical Studies in Television: The International Journal of Television Studies* 1 (2): 81 – 95.

Dillinger, J. 2011. *Magical treasure hunting in Europe and North America: a history.* Palgrave: Basingtoke. 180 Bibliography.

Dorson, R. 2008. *Bloodstoppers and bearwalkers: folk traditions of Michigan's Upper Peninsula.* 180 Madison: University of Wisconsin Press.

Edensor, T. 2005. The ghosts of industrial ruins: ordering and disordering memory in excessive space. *Environment and Planning D: Society and Space* 23: 829 – 849.

Edgren, T. 1992. Den förhistoriska tiden. In M. Norrback (ed.). *Finlands historia* 1, 11 – 270. Helsingfors: Schildts.

Edlund, A. -C. 1989. *Sjökatt och svarttjäder: studier över säljägares noaord för säl inom det bottniska området och Östersjöområdet.* Umeå: Center for Arctic Cultural Research.

Eichberg, H. 2009. Wandering, winding, wondering: moving in the labyrinth. *Ido-Ruch dla Kultury* 9: 210 – 225.

Eilola, J. 2003. *Rajapinnoilla: sallitun ja kielletyn määritteleminen 1600-luvun jälkipuoliskon noituus ja taikuustapauksissa.* Helsinki: Finnish Literature Society.

Elgström, O. and Manker, E. 1984. *Björnfesten: en bildberettälse.* Umeå: Norrbottens museum.

Ellis Davidson, H. 1964. *Gods and myths of Northern Europe.* Harmondsworth: Penguin Books.

Ellis Davidson, H. 2013. *The road to Hel: A study of the conception of the dead in Old Norse literature.* Cambridge: Cambridge University Press.

Enbuske, M. 2011. Tornionlaakson Käymäjärven riimukivi — tieteenhistorian fantasiaa. In J. Ikäheimo, R. Nurmi and R. Satokangas (eds.). *Harmaata näkyvissä: Kirsti Paavolan juhlakirja.* Oulu: Kirsti Paavolan juhlakirjatoimikunta, pp. 95 – 106.

Epes, H. E. 2008. Going native in Cicely, Alaska: American archetypes and hybridized identity on Northern Exposure. In T. Fahy (ed.), *Considering David Chase: Essays on The Rockford Files, Northern Exposure and the Sopranos.* Jefferson, NC: McFarland & Co., pp. 95 – 106.

Erä-Esko, A. 1958. Die Elchskopfskultur vom Lehtojärvi in Rovaniemi. *Suomen Museo* 65: 8 – 18.

Eriksson, G. 2002. *Rudbeck 1630 - 1702: Liv, lärdom, dröm i barockens sverige.* Stockholm: Atlantis.

Europaeus-Äyräpää, A. 1930. Die relative Chronologie der steinzeitliche Keramik in Finnland I & II. *Acta Archaeologica* 1: 165 - 190, 205 - 220.

Evans, J. 2003. *Environmental archaeology and the social order.* London: Routledge.

Evans, C. and Rydén, G. 2007. *Baltic iron in the Atlantic world in the eighteenth century.* Leiden: Brill.

Falck-Ytter, H., Alexander, R. and Lovgren, T. 1999. *Aurora: the northern lights in mythology, history and science.* Hudson, NY: Bell Pond Books.

Fellman, J. 1980 [1906]. *Poimintoja muistiinpanoista Lapissa.* Helsinki: Werner Söderström.

Fernandez, K. and J. Lastovicka. 2011. Making magic: fetishes in contemporary consumption. *Journal of Consumer Research* 38 (2): 278 - 299.

Fors, H. 2015. *The limits of matter: chemistry, mining and enlightenment.* Chicago: University of Chicago Press.

Forsberg, L. 1999. The Bronze Age site at Mårtenfäboda in Nysätra and the settlement context of the cairns on the coast of North Sweden. In M. Huurre (ed.). *Dig it all: papers dedicated to Ari Siiriäinen.* Helsinki: Finnish Antiquarian Society, pp. 251 - 285.

Foster, F. 1997. Fear of three dimensionality: clay and plasticine as experimental bodies. In K. Killick and J. Schaverien (eds.). *Art, psychotherapy and psychosis.* London: Routledge, pp. 52 - 72.

Franzén, P. 2009. Kevyttä ja kaunista-Yli-Iin meripihkalöydöt. In J. Ikäheimo and S. Lipponen (eds.). *Ei kiveäkään kääntämättä: juhlakirja Pentti Koivuselle.* Tornio: Oulun Yliopisto, pp. 151 - 159.

Frazer, J. 1993 [1922 (1890)]. *The golden bough: a study in magic and religion.* Ware: Wordsworth.

Fredriksen P. D. 2011. When knowledges meet: engagements with clay and soil in southern Africa. *Journal of Social Archaeology* 11 (3): 283 - 310.

Friedman, R. M. 2012. Introduction: the Aurora in history. *Acta Borealia* 29 (2): 115 - 118.

Fuller, D. Q., Willcox, G. and Allaby, R. G. 2011. Cultivation and domestication had multiple origins: arguments against the core area hypothesis for the origins of agriculture in the Near East. *World Archaeology* 43 (4): 628 - 652.

Ganander, C. 1984 [1789]. *Mythologia Fennica.* (*Facsimile edition*). Helsinki: Duodecim.

Gansum, T. and Oestigaard, T. 2004. The ritual stratigraphy of monuments that matter. *European Journal of Archaeology* 7 (1): 61 - 79.

Gell. A. 1995. The language of the forest: landscape and phonological iconism in Umeda. In E. Hirsch and M. O'Hanlon (eds.). *The anthropology of landscape: perspectives on place*

181

and space. Oxford: Clarendon, pp. 232 – 258.

Gell, A. 1998. *Art and agency: an anthropological theory.* Oxford: Clarendon.

German, K. 2009. Early hunter-gatherer ceramics in Karelia. In P. Jordan and M. Zvelebil (eds.). *Ceramics before farming: the dispersal of pottery among prehistoric Eurasian huntergatherers.* Walnut Creek, CA: Left Coast Press, pp. 255 – 280.

Gerritsen, F. 2008. Domestic times: houses and temporalities in late prehistoric Europe. In A. Jones (ed.). *Prehistoric Europe: theory and practice.* Oxford: Wiley-Blackwell, pp. 143 – 161.

Gheorghiu, D. 2008. The emergence of pottery. In A. Jones (ed.). *Prehistoric Europe: theory and practice.* Oxford: Wiley-Blackwell, pp. 164 – 192.

Giles, M. 2007. Making metal and forging relations: ironworking in the British Iron Age. *Oxford Journal of Archaeology* 26 (4): 395 – 413.

Gillis, J. 2003. Taking history offshore: Atlantic islands in European minds, 1400 – 1800. In R. Edmond and V. Smith (eds.). *Islands in history and representation.* London: Routledge, pp. 19 – 31.

Gilman, P. 1987. Architecture as artefact: pit structures and pueblos in the American Southwest. *American Antiquity* 52 (3): 538 – 564.

Gimbutas, M. 1985. East Baltic amber in the fourth and third millennia B. C. *Journal of Baltic Studies* 16 (3): 231 – 256.

Gjerde, J. M. 2006. The location of rock pictures is an interpretive element. In R. Barndon, S. M. Innselset, K. K. Kristoffersen and T. K. Lødøen (eds.). *Samfunn, symboler og identitet — Festskrift til Gro Mandt på 70-årsdagen.* Bergen: University of Bergen, pp. 197 – 209.

Gjerde, J. M. 2010. *Rock art and landscapes: studies of Stone Age Rock art from northern Fennoscandia.* PhD dissertation. Tromsø: Department of Archaeology and Social Anthropology, University of Tromsø.

Gjessing, G. 1944. Circumpolar Stone Age. *Acta Arctica* II: 19 – 70.

Glucklich, A. 1997. *The end of magic.* New York: Oxford University Press.

Godwin, J. 2002. *The pagan dream of the Renaissance.* Grand Rapids, MI: Phanes.

Goldhahn, J. 2002. Roaring rocks: an audio-visual perspective on hunter-gatherer engravings in northern Sweden and Scandinavia. *Norwegian Archaeological Review* 35 (1): 29 – 61.

Goldhahn, J. 2008. From monuments in landscape to landscapes in monuments: monuments, death and landscape in Early Bronze Age Scandinavia. In A. Jones, (ed.). *Prehistoric Europe: theory and practice.* New York: Blackwell, pp. 56 – 85.

Goldhahn, J. 2010. Emplacement and the hau of rock art. In J. Goldhahn, I. Fuglestvedt and A. Jones (eds.). *Changing pictures: rock art traditions and visions in the northernmost*

Europe. Oxford: Oxbow Books, pp. 106 – 126.

Goldhahn, J. 2013. *Bredarör på Kivik — en arkeologisk odyssé.* Kalmar: Artes Liberales AB.

Goldhahn, J. 2016. Sagaholm: north European Bronze Age rock art and burial ritual. Oxford: Oxbow Books.

Goodison, L. 2010. *Holy trees and other ecological surprises.* Manchester: Just Press.

Goodrick-Clarke, N. 2008. *The Western esoteric traditions.* Oxford: Oxford University Press.

Gosden, C. 1994. *Social being and time.* Oxford: Blackwell.

Gothus, Olaus Magnus 1973 [1555], *Pohjoisten kansojen historia: Suomea koskevat kuvaukset* (transl. K. Hirvonen, comm. K. Vilkuna). Helsinki: Otava.

Götlind, A. 2005. Gruvnäringen. In J. Christensson (ed.). *Signums svenska kulturhistoria, Renässansen.* Lund: Bokförlaget Signum, pp. 261 – 299.

Greenwood, S. 2009. *The anthropology of magic.* Oxford: Berg.

Grøn, O. and Skaarup, J. 1991. Møllegabet II: a submerged Mesolithic site and a boat burial from Ærø. *Journal of Danish Archaeology* 10: 38 – 50.

Grönhagen, J. 1994. Ristiinan Astuvansalmi, muinainen kulttipaikkako? *Suomen Museo* 101: 5 – 18.

Guenat, S. 1994. Puulajien perusolemuksista kansanperinteessä. *Kalevalaseuran vuosikirja* 73: 120 – 133.

Gurina, N. 1956. *Oleneostrovskij mogilnik. Materialy i issledovanija po archeologiji SSSR 47.* Moskva-Leningrad: Nauka.

Haaland, R. 2004. Technology, transformation and symbolism: ethnographic perspectives on European iron working. *Norwegian Archaeological Review* 37 (1): 1 – 19.

Haavio, M. 1935. Kalevalan selityskokeita. *Virittäjä* : 25 – 32.

Haavio, M. 1942. *Suomalaiset kodinhaltiat.* Helsinki: Werner Söderström.

Haavio, M. 1950. Sielulintu: eräiden motiivien selvittelyä. *Kalevalaseuran vuosikirja* 30: 413 – 445.

Haavio, M. 1952. *Väinämöinen: eternal sage.* Helsinki: Suomalainen tiedeakatemia.

Haavio, M. 1967. *Suomalainen mytologia.* Porvoo and Helsinki: WSOY.

Haavio, M. 1992. *Esseitä kansanrunoudesta.* Helsinki: Finnish Literature Society.

Haggrén, G., Halinen, P., Lavento, M., Raninen, S. and Wessman, A. 2015. *Muinaisuutemme jäljet. Suomen esi-ja varhaishistoria kivikaudelta keskiajalle.* Helsinki: Gaudeamus.

Häkkinen, K. 1996. *Suomalaisten esihistoria kielitieteen valossa.* Helsinki: Suomalaisen Kirjallisuuden Seura.

Halén, H. and Tukkinen, T. 1984. *Elämän ja kuoleman kello: Sigurd Wettenhovi-Aspan elämä ja teot.* Helsinki: Otava.

Hallgren, F. 2012. A permeable border — long-distance contacts between hunters and farmers in the early Neolithic of Scandinavia. In C. Damm and J. Saarikivi (eds.). *Networks, interaction and emerging identities in Fennoscandia and beyond.* Helsinki: Suomalais-ugrilainen seura, pp. 139 – 154.

Hallowell, A. I. 1926. Bear ceremonialism in the northern hemisphere. *American Anthropologist* 28 (1): 1 – 175.

Hallowell, A. I. 1960. Ojibwa ontology, behavior, and world view. In S. Diamond (ed.). *Culture in history: essays in honor of Paul Radin.* New York: Columbia University Press.

Hallström, G. 1960. *Monumental art of northern Sweden from the Stone Age.* Stockholm: Almqvist & Wiksell.

Hand, W. D. 1942. California miners' folklore: below ground. *California Folklore Quarterly* 1 (2): 127 – 153.

Hanna, S. P. 1996. It is Roslyn or is it Cicely? Representation and the ambiguity of place. *Urban Geography* 17 (7): 633 – 649.

Harjumaa, P. 2008. *Aaveriekkoja: lappilaisia mystisiä tarinoita ja kummituksia (4th edition).* Rovaniemi: Lapland University Press.

Harrison, R. 2013. *Heritage: critical approaches.* Abingdon: Routledge.

Hartz S, Kostyleva E, Piezonka H, Terberger T, Tsydenova N, Zhilin MG. 2012. Huntergatherer pottery and charred residue dating: new results on early ceramics in the north Eurasian forest zone. *Radiocarbon* 54 (3 – 4): 1033 – 1048.

Harvey, G. 2005. *Animism: respecting the living world.* London: Hurst.

Harviainen, T. , S. Heininen and A. Huhtala 1990. *Opi nyt vanha ja nuori. Mikael Agricola tänään.* Helsinki: Otava.

Hastorf, C. A. 1998. The cultural life of early domestic plant use. *Antiquity* 72 (278): 773 – 782.

Heckscher, E. F. 1954. *An economic history of Sweden.* Cambridge, MA: Harvard University Press.

Heikkurinen, T. 1980. *Itäkarjalaiset tasa-ja kourutaltat.* Helsinki: Helsingin yliopiston arkeologian laitos.

Helms, M. W. 1988. *Ulysses' sail: an ethnographic odyssey of power, knowledge, and geographicaldistance.* Princeton, NJ: Princeton University Press.

Helskog, K. 1987. Selective depictions: a study of 3700 years of rock carvings and their relationship to the Saami drums. In I. Hodder (ed.). *Archaeology as long term history.* Cambridge: Cambridge University Press, pp. 17 – 30.

Helskog, K. 1999. The shore connection: cognitive landscape and communication with rock carvings in northernmost Europe. *Norwegian Archaeological Review* 32 (2): 73 – 94.

183

Helskog, K. 2004. Landscapes in rock-art: rock carving and ritual in the old European North. In C. Chippindale and G. Nash (eds.). *The figured landscapes of rock-art: looking at pictures in place.* Cambridge: Cambridge University Press, pp. 265 – 288.

Helskog, K. 2012. Bears and meanings among hunter-fisher-gatherers in northern Fennoscandia 9000 – 2500 BC. *Cambridge Archaeological Journal* 22 (2): 209 – 236.

Helskog, K. 2014. *Communicating with the World of Beings: The World Heritage Rock Art Sites in Alta, Arctic Norway.* Oxford and Philadelphia: Oxbow Books.

Herva, V. -P. 2009. Living (with) things: relational ontology and material culture in early modern northern Finland. *Cambridge Archaeological Journal* 19 (3): 388 – 397.

Herva, V. -P. 2010a. Maps and magic in Renaissance Europe. *Journal of Material Culture* 15 (3): 323 – 343.

Herva, V. -P. 2010b. Buildings as persons: relationality and the life of buildings in a northern periphery of early modern Sweden. *Antiquity* 84 (324): 440 – 452.

Herva, V. -P. and Ikäheimo, J. 2002. Defusing dualism: mind, materiality and prehistoric art. *Norwegian Archaeological Review* 35 (2): 95 – 108.

Herva, V. -P. , Ikäheimo, J. Enbuske, M. and Okkonen, J. 2018. Alternative pasts and colonial engagements in the North: the materiality and meanings of the Pajala ' runestone ' (Vinsavaara stone), northern Sweden. *Cambridge Archaeological Journal* 28 (4): 613 – 628.

Herva, V. -P. and Lahelma, A. 2017. *Esihistoria on tässä.* Helsinki: Museovirasto.

Herva, V. -P. , Mökkönen, T. and Nordqvist, K. 2017. A northern Neolithic? Clay work, cultivation and cultural transformations in the boreal zone of north-eastern Europe, c. 5300 – 3000 BC. *Oxford Journal of Archaeology* 36 (1): 25 – 41.

Herva, V. -P. and Nordin, J. M. 2013. Classicism and knowing the world in early modern Sweden. In C. Watts (ed.). *Relational archaeologies: people, animals, things.* Abingdon and New York: Routledge, pp. 209 – 227.

Herva, V. -P. and Nordin, J. M. 2015. Unearthing Atlantis and performing the past: ancient things, alternative histories and the present past in the Baroque world. *Journal of Social Archaeology* 15 (1): 116 – 135.

Herva, V. -P. , Nordqvist, K. , Lahelma, A. and Ikäheimo, J. 2014. Cultivation of perception and the emergence of the Neolithic world. *Norwegian Archaeological Review* 47 (2): 141 – 160.

Herva, V. -P. and Salmi, A. -K. 2010. Engaging with sea and seals: environmental and humananimal relations on the northern coast of the early modern Gulf of Bothnia. *Norwegian Archaeological Review* 43 (2): 115 – 127.

Herva, V. -P. and Ylimaunu, T. 2009. Folk beliefs, ritual deposits, and engagement with the

184

environment in early modern northern Finland. *Journal of Anthropological Archaeology* 28 (2): 234 – 243.

Herva, V. -P. , Nurmi, R. and Symonds, J. 2012. Engaging with money in a northern periphery of early modern Europe. *Journal of Social Archaeology* 12 (3): 287 – 309.

Herva, V. -P. andYlimaunu, T. 2014. Coastal cosmologies: long-term perspectives on the perception and understanding of dynamic coastal landscapes in the northern Baltic Sea region. *Time and Mind* 7 (2): 183 – 202.

Heyerdahl, T. and Lillieström, P. 2001. *Jakten på Odin: på sporet av vår fortid.* Oslo: J. M. Stenersens forlag.

Hoggard, B. 2004. The archaeology of counter-witchcraft and popular magic. In O. Davies And W. de Blécourt (eds.). *Beyond the witch trials: witchcraft and magic in enlightenment Europe.* Manchester: Manchester University Press, pp. 167 – 186.

Hole, C. 1967. Superstitions and beliefs of the sea. *Folklore* 78 (3): 184 – 189.

Holloway, J. and Kneale, J. 2008. Locating haunting: a ghost-hunter's guide. *Cultural Geographies* 15 (3): 297 – 312.

Holm, I. 2002. A cultural landscape beyond the infield/outfield categories: an example from eastern Norway. *Norwegian Archaeological Review* 35 (2): 67 – 80.

Holm, I. 2005. The forest Finns of Norway and Sweden and their use and conception of the landscape. In I. Holm, S. Inselset and I. Öye (eds.), ' *Utmark* ': *The outfield as industry and ideology in the Iron Age and Middle Ages.* Bergen: University of Bergen, pp. 171 – 179.

Holmblad, P. 2010. *Coastal communities on the move house and polity interaction in southern Ostrobothnia 1500 BC – AD 1.* Umeå: University of Umeå.

Hörnberg, G. , Josefsson, T. and Liedgren, L. 2014. Revealing the cultivation history of northernmost Sweden: Evidence from pollen records. *The Holocene* 24 (3): 318 – 326.

Houlbrook, C. 2013. Ritual, recycling and recontextualization: putting the concealed shoe into context. *Cambridge Archaeological Journal* 23 (1): 99 – 112.

Houlbrook, C. 2017. The other shoe: fragmentation in the post-medieval home. *Cambridge Archaeological Journal* 27 (2): 261 – 274.

Hughes-Brock, H. 1985. Amber and the Mycenaeans. *Journal of Baltic Studies* 16 (3): 257 – 267.

Hukantaival, S. 2016. *For a witch cannot cross such a threshold! Building concealment traditions in Finland c. 1200 – 1950.* Turku: Suomen keskiajan arkeologian seura.

Huurre, M. 1998. *Kivikauden Suomi.* Helsinki: Otava.

Hyötyniemi, Y. 1978. Omaa rahaa Tornionlaaksossa: Könkään ruukin poletit ja setelit 1658 – 1686. *Faravid* 2: 184 – 210.

Ilomäki, H. 2014. *Loitsun mahti.* Helsinki: Suomalaisen kirjallisuuden seura.

Immonen, V. 2002. Functional ladles or ceremonial cutlery? A cultural biography of prehistoric wooden spoons from Finland. *Acta Borealia* 19 (1): 27-48.

Ingold, T. 1993. The temporality of the Landscape. *World Archaeology* 25 (2): 152-174.

Ingold, T. 1999. Reply to Bird-David 1999. *Current Anthropology* 40 (S1): 81-82.

Ingold, T. 2000. *The perception of the environment: essays in livelihood, dwelling and skill.* London: Routledge.

Ingold, T. 2006. Rethinking the animate, re-animating thought. *Ethnos* 71 (1): 9-20.

Ingold, T. 2007. *Lines: a brief history.* London: Routledge.

Ingold, T. 2011. *Being Alive: Essays on movement, knowledge and description.* London: Routledge.

Ingold, T. 2013. *Making: anthropology, archaeology, art and architecture.* London: Routledge.

Ingold, T. and Kurttila, T. 2000. Perceiving the environment in Finnish Lapland. *Body and Society* 6 (3-4): 183-196.

Itkonen, T. I. 1946. *Heidnische Religion und späterer Aberglaube bei den finnischen Lappen.* Helsinki: Suomalais-ugrilainen seura.

Itkonen, T. I. 1962. Kuivi, ein heiliger Ort der Lappen. In *Commentationes Fenno-Ugricae in Honorem Paavo Ravila.* Helsinki: Suomalais-ugrilainen seura, pp. 127-138.

Jaanits L., Laul, S., Lõugas V. and Tõnisson E., 1982. *Eesti esiajalugu.* Tallinn: Eesti NSV Teaduste Akadeemia Ajaloo Instituut.

Jacobson, E. 1993. *The deer-goddess of ancient Siberia: a study in the ecology of belief.* Leiden: Brill.

Janik L. 2002. Wandering weed: the journey of buckwheat (Fagopyrum sp.) as an indicator of human movement in Eurasia. In K. Boyle, C. Renfrew and M. Levine (eds.). *Ancient Interactions: East and West in Eurasia.* Cambridge: McDonald Institute of Archaeology, pp. 299-308.

Janik, L., Roughley, C. and Szczesna, K. 2007. Skiing on the rocks: the experiential art of fisher-gatherer-hunters in prehistoric northern Russia. *Cambridge Archaeological Journal* 17 (3): 297-310.

Jauhiainen, M. 1999. *Suomalaiset uskomustarinat: tyypit ja motiivit.* Helsinki: Finnish Literature Society.

Jennbert. K. 2003. Animal graves: dog, horse and bear. *Current Swedish Archaeology* 11: 139-152.

Johanson, K. 2009. The changing meaning of 'thunderbolts'. *Folklore* 42: 129-174.

Jones, O. 2011. Materiality and identity — forests, trees and senses of belonging. In E. Ritter and D. Dauksta (eds.). *New Perspectives on People and Forests.* New York: Springer, pp. 159-177.

Jones, O. and Cloke, P. 2002. *Tree cultures: the place of trees and trees in their place.* Oxford: Berg.

Jordan, P. and Zvelebil, M. 2009 (eds.). *Ceramics before farming: the dispersal of pottery among prehistoric Eurasian hunter-gatherers.* Walnut Creek, CA: Left Coast Press.

Julku, K. 1986. *Kvenland-Kainuunmaa.* Oulu: Pohjoinen.

Kankaanpää, J. 2002. The house pits at Kauvonkangas, Tervola. In H. Ranta (ed.). *Huts and Houses: Stone Age and Early Metal Age Buildings in Finland.* Helsinki: National Board of Antiquities, pp. 65 – 77.

Karlsson, T. , 2009. *Götisk kabbala och runisk alkemi: Johannes Bureus och den götiska esoterismen.* PhD Thesis, University of Stockholm, Stockholm.

Kashina, E. 2009. Ceramic anthropomorphic sculptures of the East European forest zone. In P. Jordan and M. Zvelebil (eds.), *Ceramics before farming: the dispersal of pottery among prehistoric Eurasian hunter-gatherers.* Walnut Creek, CA: Left Coast Press, pp. 281 – 297.

Kashina, E. and Zhulnikov, E. 2011. Rods with elk heads: symbols in ritual context. *Estonian Journal of Archaeology* 15 (1): 18 – 31.

Katiskoski, K. 2002. The semisubterranean dwelling at the Kärmelahti site in Puumala, Savo province, Eastern Finland. In Ranta, H. (ed.). *Huts and houses: Stone Age and Early Metal Age buildings in Finland.* Helsinki: Finnish National Board of Antiquities, pp. 171 – 200.

Kaul, F. 1998. *Ships on bronzes: a study in Bronze Age religion and iconography.* Copenhagen: National Museum of Denmark.

Kaul, F. 2004. *Bronzealderens religion: Studier af den nordiske bronzealders ikonografi.* København: Det kongelige nordiske oldskriftsselskab.

Kern, H. 2000. *Through the labyrinth: designs and meanings over 5000 years.* Munich: Prestel.

Kesäläinen, K. and Kejonen, A. 2017. *Suomen luonnon pyhät paikat.* Helsinki: Salakirjat.

Kesäläinen, K. , Kejonen, A. , Kielosto, S. and Salonen, V. -P. 2015. *Suomen luolat.* Helsinki: Salakirjat.

Keskisarja, T. 2006. ' *Secoituxesta järjettömäin luondocappalden canssa* ': *perversiot, oikeuselämä ja kansankulttuuri 1700-luvun Suomessa.* PhD dissertation, University of Helsinki, Helsinki.

Kettu, K. and Seppälä, M. 2016. *In the land of the Finndians.* Helsinki: WSOY.

King, D. 2005. *Finding Atlantis: A true story of genius, madness, and an extraordinary quest for a lost world.* New York: Three Rivers Press.

Kivikäs, P. 2003. *Ruotsin pyyntikulttuurin kalliokuvat suomalaisin silmin.* Jyväskylä: Kopijyvä.

Kivikoski, E. 1967. *Ancient Peoples and Places: Finland.* London: Thames & Hudson. 186

Klinge, M. 1983. *Muinaisuutemme merivallat: kuvitettu historiallinen luonnos.* Helsinki: Otava.

Knappett. C. and Malafouris, L. (eds.). 2008. *Material agency: towards a non-anthropocentric approach*. New York: Springer.

Koivunen, P. 2002. Kierikkisaari Island in Yli-Ii — a Stone Age Pile Settlement? In H. Ranta, H. (ed.) *Huts and Houses. Stone Age and Early Metal Age Buildings in Finland*, pp. 123 - 128. Helsinki: National Board of Antiquities.

Kolpakov, E. M. and Shumkin, V. Ya. 2012. *Petroglify Kanozera*. St Petersburg: Iskusstvo Rossii.

Korhonen, S. 1990. Kultaisen pukin etsijöistä tehtiin rikosilmoitus — totuuden kaivajat rouhivat Kajaanin linnan pihalle kuopan. *Iltalehti* 12. 10. 1990.

Korhonen, T. 2009. Rakennuspaikan valinta ja valtaus sekä kodin turvaaminen. In H. -M. Pellinen (ed.). *Maasta, kivestä ja hengestä: Markus Hiekkanen Festschrift*. Turku: University of Turku, pp. 262 - 271.

Korpela, J. 2011. In deep, distant forests. In M. Lamberg, M. Hakanen, J. Haikari (eds.). *Physical and cultural space in pre-industrial Europe: methodological approaches to spatiality*. Lund: Nordic Academic Press, pp. 95 - 123.

Kovalainen, R. and Seppo, S. 2006. *Tree people* (English translation by Roderick Fletcher). Helsinki: Miellotar.

Kraft, J. 1985. *The goddess in the labyrinth* . Åbo: Åbo Akademi.

Kriiska A. 2009. The beginning of farming in the Eastern Baltic. In P. M. Dolukhanov, G. R. Sarson and A. Shukorov (eds.) , *The East European Plain on the eve of agriculture*. Oxford: Oxford University Press, pp. 159 - 179.

Kriiska, A. , Lõugas, L. , Lõhmus, M. , Mannermaa, K. and Johanson, K. 2007. New AMS dates from Estonian Stone Age burial sites. *Estonian Journal of Archaeology* 11 (2): 83 - 121.

Kristiansen, K. 2010. Rock art and religion: the sun journey in Indo-European mythology and Bronze Age rock art. In Å. Fredell, K. Kristiansen and F. Criado Boado (eds.). *Representations and communications: creating an archaeological matrix of late prehistoric rock art*. Oxford: Oxbow Books, pp. 93 - 115.

Kristiansen, K. and Larsson, T. B. 2005. *The rise of Bronze Age society: travels, transmissions and transformations*. Cambridge: Cambridge University Press.

Kulikova, A. S. 2014. Izobrazheniya lodok severnoi Evrazii. *Vestnik Kemerovskogo Gosudarstvennogo Universiteta* 58 (2): 58 - 69.

Kunz, G. F. 1971 [1913]. *The curious lore of precious stones*. New York: Dover.

Kuperjanov, A. 2002. Names in Estonian folk astronomy: from ' Bird's Way ' to ' Milky Way '. *Folklore* 22: 49 - 61.

Kuusela, J. -M. 2013. *Political economy and Iron Age societies in the eastern coast of the Bothnian Bay ca. 1500 BC - AD 1300*. Oulu: University of Oulu.

Kuusela, J. -M. 2018. Food and tension: feasting as means to alleviate social tension in the fourteenth-fifteenth century trading places of the Bothnian Bay region. *World Archaeology* 50 (2): 323 - 326.

Kuusela, J. -M., Nurmi, R. and Hakamäki, V. 2016. Co-existence and colonisation: re-assessing the settlement history of the pre-Christian Bothnian Bay coast. *Norwegian Archaeological Review* 49 (2): 177 - 203.

Kuusela, J. -M., Nurmi, R. and Hakamäki, V. 2018. Unhierarchical and hierarchical coreperiphery relations: North Fennoscandian trade network from the Middle Ages to the post-sixteenth century. *American Anthropologist* 120 (4): 765 - 780.

Kuusi, M. 1963. *Suomen kirjallisuus I: kirjoittamaton kirjallisuus.* Helsinki: Finnish Literature Society.

Kuusi, M., Bosley, K. and Branch, M. (eds. and transl.) 1977. *Finnish folk poetry: epic.* Helsinki: Finnish Literature Society.

KuzminYa. V. 2015: The origins of pottery in East Asia: updated analysis (the 2015 state-ofthe-art). *Documenta Praehistorica XLII*, 1 - 11.

Laaksonen, P. and Timonen, S. 1997. Sodomia ja suomalainen kansankulttuuri: kymmenen lähtökohtaa. *ELEKTROLORISTI* 1/1997 (http: //www. elore. fi/arkisto/1_97/lati197. html). Joensuu: Suomen Kansantietouden Tutkijain Seurary.

Lahelma, A. 2005. Between the worlds: rock art, landscape and shamanism in Subneolithic Finland. *Norwegian Archaeological Review* 38 (1): 29 - 47.

Lahelma, A. 2007. 'On the back of a blue elk': recent ethnohistorical sources and 'ambiguous' StoneAge rock art at Pyhänpää, Central Finland. *Norwegian Archaeological Review* 40 (2): 113 - 137.

Lahelma, A. 2008. *A touch of red: archaeological and ethnographic approaches to interpreting Finnish Rock paintings.* Helsinki: The Finnish Antiquarian Society.

Lahelma, A. 2010. Hearing and touching rock art: Finnish rock paintings and the non-visual. In J. Goldhahn, I. Fuglestvedt and A. Jones (eds.). *Changing pictures: rock art traditions and visions in northernmost Europe.* Oxford: Oxbow Books, pp. 48 - 59.

Lahelma, A. 2012a. Strange swans and odd ducks: interpreting the ambiguous waterfowl imagery of Lake Onega. In A. Cochrane andA. Jones (eds.). *Visualising the Neolithic: abstraction, figuration, performance, representation.* Oxford: Oxbow Books, pp. 15 - 33.

Lahelma, A. 2012b. Politics, ethnography and prehistory: in search of an 'informed' approach to Finnish and Karelian rock art. In B. Smith, D. Morris and K. Helskog (eds.). *Working with rock art: recording, presenting and understanding rock art using indigenous knowledge.* Johannesburg: Wits University Press, pp. 113 - 134.

Lahelma, A. 2017. The circumpolar context of the 'sun ship' motif in South Scandinavian

187

rockart. In U. Bertilsson, J. Ling and P. Skoglund (eds.). *Where North meets South —* *methods and theory in interpreting rock art traditions.* Oxford: Oxbow Books, pp. 144 - 171.

Lähteenmäki, M. 2006. *Terra Ultima: Matka Lapin historiaan.* Helsinki: Otava.

Lappalainen, M. 2007. *Maailman painavin raha.* Helsinki: WSOY.

Larsson, L. 1988. *Ett fångstsamhälle för 7000 år sedan. Boplatser och gravar i Skateholm.* Kristianstad: Signum.

Larsson, L. 1990. Dogs in fraction — symbols in action. In P. M. Vermeersch and P. Van Peer (eds.). *Contributions to the Mesolithic in Europe.* Leuven: Leuven University Press, pp. 153 - 160.

Larsson, L. 2011. Water and fire as transformation elements in ritual deposits of the Scandinavian Neolithic. *Documenta Praehistorica* 38: 69 - 82.

Latour, B. 2005. *Reassembling the social: an introduction to actor-network-theory.* Oxford: Oxford University Press.

Launonen, K. and Partanen S. J. 2002. *A guide to the gold fields of Lapland.* Sodankylä: Gold Prospector Museum of Tankavaara.

Lavento, M. 2000. *Textile ceramics in Finland and on the Karelian Isthmus.* Helsinki: Finnish Antiquarian Society.

Leem, K. 1767. *Beskrivelse over Finnmarkens Lapper, deres Tungemaal, Levemaade og forrige afgudsdyrkelse.* København.

Lehikoinen, H. 2009. *Ole siviä sikanen: suomalaiset eläinuskomukset.* Helsinki: Teos.

Leinonen, M. 2000. *Laulujoutsen, Suomen kansallislintu.* Helsinki: WSOY.

Leppänen, S. 2016. ' *Sä oot oman ittes herra siellä* ': *etnografinen tutkimus nykypäivän kullankaivajista Suomen Lapissa.* MA thesis, University of Helsinki, Helsinki.

Levi-Strauss, C. 1962. *Totemism.* London: Merlin Press.

Lewis-Williams, J. D. and Dowson, T. 1988. The signs of all rimes: entoptic phenomena in Upper Palaeolithic art. *Current Anthropology* 29 (2): 201 - 245.

Lewis-Williams, J. D. 2000. *The mind in the cave: consciousness and the origins of art.* London: Thames & Hudson.

Lewis-Williams, D. and Pearce, D. 2005. *Inside the Neolithic mind: consciousness, cosmos and the realm of the gods.* London: Thames & Hudson.

Liliequist, J. 1992. *Brott, synd och straff. Tidelagsbrottet i Sverige under 1600-och 1700-talet.* Umeå: Umeå universitet.

Lindow, J. 1982. Swedish legends of buried treasure. *The Journal of American Folklore* 95 (377): 257 - 279.

Lindqvist, C. 1994. *Fångstfolkets bilder: en studie av de nordfennoskandiska kustanknutna jägarhällristningarna.* Stockholm: Stockholms universitet.

Ling, J. 2014. *Elevated rock art: towards a maritime understanding of rock art in northern Bohuslän, Sweden.* Oxford: Oxbow Books.

Lødøen, T. 2012. Prehistoric explorations in rock: investigations beneath and beyond engraved surfaces. In B. Smith, D. Morris and K. Helskog (eds.). *Working with rock art: presenting and understanding rock art using indigenous knowledge.* Johannesburg: Wits University Press, pp. 99 – 110.

Lødøen, T. 2015. Treatment of corpses, consumption of the soul and production of rock art: approaching Late Mesolithic mortuary practices reflected in the rock art of Western Norway. *Fennoscandia Archaeologica* 32: 79 – 99.

Losiak, A., Wild, E. M., Geppert, W. D., Huber, M. S., Jõeleht, A., Kriiska, A., Kulkov, A., Paavel, K., Pirkovic, I., Plado, J., Steier, P., Välja, R., Wilk, J., Wisniowski, T. and Zanetti, M. 2016. Dating a small impact crater: An age of Kaali crater (Estonia) based on charcoal emplaced within proximal ejecta. *Meteoritics and Planetary Science* 51 (4): 681 – 695.

Lucas, G. 2005. *The archaeology of time.* London: Routledge.

Luke, D. 2010. Rock art or Rorschach: is there more to entoptics than meets the eye? *Time and Mind* 3 (1): 9 – 28.

Magnus, Olaus 1998 [1555]. *Historia de gentibus septentrionalibus* (edited by P. Foote). London: Hakluyt Society.

Malinen, B. 2015. *Pyhät puut Kansanrunousarkiston aineistossa 1909 – 1939.* Unpublished MA thesis. Jyväskylä: University of Jyväskylä.

Mandelstam Balzer, M. 1996. Sacred genders in Siberia: shamans, bear festivals and androgyny. In S. P. Remet (ed.), *Gender Reversals and Gender Cultures: Anthropological and Historical Perspectives.* London: Routledge, pp. 164 – 182.

Mandt, G. and Lødøen, T. 2012. *Vingen: et naturens kolossalmuseum for helleristninger.* Trondheim: Akademika.

Manker, E. 1957. *Lapparnas heliga ställen.* Stockholm: Nordiska Museet.

Mannermaa, K. 2003. Birds in Finnish prehistory. *Fennoscandia Archaeologica* 20: 3 – 39.

Mannermaa, K. 2006. Bird remains in the human burials at Zvejnieki, Latvia: introduction to bird finds and a proposal for interpretation. In L. Larsson and I. Zagorska (eds.), *Back to the origin: new research in the Mesolithic-Neolithic Zvejnieki cemetery and environment, Northern Latvia.* Stockholm: Almqvist & Wiksell, pp. 289 – 299.

Mannermaa, K. 2008. Birds and burials at Ajvide (Gotland, Sweden) and Zvejnieki (Latvia) about 8000 – 3900 BP. *Journal of Anthropological Archaeology* 27 (2): 201 – 225.

Mannermaa, K. 2013. Powerful birds. The Eurasian jay (Garrulus glandarius) and the osprey (Pandion haliaetus) in hunter-gatherer burials at Zvejnieki, northern Latvia and Yuzhniy

Oleniy Ostrov, northwestern Russia. *Anthropozoologia* 48 (2): 190 – 205.

Mannermaa, K. and Lõugas, L. 2005. Birds in the subsistence and cultures on four major Baltic Sea Islands in the Neolithic (Hiiumaa, Saaremaa, Gotland and Åland). In G. Grupe and J. Peters (eds.). *Feathers, grit and symbolism: birds and humans in the ancient old and new worlds*. Rahden: Verlag Marie Leidorf, pp. 179 – 198.

Mariconda, S. 2007. The haunted house. In S. T. Joshi (ed.). *Icons of horror and the supernatural: an encyclopaedia of our worst nightmares*, *Vol. 1*. Westport, CT: Greenwood Press, pp. 267 – 305.

Markley Todd, J. 1985. Introduction. *Journal of Baltic Studies* 16 (3): 185 – 190.

McCorristine, S. 2016. 'Involuntarily we listen': hearing the aurora borealis in nineteenth century Arctic exploration and science. *Canadian Journal of History* 48 (1): 29 – 61.

McCullough, D. W. 2005. *The unending mystery: a journey through labyrinths and mazes*. New York: Anchor Books.

Menefee, S. P. 1985. Circling as an entrance to the other world. *Folklore* 96 (1): 3 – 20.

Meredith, D. 2002. Hazards in the bog — real and imagined. *The Geographical Review* 92 (3): 319 – 332.

Meri, L. 1976. *Hõbevalge: reisikiri tuulest ja muinasluulest*. Tallinn: Eesti Raamat.

Merrifield, R. 1987. *The archaeology of ritual and magic*. London: Batsford.

Miettinen, T. 2000. *Kymenlaakson kalliomaalaukset*. Kotka: Painokotka.

Mihelich, J. and Gatzke, J. 2007. Spiritual quest and popular culture: reflexive spirituality in the text of Northern Exposure. *Journal of Religion and Popular Culture* 15 (1), pp. 4.

Mikkelsen, E. 1986. Religion and ecology: motifs and location of hunters' rock carvings in eastern Norway. In G. Steinsland (ed.). *Words and objects: towards a dialogue between archaeology and the history of religion*. Oslo: Norwegian University Press, pp. 127 – 141.

Møhl, U. 1978. Aggersund-bopladsen zoologiskt belyst: svanejagt som årsag til bosaettelse? *Kuml*: 57 – 75.

Mökkönen, T. 2010. Kivikautinen maanviljely Suomessa. *Suomen Museo 2009*: 5 – 38.

Mökkönen, T. 2011. *Studies on Stone Age housepits in Fennoscandia (4000 – 2000 cal BC): changes in ground plan, site location and degree of sedentism*. Helsinki: University of Helsinki.

Mökkönen, T. 2013. Stone setting filled with red ochre from the Keelaharju site, northernmost Baltic Sea region: a Stone Age grave in the context of European burial traditions. *Fennoscandia Archaeologica* 30: 13 – 36.

Mökkönen, T. 2014. Archaeological radiocarbon dates as a population proxy: skeptical view. *Fennoscandia Archaeologica* 31: 125 – 134.

Mokkönen, T. and Nordqvist, K. 2014. Vuoksen synty ja kulttuurikehitys. *Muinaistutkija*

189

4/2014: 47 - 56.

Mökkönen, T. , Nordqvist, K. and Herva, V. -P. 2017. Beneath the surface of the world: highquality quartzes, crystal cavities, and Neolithization in circumpolar Europe. *Arctic Anthropology* 54 (2): 94 - 110.

Mökkönen, T. and Nordqvist, K. 2018. Kierikki Ware and the contemporary Neolithic asbestos- and organic-tempered potteries in north-east Europe. *Fennoscandia Archaeologica* 34: 83 - 107.

Montelius, O. 1910. The sun-god's axe and Thor's hammer. *Folklore* 21 (1): 60 - 78.

Mrozowski, S. 1999. Colonization and the commodification of nature. *International Journal of Historical Archaeology* 3 (3): 153 - 166.

Muhonen, T. 2008. Something old, something new: excursions into Finnish sacrificial cairns. *Temenos* 44 (2): 293 - 346.

Muhonen, T. 2010. Kiviröykkiöt parannusperinteen näkökulmasta. In S. Knuuttila, U. Piela and L. Tarkka (eds.). *Kalevalamittaisen runon tulkintoja.* Helsinki: Suomalaisen Kirjallisuuden Seura, pp. 200 - 223.

Muhonen. T. 2013. A hard matter: stones in Finnish-Karelian folk belief. In A. Kannike and P. Laviolette (eds.). *Things in culture, culture in things.* Tartu: University of Tartu Press, pp. 114 - 138.

Mulk, I. -M. and Bayliss-Smith, T. , 2006. *Rock art and Sami sacred geography in Badjelánnda, Laponia, Sweden: sailing boats, anthropomorphs and reindeer.* Umeå: University of Umeå.

Myllyniemi, S. 2013. *Korpimuseo wildwood tales: on the trail of the magical traditions of Upper Kainuu. Hyrynsalmi: The Municipality of Hyrynsalmi.* Available online: http: //www. tarinakartasto. fi/fi190 Bibliography.

Nagel, A. and Wood, C. S. 2005. Toward a new model of renaissance anachronism. *The Art Bulletin* 87 (3): 403 - 415.

Nagel, A. and Wood, C. S. 2010. *Anachronic Renaissance.* New York: Zone Books.

Napolskikh, V. 1992. Proto-Uralic world picture: a reconstruction. In M. Hoppál and J. Pentikäinen (eds.). *Northern religions and shamanism.* Budapest: Akadémiai kiadó, pp. 3 - 20.

Naum, M. 2016. Between utopia and dystopia: colonial ambivalence and early modern perception of Sápmi. *Itinerario* 40 (3): 489 - 521.

Naum, M. 2017. The pursuit of metals and the ideology of improvement in early modern Sápmi, Sweden. *Journal of Social History* 51 (4): 784 - 807.

Naum, M. 2019. Enchantment of the underground: touring mines in early modern Sweden. *Journal of Tourism History* 11 (1): 1 - 21.

Neville, K. 2009. Gothicism and early modern historical ethnography. *Journal of the History of*

190

Ideas 70 （2）: 213 - 234.

Nilsson Stutz, L. 2013. The persistent presence of the dead: recent excavations at the huntergatherer cemetery at Zvejnieki (Latvia). *Antiquity* 87 (338): 1016 - 1029.

Niskanen, M. 2007. Niilo Oravainen — ‘Lapin kuningas’. *Tornionlaakson vuosikirja*: 128 - 132.

Noble, G. 2017. *Woodland in the Neolithic of Northern Europe: the forest as ancestor*. Cambridge and New York: Cambridge University Press.

Nordin, J. M. 2013. The centre of the world: the material construction of Eurocentric domination and hybridity in a Scandinavian seventeenth-century context. *Journal of Material Culture* 18 (2): 189 - 209.

Nordin, J. M. 2015. Metals of metabolism: the construction of industrial space and the commodification of early modern Sápmi. In M. P. Leone and J. E. Knauf (eds.). *Historical archaeologies of capitalism (revised edition)*. New York: Springer, pp. 249 - 272.

Nordin, J. M. and Ojala, C. -G. 2017. Copper worlds: a historical archaeology of Abraham and Jakob Momma-Reenstierna and their industrial enterprise in the Torne River Valley, c. 1650 - 1680. *Acta Borealia* 34 (2): 103 - 133.

Nordqvist, K. 2018. *The Stone Age of north-Eastern Europe 5500 - 1800 cal BC: bridging the gap between the East and the West*. Oulu: University of Oulu.

Nordqvist, K. and Herva, V. -P. 2013. Copper use, cultural change and Neolithization in north-eastern Europe (c. 5500 - 1800 BC). *European Journal of Archaeology* 16 (3): 401 - 432.

Nordqvist, K. , Herva, V. -P. and Sandell, S. 2019. Water and cosmology in the Stone Age of north-western Russia. *Archaeology, Ethnology and Anthropology of Eurasia* 47 (1): 23 - 32.

Norsted, T. 2013. The cave paintings of Norway. *Adoranten* 2013: 5 - 24.

Núñez, M. 1990. On Subneolithic pottery and its adoption in late Mesolithic Finland. *Fennoscandia Archaeologica* 7: 27 - 52.

Núñez, N. and Franzén, P. 2011. Implications of Baltic amber finds in northern Finland 4000 - 2000 BC. *Archaeologia Lituana* 12: 10 - 24.

Núñez, M. and Okkonen, J. 1999. Environmental background for the rise and fall of villages and megastructures in North Ostrobothnia 4000 - 2000 cal. BC. In M. Huurre (ed.). *Dig it all: papers dedicated to Ari Siiriäinen*. Helsinki: Archaeological Society of Finland, pp. 105 - 115.

Núñez, M. and Okkonen, J. 2005. Humanizing of north Ostrobothnian landscape during the 4th and 3rd millennia BC. *Journal of Nordic Archaeological Science* 15: 25 - 38.

Nurmi, R. 2011. *Development of the urban mind: an object biographical approach, the case study of the town of Tornio*, *northern Finland*. Oulu: University of Oulu.

Nyland, A. 2017. Quarrying as a socio-political strategy at the Mesolithic-Neolithic transition in southern Norway. InT. Pereira, X. Terradas and N. Bicho (eds.). *The exploitation of raw materials in prehistory: sourcing, processing and distribution*. Newcastle Upon Tyne: Cambridge Scholars Publishing, pp. 30 – 45.

191

Østigård, T. and Goldhahn, J. 2008. Smith and death: cremations in furnaces in Bronze and Iron Age Scandinavia. In C. Prescott, K. Chilidis and J. Lund (eds.). *Facets of archaeology: essays in honour of Lotte Hedeager on her 60th birthday*. Oslo: Oslo University, pp. 215 – 241.

Oinas, F. 1985. *Studies in Finnic folklore: homage to the Kalevala*. Helsinki: Finnish Literature Society.

Oinonen, M. , Pesonen, P. , Alenius, T. , Heyd, V. , Holmqvist-Saukkonen, E. , Kivimäki, S. , Nygrén, T. , Sundell, T. and Onkamo, P. 2014. Event reconstruction through Bayesian chronology: massive mid-Holocene lake-burst triggered large-scale ecological and cultural change. *The Holocene* 24 (11): 1419 – 1427.

Okkonen, J. 2003. *Jättiläisen hautoja ja hirveitä kiviröykkiöitä: Pohjanmaan muinaisten kivirakennelmien arkeologiaa*. Oulu: University of Oulu.

Okkonen, J. 2007. Archaeological investigations at the Sámi sacrificial site of Ukonsaari in Lake Inari. *Fennoscandia archaeologica XXIV*: 29 – 38.

Okladnikov, A. P. and Martynov, A. I. 1972. *Sokrovishcha tomskikh pisanits: Naskalnye risunki epokhi neolita i bronzy*. Moskva: Izadel'testvo Iskusstvo.

Okladnikov, A. P. and Mazin, A. I. 1976. *Pisanitsy reki Olekmy i Verkhnego Priamuria*. Nauka: Novosibirsk.

Olcott, M. D. 2013. *Electron: Greek etymology and Baltic mythology*. San Jose State University Faculty Publications 2013: 1 – 17.

Olivier, L. 2011. *The dark abyss of time: archaeology and memory*. Lanham, MD: AltaMira Press.

Olsen, B. 1991. Material metaphors and historical practice: a structural analysis of stone labyrinths in coastal Finnmark. *Fennoscandia Archaeologica* 8: 51 – 58.

Olsen, B. 2010. *In defense of things: archaeology and the ontology of objects*. Lanham, MD: AltaMira Press.

Ovadiah, A. and Mucznik. S. 2017. Myth and reality in the battle between the pygmies and the cranes in the Greek and Roman worlds. *Gerión* 35 (1): 151 – 166.

Overton, N. J. and Hamilakis, Y. 2013. A manifesto for a social zooarchaeology: swans and other beings in the Mesolithic. *Archaeological Dialogues* 20 (2): 111 – 136.

Pälsi, S. 1920. Ein Steinzeitlicher Moorfund. *Suomen Muinaismuistoyhdistyksen Aikakauskirja*

28 (2): 1 - 19.

Partanen, S. J. 1999. *Sankareita, veijareita ja huijareita: Lapin kullankaivajien tarina*. Helsinki: Edita.

Pâsse, T. and Andersson, L. 2005. Shore-level displacement in Fennoscandia calculated from empirical data. *GFF* 127 (4): 253 - 268.

Pekkanen, T. 1983. The Hellusii and the Oxiones of Tac. Germ. 46, 4. *Arctos* 17: 49 - 60.

Pekonen, O. 2005. Käymäjärven merkillinen kivi. *Tieteessä tapahtuu* 1: 24 - 27.

Pentikäinen, J. 1995. *Saamelaiset: pohjoisen kansan mytologia*. Hämeenlinna: Karisto.

Pentikäinen, J. 2005. *Karhun kannoilla — metsänpitäjä ja mies*. Helsinki: Etnika.

Perlman, P. 1989. Acting the she-bear for Artemis. *Arethusa* 22 (2): 111 - 133.

Pesonen, P. 1996. Rääkkylän joutsenet ja muita kampakeramiikan linnunkuvia. *Kentältä poimittua* 3: 5 - 14.

Pesonen, P. and Leskinen, S. 2009. Pottery of the Stone Age hunter-gatherers in Finland. In P. Jordan and M. Zvelebil (eds.). *Ceramics before farming: the dispersal of pottery among prehistoric Eurasian hunter-gatherers*. Walnut Creek, CA: Left Coast Press, pp. 299 - 318.

Piaget, J. 1928. *The child's conception of the world*. London: Routledge and Kegan Paul.

Pietiläinen, P. 1999. GIS-analyysi keskiaikaisen Etelä-Karjan jatulintarhoista. *Muinaistutkija* 4/1999: 2 - 17.

Pihlaja, P. M. 2012. Northern laboratories of nature and the quest for scientific honour in early modern Sweden. *Acta Borelia* 29 (2): 119 - 136.

Poikalainen, V. 2004. Synopsis of the Lake Onega rock art. In M. Otte, L. Oosterbeek, D. Seglie and L. Remacle (eds.). *Upper Palaeolithic and Mesolithic art*. Oxford: Archaeopress, pp. 135 - 150.

Poikalainen, V. 2006. The diffusion of swan and whale motifs in Karelian rock art. In A. Gustafsson and H. Karlsson (eds.). *Glyfer och arkeologiska rum: en vänbok till Jarl Nordbladh*. Göteborg: Goteborgs universitet, pp. 699 - 717.

Poska, A. and Saarse, L. 2006. New evidence of possible crop introduction to North Eastern Europe during the Stone Age: cerealia pollen finds in connection with the Akali Neolithic settlement, East Estonia. *Vegetation History and Archaeobotany* 15: 169 - 179.

Poutiainen, H. and Lahelma, A. 2004. *Uusia kalliomaalauksia Päijät-Hämeestä*. Suomen Museo 110: 59 - 80.

Principe, M. (ed.). 2007. *Chymists and chymistry: studies in the history of alchemy and early modern chemistry*. Sagamore Beach, MA: Science History Publications.

Pringle, H. 2006. *The master plan: Himmler's scholars and the holocaust*. London: Fourth Estate.

Pulkkinen, R. 2014. *Suomalainen kansanusko: samaaneista saunatonttuihin*. Helsinki: Gaudeamus.

192

Puustjärvi, E. 2013. *Hautausmaan symboliikka maisemasuunnittelun perustana: tapaustutkimus Lahden Levon hautausmaalla.* Unpublished MA thesis. Helsinki: University of Helsinki.

Ragazzi, E. 2016. Amber, a stone of sun for ancient medicines. *Acta medico-historica Rigensia* 10: 208 – 234.

Rainbird, P. 2007. *The archaeology of islands.* Cambridge: Cambridge University Press.

Rainio, R. , Lahelma, A. , Äikäs, T. , Lassfolk, K. and Okkonen, J. 2018. Acoustic measurements and digital image processing suggest a link between sound rituals and sacred sites in northern Finland. *Journal of Archaeological Method and Theory* 25 (2): 453 – 474.

Rainio, R. and Mannermaa, K. 2014. Bird calls from a Middle Neolithic burial at Ajvide, Gotland? Interpreting tubular bird bone artefacts by means of use-wear and sound analysis, and ethnographic analogy. In J. Ikäheimo, A. -K. Salmi and T. Äikäs (eds.). *Sounds like theory: XII nordic theoretical archaeology group meeting in Oulu.* Helsinki: The Archaeological Society of Finland, pp. 85 – 100.

Randsborg, R. 2008. Kings' Jelling: Gorm & Thyra's palace, Harald's monument & grave — Svend's cathedral. *Acta Archaeologica* 79: 1 – 28.

Ranta, H. (ed.). 2002. *Huts and houses: Stone Age and Early Metal period buildings in Finland.* Helsinki: National Board of Antiquities.

Rapoport, A. 1969. *House form and culture.* Englewood Cliffs, NJ: Prentice-Hall.

Ravdonikas, V. 1936. *Naskalnye izobrazheniya Onezhskogo ozera i Belogo morya.* Moskva: Izdatel'stvo Akademii Nauk.

Reynolds, F. 2009. Regenerating substances: quartz as an animistic agent. *Time and Mind* 2 (2): 153 – 166.

Riikonen, J. 2005. Iron Age aprons from southwest Finland: and other cloths and pendants worn on the waist. In S. Mäntylä (ed.). *Rituals and relations: studies on society and material culture of the Baltic Finns.* Helsinki: Finnish Academy of Science and Letters, pp. 31 – 72.

Rival, L. (ed.). 1998. *The social life of trees: anthropological perspectives on tree symbolism.* Oxford: Berg.

Roggen, V. (ed.) 2014. *Thor Heyerdahl's search for Odin: ancient links between Azerbaijan and Scandinavia?* Oslo: Novus.

Roling, B. 2017. Introduction. In B. Roling, B. Schirg and S. H. Bauhaus (eds.). *Apotheosis of the North: The Swedish appropriation of classical antiquity around the Baltic Sea and beyond (1650 to 1800).* Berlin/Boston: Walter de Gruyter, pp. 1 – 16.

Rönnby, J. 2007. Maritime durées: long-term structures in a coastal landscape. *Journal of Maritime Archaeology* 2: 65 – 82.

Rozwadowski, A. 2017. Travelling through the rock to the otherworld: the shamanic 'grammar of mind' within the rock art of Siberia. *Cambridge Archaeological Journal* 27 (3): 413 – 432.

193

Rundqvist, M. 1994. Skärvstenshögar med gravgömmor i östligaste Mälarområdet. *Fornvännen* 89: 83 - 89.

Ruohonen, J. 2005. Saariin ja metsiin haudatut: historiallisen ajan hautapaikkoja Kangasniemellä. In M. Haimila and V. Immonen (eds.). *Mustaa valkoisella: ystäväkirja arkeologian lehtori Kristiina Korkeakoski-Väisäselle.* Turku: Turun yliopisto, pp. 256 - 269.

Ruohonen, J. 2010. Kuolleiden saaret. Historiallisen ajan keskisuomalaisten saarihautausmaiden luonne ja käyttö hautapaikkoina. *J@rgonia* 8 (17): 1 - 25.

Russell, N. and McGowan, K. J. 2003. Dance of the cranes: crane symbolism at Çatalhöyük and beyond. *Antiquity* 77 (297): 445 - 455.

Russell, W. M. S and Russell, C. 1991. English turf mazes, troy, and the labyrinth. *Folklore* 102 (1): 77 - 88.

Rydving, H. 2010. The ' bear ceremonial ' and bear rituals among the Khanty and the Sami. *Temenos* 46 (1): 31 - 52.

Saarinen, R. 2008. Kurkikuiskaaja. *Helsingin Sanomat* 19. 10. 2008.

Saipio, J. 2015. Bronze Age cairns in the Finnish Lake district: cultural contacts, creative translations and local traditions. In P. Suchowska-Ducke, S. Scott Reiter and H. Vandkilde (eds.). *Forging identities: the mobility of culture in Bronze Age Europe.* Oxford: Archaeopress, pp. 123 - 131.

Salo, U. 1997. Ukko ukkosen jumala: muinaissuomalaisten ukkosenjumala ja hänen suomalaisten ukkosenjumala indoeurooppalainen sukunsa. In K. Julku (ed.). *Itämerensuomi: eurooppalainen maa.* Jyväskylä: Atena, pp. 121 - 233.

Säppi, L. and Oino, L. (eds.). 2010. *Käspaikka — muistiliina.* Helsinki: Maahenki.

Sarmela, M. 1991. Karhu ihmisen ympäristössä. In P. Laaksonen and S. -L. Mettomäki (eds.). *Kolme on kovaa Sanaa — kirjoituksia kansanperinteestä.* Helsinki: Finnish Literature Society, pp. 209 - 250.

Sarmela, M. 1994. *Suomen kansankulttuurin kartasto, 2: Suomen perinneatlas.* Helsinki: Finnish Literature Society.

Scarre, C. 2005 (ed.). *The human past: world prehistory and the development of human societies.* London: Thames & Hudson.

Schanche, A. 2000. *Graver i ur og berg: samisk gravskikk og religion fra forhistorisk til nyere tid.* Karasjok: Davvi Girji OS.

Schefferus, J. 1956 [1673]. *Lappland.* Uppsala: Gebers.

Schoenberger, E. 2011. Why is gold valuable? Nature, social power and the value of things. *Cultural Geographies* 18 (1): 3 - 24.

Seger, T. 1982. On the structure and emergence of Bronze Age society in coastal Finland: a system approach. *Suomen Museo* 1981: 31 - 44.

Seitsonen, O. , Nordqvist, K. , Gerasimov, D. V. and Lisitsyn, S. N. 2012. 'The good, the bad, the weird': Stone Age and Early Metal Period radiocarbon dates and chronology from the Karelian Isthmus, North-West Russia. *Geochronometria* 39 (2): 101 - 121.

Seitsonen, O. , Nordqvist, K. and Gerasimov, D. V. 2016. Stone Age and Early Metal period Archaeology and Settlement Patterns in Lake Pyhäjärvi Microregion, Karelian Isthmus, Russia. In P. Uino and K. Nordqvist (eds.). *New sites, new methods: Proceedings of the Finnish Russian archaeological symposium*, *Helsinki, 19 - 21 November 2014*, pp. 116 - 142.

Sholt, M. and Gavron, T. 2006. Therapeutic qualities of clay-work in art therapy and psychotherapy: a review. *Art Therapy: Journal of the American Art Therapy Association* 23 (2): 66 - 72.

Shumkin, V. 2000. The rock art, labyrinths, seids and beliefs of Eastern Lapland's ancient population. In A. Kare (ed.). *Myanndash — rock art in the ancient Arctic*. Rovaniemi: Arctic Centre Foundation, 202 - 287.

Siikala, A. -L. 1978. *Rite technique of the Siberian shaman*. Helsinki: Finnish Academy of Science and Letters.

Siikala, A. -L. , 1992. *Suomalainen šamanismi: mielikuvien historiaa*. Helsinki: Finnish Literature Society.

Siikala, A. -L. 2013. *Itämerensuomalaisten mytologia*. Helsinki: Finnish Literature Society.

Siiriäinen, A. 1967. Yli-Iin Kierikki: asbestikeraaminen asuinpaikka Pohjois-Pohjanmaalla. *Suomen Museo* 74: 5 - 37.

Simmel, G. 1992 [1900]. *The philosophy of money*. London: Routledge.

Simola, H. 2001. Kallioon piirretyt kuvat: retki Äänisen kalliopiirrosten maailmaan. *Muinaistutkija* 4/2001: 33 - 41.

Sipilä, J. and Lahelma, A. 2006. War as a paradigmatic phenomenon: endemic violence and the Finnish Subneolithic. *Journal of Conflict Archaeology* 2: 189 - 209.

Skoglund, P. 2008. Stone ships: continuity and change in Scandinavian prehistory. *World Archaeology* 40 (3): 390 - 406.

Sognnes, K. 1982. Prehistoric cave paintings in Norway. *Acta Archaeologica* 53: 101 - 118.

Spangen, M. 2009. Silver hoards in Sámi areas. In P. Halinen, M. Lavento and M. Suhonen (eds.). *Recent perspectives on Sami archaeology in Fennoscandia and North-West Russia*. Helsinki: Finnish Antiquarian Society, pp. 94 - 106.

Spangen, M. 2016. *Circling concepts: a critical archaeological analysis of the notion of stone circles as sami offering sites*. Stockholm: Stockholm University.

Stevanovic, M. 1997. The age of clay: the social dynamics of house destruction. *Journal of Anthropological Archaeology* 16 (4): 334 - 395.

194

Stolzenberg, D. 2013. *Egyptian Oedipus: Athanasius Kircher and the secrets of antiquity*. Chicago, IL: University of Chicago Press.

Symonds, J., Ylimaunu, T., Salmi, A. -K., Nurmi, R., Kallio-Seppä, T., Kuokkanen, T., Kuorilehto, M. and Tranberg, A. 2015. Time, seasonality, and trade: Swedish/ FinnishSámi interactions in early modern Lapland. *Historical Archaeology* 49 (3): 74 - 78.

Swann, J. 1996. Shoes concealed in buildings. *Costume* 30 (1): 56 - 69.

Swann, J. 2005. Interpreting concealed shoes and associated finds. In I. Ericsson and R. Atzbach (eds.). *Depotfunde aus Gebäuden in Zentraleuropa — Concealed Finds from Buildings in Central Europe*. Berlin: Scrîpvaz-Verlag, pp. 115 - 119.

Taavitsainen, J. -P. 1978. *Hällmålningarna — en ny synvinkel på Finlands förhistoria*. Suomen antropologi — Antropologi i Finland 4: 179 - 195.

Taavitsainen, J. -P. 1992. Cemeteries or refuse heaps? *Suomen Museo* 1991: 5 - 15.

Taavitsainen, J. -P. 2003. Lapp cairns as a source on Metal Period settlement in the inland regions of Finland. *Acta Borealia* 20: 21 - 48.

Tarasov, A. and Gogolev, M. 2018. ICP-MS analysis of metatuff from the Middle Neolithic/ Eneolithic 'green slate' workshops in the Lake Onega area. *Fennoscandia Archaeologica* 34: 32 - 45.

Tarkka, L. 1994. Metsolan merkki: metsän olento ja kuva vienalaisrunostossa. In P. Laaksonen and S. -L. Mettomäki (eds.). *Metsä ja metsänviljaa*. Helsinki: Suomalaisen kirjallisuuden seura, pp. 56 - 102.

Theuws, F. 2004. Exchange, religion, identity and central places in the early Middle Ages. *Archaeological Dialogues* 10 (2): 121 - 138.

Tilley, C. 1991. *Material culture and text: the art of ambiguity*. Oxford: Berg.

Tilley, C. 2008. *Body and image: explorations in landscape phenomenology*. Walnut Creek, CA: Left Coast Press.

Timmons, A. and Macdonald, E. 2008: 'Alchemy and magic': the experience of using clay for people with chronic illness and disability. *British Journal of Occupational Therapy* 71 (3): 86 - 94.

Toivonen, Y. H. 1937. Pygmäen und Zugvögel: Alte kosmologische Vorstellungen. *Finnisch Ugrische Forschungen* 24 (1 - 3): 87 - 126.

Tolley, C. 1994. The shamanic séance in the Historia Norvegiae. *Shaman: Journal of the International Society for Shamanistic Research* 2 (2): 135 - 156.

Torvinen, M. 1979. Liedon Kukkarkosken kivikautinen kalmisto. *Suomen Museo 1978*: 37 - 80.

Trigger, B. 2006. *A history of archaeological thought (2nd edition)*. Cambridge: Cambridge University Press.

Troels-Smith, J. 1946. Stammebaade fra Aamosen. *Fra Nationalmuseets Arbejdsmark*: 15 - 23.

195

Tuovinen, T. 2002. *The burial cairns and the landscape in the archipelago of Åboland, SW Finland, in the Bronze Age and the Iron Age.* Oulu: University of Oulu.

Turnbull, C. 1961. *The forest people: a study of the pygmies of the Congo.* New York: Simon and Schuster.

Turner, J. S. 2000. *The extended organism: the physiology of animal-built structures.* Cambridge, MA: Harvard University Press.

Ukkonen, P. and Mannermaa, K. 2017. *Jääkauden jälkeläiset: Suomen nisäkkäiden ja lintujen historia.* Helsinki: Museovirasto.

Utkin, A. 1989. Waterfowl representations on ceramics from Saktysh I and VIII. *Fennoscandia Archaeologica* 6: 99 – 100.

Valkeapää, N. -A. 1988. *Beaivi, áhčážan.* Kautokeino: DAT.

van der Veen, M. 2014. The materiality of plants: plant-people entanglements. *World Archaeology* 46 (5): 799 – 812.

Vaneeckhout, S. 2008. Sedentism on the Finnish northwest coast: shoreline reduction and reduced mobility. *Fennoscandia Archaeologica* 25: 61 – 72.

Vaneeckhout, S. 2010. House societies among coastal hunter-gatherers: case study of Stone Age Ostrobothnia, Finland. *Norwegian Archaeological Review* 43 (1): 12 – 25.

Varner, G. R. 2004. *Menhirs, Dolmen, and circles of stone: the folklore and magic of sacred stone.* New York: Algora Publishing.

Vastokas, J. M. 2004. The Peterborough petroglyphs: Native or Norse? In C. Diaz-Granados and J. R. Duncan (eds.). *The rock art of eastern North America: capturing images and insight.* Tuscaloosa: University of Alabama Press, pp. 277 – 289.

Vastokas, J. M. and Vastokas, R. K. 1973. *Sacred art of the Algonkians.* Peterborough: Mansard Press.

Vīķis-Freibergs, V. 1985. Amber in Latvian folk songs and folk beliefs. *Journal of Baltic Studies* 16 (3): 320 – 40.

Viljamaa, T. 2017. 'Hiidenkankaat': muinaissuomalaisten kulttipaikat Algot Scarinin ja H. G. Porthanin kirjoituksissa. *AURAICA: Scripta a Societate Porthan edita* 8: 49 – 58.

Vilkuna, J. 1992. *Suomalaiset vainajien karsikot ja ristipuut: kansatieteellinen tapatutkimus.* Helsinki: Suomen muinaismuistoyhdistys.

Vilkuna, K. H. J. 1997. Menneisyyden ihmisen todellinen unimaailma: unet ja persoonallisuus historiassa. In H. Roiko-Jokela (ed.). *Huhut, unet, sodomiitit, moraalinvartijat, elämänkerrat, puhuttelusanat ja ammattinimikkeet.* Jyväskylä: University of Jyväskylä, pp. 9 – 54.

Vinci, F. 2017. *The Baltic origins of Homers epic tales: The Iliad, the Odyssey and the migration of myth.* Rochester: Inner Traditions.

Vinokurova, I. 2005. Vepsäläisten mytologis-uskonnollisista käsityksistä. In L. Saressalo (ed.). *Vepsä — maa, kansa, kulttuuri.* Helsinki: Suomalaisen kirjallisuuden seura, pp. 136 – 151.

Vitenkova, I. F. 2002. *Pamyatniki pozdnego neolita na territorii Karelii.* Petrozavodsk: Karelyi nauchnyi tsentr.

Viveiros de Castro, E. 1998. Cosmological deixis and Amerindian perspectivism. *Journal of the Royal Anthropological Institute* 4 (3): 469 – 488.

Vuorela, I. , Saarnisto, M. , Lempiäinen, T. and Taavitsainen, J. -P. 2001. Stone Age to recent land-use history at Pegrema, northern Lake Onega, Russian Karelia. *Vegetation History and Archaeobotany* 10 (3): 121 – 138.

Wallerström, T. 1995. *Norrbotten, Sverige och medeltiden: problem kring makt och bosättning i en europeisk periferi.* Stockholm: Almqvist & Wiksell International.

Watts, C. (ed.). 2013. *Relational archaeologies: humans, animals, things.* London: Routledge.

Wengrow, D. 1998. ‘ The changing face of clay ’: continuity and change in the transition from village to urban life in the Near East. *Antiquity* 72 (278): 783 – 795.

Wennerlind, C. 2003. Credit-money as the philosopher's stone: alchemy and the money problem in seventeenth-century England. *History of Political Economy* 35 (Annual Supplement): 234 – 261.

Wessman, A. 2009. Levänluhta: a place of punishment, sacrifice or just a common cemetery. *Fennoscandia Archaeologica* 26: 81 – 105.

Wessman, A. 2010. *Death, Destruction and Commemoration: Tracing ritual activities in Finnish Late Iron Age cemeteries (AD 550 – 1150).* Helsinki: Finnish Antiquarian Society.

Westerdahl, C. 1995. Stone maze symbols and navigation: a hypothesis on the origin of coastal stone mazes in the north. *International Journal of Nautical Archaeology* 24 (4): 267 – 277.

Westerdahl, C. 2002. The heart of hearths: some reflections on the significance of hearths in nature, culture and in human memory. *Current Swedish Archaeology* 10: 179 – 198.

Westerdahl, C. 2005. Seal on land, elk at sea: notes on and applications of the ritual landscape at the seaboard. *International Journal of Nautical Archaeology* 34 (1): 2 – 23.

Westerdahl, C. (ed.). 2010. *A circumpolar reappraisal: the legacy of Gutorm Gjessing (1906 – 1979).* Oxford: Archaeopress.

Westerdahl, C. 2014. Spiritscapes of the north: traces of the fear of the drowned in maritime landscapes? In H. Alexandersson, A. Andreeff and A. Büntz (eds.). *Med hjärta och hjärna: en vänbok till professor Elisabeth Arwill-Nordbladh.* Göteborg: Goteborgs universitet, pp. 483 – 503.

Westerhoff, J. C. 2001. A world of signs: Baroque pansemioticism, the polyhistor and the early modern Wunderkammer. *Journal of the History of Ideas* 62 (4): 633 – 650.

Wettenhovi-Aspa, S. 1935. *Fenno-ägyptischer Kulturursprung der alten Welt: Kommentare zu denvorhistorischen Völkerwanderungen*. Leipzig/Helsinki: Genius Verlag.

Wilcox, R. V. 1993. 'In your dreams, Fleischman': Dr. Flesh and the dream of the spirit in 'Northern Exposure'. *Studies in Popular Culture* 15 (2): 1-13.

Willerslev, R. 2007. *Soul hunters: hunting, animism, and personhood among the Siberian Yukaghirs*. Berkeley, CA: University of California Press.

Williams, C. 2014. Light fantastic. *New Scientist* (May 2014): 40-43.

Wilson, E. and Stammler, F. 2016. Beyond extractivism and alternative cosmologies: Arctic ommunities and extractive industries in uncertain times. *The Extractive Industries and Society* 3 (1): 1-8.

Witsen, N. 1692. *Noord en Oost Tartarye*. Amsterdam.

Wood, C. S. 2008. *Forgery, replica, fiction: temporalities of German Renaissance art*. Chicago, IL: University of Chicago Press.

Ylimaunu, J. 2000. *Itämeren hylkeenpyyntikulttuurit ja ihminen-hylje-suhde*. Helsinki: Finnish Literature Society.

Ylimaunu, T. 2007. *Aittakylästä kaupungiksi: arkeologinen tutkimus Tornion kaupungistumisesta18. vuosisadan loppuun mennessä*. Rovamiemi: Pohjois-Suomen historiallinen yhdistys.

Zawadzka, D. 2015. *Cultivating relations in the landscape: an analysis of rock art in the Temagami region of northeastern Ontario*. An unpublished PhD Thesis, Université du Québec à Montréal, Canada.

Zelizer, V. A. 1989. The social meaning of money: 'special monies'. *The American Journal of Sociology* 95 (2): 342-377.

Zhulnikov, A. M. 1999. *Eneolit Karelii*. Petrozavodsk: Rossiyskaya akademiya nauk.

Zhulnikov, A. M. 2006. *Petroflify Karelii: obraz mira i miry obrazov*. Petrozavodsk: Skandinaviya.

Zhulnikov, A. M. 2008. Exchange of amber in Northern Europe in the III millennium BC as a factor of social interactions. *Estonian Journal of Archaeology* 12 (1): 3-15.

Znamenski, A. 2003. *Shamanism in Siberia: Russian records of indigenous spirituality*. Boston: Kluwer Academic Publishers.

Zvelebil, M. 1997. Hunter-gatherer ritual landscapes: spatial organisation, social structure and ideology among hunter-gatherers of northern Europe and western Siberia. *Analecta Praehistorica Leidensia* 29: 33-50.

Zvelebil, M. 2003. Enculturation of Mesolithic landscapes. In L. Larsson, H. Kindgren, K. Knutsson, D. Loeffler, and Å. Åkerlund (eds.). *Mesolithic on the move*. Oxford: Oxbow Books, pp. 65-73.

Zvelebil, M. and Jordan, P. 1999. Hunter fisher gatherer ritual landscapes: questions of time, space and representation. In J. Goldhahn (ed.). *Rock art as social representation*. Oxford: Archaeopress, pp. 101-127.

197

索　引

注：用斜体字标注的参考页码指的是该词条相关的图示所在页。页码均为原书页码。

201

图书在版编目(CIP)数据

北极考古与宇宙观／(芬)维萨-佩卡·赫瓦,(芬)
安蒂·拉赫玛著;曲枫,刘岩,刘玮译. —上海:上
海古籍出版社,2024.5
（北冰洋译丛）
ISBN 978-7-5732-1043-2

Ⅰ.①北… Ⅱ.①维…②安…③曲…④刘…⑤刘
… Ⅲ.①北极—考古学—研究 Ⅳ.①K851

中国国家版本馆 CIP 数据核字(2024)第 054843 号

Northern Archaeology and Cosmology：A Relational View ／ by Vesa-Pekka Herva and Antti
Lahelma
ISBN：978-1-138-35901-7
Copyright © 2020 Vesa-Pekka Herva and Antti Lahelma

北冰洋译丛

北极考古与宇宙观

[芬兰]维萨-佩卡·赫瓦、安蒂·拉赫玛 著

曲枫、刘岩、刘玮 译

上海古籍出版社出版发行

（上海市闵行区号景路 159 弄 1-5 号 A 座 5F 邮政编码 201101）

（1）网址：www.guji.com.cn

（2）E-mail：guji1@guji.com.cn

（3）易文网网址：www.ewen.co

上海展强印刷有限公司印刷

开本 700×1000 1/16 印张 19.5 插页 8 字数 234,000

2024 年 5 月第 1 版 2024 年 5 月第 1 次印刷

印数：1—2,280

ISBN 978-7-5732-1043-2

K·3547 定价：98.00 元

如有质量问题,请与承印公司联系

电话：021-66366565